大專用書

新聞倫理

馬驥伸　著

三民書局 印行

國家圖書館出版品預行編目資料

新聞倫理／馬驥伸著.--初版.--臺北
市：三民，民86
面；　　公分
參考書目：面
ISBN 957-14-2566-4 (平裝)

1.職業倫理-新聞業

198.89　　　　　　　　　　86002497

國際網路位址　http://sanmin.com.tw

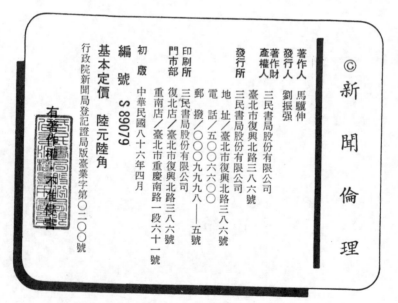

ⓒ 新聞倫理

著作人　馬驥伸
發行人　劉振強
著作財
產權人　三民書局股份有限公司
發行所　三民書局股份有限公司
　　　　地址／臺北市復興北路三八六號
　　　　電話／五○○六六○○
　　　　郵撥／○○○九九九八──五號
印刷所　三民書局股份有限公司
門市部　復北店／臺北市復興北路三八六號
　　　　重南店／臺北市重慶南路一段六十一號
初版　　中華民國八十六年四月
編號　S 89079
基本定價　陸元陸角
行政院新聞局登記證局版臺業字第○二○○號

ISBN 957-14-2566-4 (平裝)

李 序

當前台灣新聞事業是商業掛帥，迫切需要新聞倫理規範。

民國七十七年開放「報禁」，繼之開放廣播電視頻道，隨之進入戰國時代，新聞事業更需要新聞倫理的約束。

馬驥伸兄花費五年時間，適時完成這部《新聞倫理》大著，不論對新聞事業或對新聞教育而言，都是具有時代意義的卓越貢獻！

但新聞事業，不僅現在需要「新聞倫理」，而且永遠需要「新聞倫理」。因為新聞事業欲享有新聞自由，受人尊重，與擔負社會責任，都需要「新聞倫理」的扶持。

民國五十八年六月，本人完成《各國報業自律比較研究》專書，主要系統介紹社會責任論的觀念，各國新聞評議會的演進，新聞道德規範的內容及其判例，以及我國新聞評議會的發展。研究對象包括美國、英國、瑞典、挪威、丹麥、德國、奧地利、荷蘭、比利時、義大利、瑞士、南非、以色利、土耳其、印度、巴基斯坦、菲律賓、日本、韓國與中華民國等二十個國家，資料相當完整。

民國六十一年一月，台北市新聞評議會委託本人起草《中華民國報業道德規範》與《中華民國電視道德規範》，並請閻沁恆兄起草《中華民國廣播道德規範》，又兩人共同撰寫《中華民國報業、電視與廣播道德規範釋義》專書，藉以說明每項條文之理由及其依據。以上三種道德規範，於民國六十三年六月二十九日經台北市新聞評議會通過，繼於同年九月一日，由中華民國新聞評議會通過實行。《各國報業自律比較研究》於民國七十一年十月，由於三民書局劉董事長振強兄之建議，增訂後易名《新

聞道德》出版，頗受社會歡迎。

《新聞道德》已出版十五年，有關近年我國新聞評議會的發展及其判例，未能適時增訂，是為缺失；今驥伸兄之《新聞倫理》適時出版，補救了這項缺點，特別值得祝賀！

利用春節假期，本人仔細拜讀了《新聞倫理》的初稿，發現有三大優點：

一、全書理論與實務並重；

二、中國與外國資料並重；

三、討論問題深入，案例詳盡明確。

驥伸兄曾於重要大報服務十餘年，獻身新聞教育三十餘年，並主講「新聞倫理」課程，沒有這種背景，無法寫出這樣資料詳盡、深入淺出與令人深思的學術著作。

尤其書中提到《自立晚報》的「內部自主權」運動、《聯合報》的徐瑞希案件、中視的楊蓓薇案例，以及當前新聞界接受飲宴、招待、饋贈、特惠（特別待遇與特權）、與兼差等陋習，業已明顯構成賄賂，嚴重傷害新聞倫理，特別值得新聞界反省。

美國第三任總統哲弗遜說：「自由報業為民主政治之車之雙輪，鳥之雙翼。」如無自由報業，民主政治將無法運行。

自由報業必須享有新聞自由，但新聞自由若無新聞道德（倫理）的規範，必將為社會帶來災禍。一八九八年的「美西戰爭」，與一九〇一年美國麥金萊總統的被刺而死，就是新聞界濫用新聞自由的例證。

美國有遠見的學者、報人，有鑒及此，乃先後於一九〇八年制訂報人守則 (The Journalist's Creed)，一九二三年制訂報業信條 (Canon of Journalism)，與一九三四年制訂記者道德律 (Code of Ethics)，以期以新聞道德規範新聞自由。

自一九二三年，美國編輯人協會年會，高級報紙的代表，連續十年

每年提案，均要求「報業信條」應增訂「處罰條款」，否則認為「報業信條」必成具文。但美國報業是商業報紙，盛行「黃色新聞」，不願接受道德信條的約束，所以高級報紙的提案，至一九三二年終告失敗。

《新聞倫理》認為，「新聞倫理」為新聞事業的交通規則；台北市交通混亂必須要有交通規則。但台北市交通規則訂有罰則，所以尚有相當成效。如「新聞倫理」沒有制訂罰則，必將重蹈美國諸多「道德規範」失敗之覆轍，甚至新聞評議會亦會無疾而終，例如美國「全國新聞評議會」(National News Council)，於一九八四年三月二十日關閉，就是最明顯的證明。

「新聞倫理」是否受到重視，其與新聞「內部自主權」及新聞是否是一種專業(Profession)密切相關。目前新聞是一種商業，新聞人員是資本家的雇用人員，不可能有「內部自主權」，亦不可能像律師、醫生、牧師與教師一樣是一種專業。必須儘量降低新聞事業的商業性，加強其公益性、文化性與服務性，並且將新聞事業之經營權，直接交給接受新聞專業訓練的知識份子的手裡，然後新聞人員才有「內部自主權」，「新聞倫理」才能展顯它的光輝！

至於「倫理」與「道德」有無區別？英美通稱倫理學(Ethics)為道德哲學、道德原則或道德規範。通常將「倫理」與「道德」是並稱的，沒有區別的。如果一定要區分，則認「道德」係著重研究人類行為的「對」與「錯」，而「倫理」則著重研究人類行為的「善」與「惡」。都是研究對人類行為的一種評價。

民國七十一年，本人與政大同仁曾為三民書局編輯一套新聞傳播叢書，共二十餘本，發行很廣。五年前驥伸兄擬寫《新聞倫理》專書，本人極表贊同。如今順利完成，並承三民書局劉董事長振強兄惠允協助出版，復囑本人寫一序文，在此對劉董事長的盛意，特別表示感謝，並對

驥伸兄之大著問世，衷心表示祝賀之忱！

李瞻　敬識

民國八十六年二月十四日
於台北市文山區指南山麓

自 序

　　約二十年前在台灣師範大學社會教育系新聞組將「新聞倫理」訂為四年級必修課程，筆者自己講授，由於教學必需，廣泛蒐羅新聞倫理相關的中、英文專書及論文，再經過幾年編寫教學綱要，乃計畫編寫一本探討新聞倫理供新聞暨傳播所系學生閱讀的參考書。

　　民國七十三年撰成〈中國新聞倫理的儒家思想基礎〉，作為探討新聞倫理的前引，交由中華日報發行。

　　探討新聞倫理的寫作大綱，斷斷續續改了多次，出版合約一再退辭，越來越難定稿，重要原因之一是：政治、社會大環境的變遷與現實世界的劇速轉型，新聞倫理方面的若干觀念在認知上憑添更多爭議。

　　民國七十九年李瞻老師規畫邀集大學相關所系教師合作編寫一套以在校學生為主要對象的新聞與傳播學叢書，筆者被指派撰寫新聞倫理方面專書，乃重新檢視過去的計畫與所蒐集的資料，加上在前述期間筆者有關新聞倫理的單篇論文及專題講稿，陸續寫了不少，可作寫書的基礎，於是再度安排《新聞倫理》全書架構。

　　全書主體，分成「觀念的釐析」與「問題的探討」兩部分。觀念釐析部分，從多重角度探討新聞倫理的意涵、新聞倫理思潮的演進，引介到中外新聞傳播學者及新聞界對新聞倫理的觀點或主張，並就國內重要的評議機構——中華民國新聞評議委員會的評議案例舉示評議委員對新聞倫理的實際判斷，筆者曾專題研析的儒家思想對我國新聞倫理思潮的影響，也摘要附列這一部分。

　　問題探討部分，就攸關專業倫理的頻常話題中，選擇三大重點，舉

例討論。

第一重點——新聞自由與知的權利；就國家安全與新聞自由、內部新聞自主權、新聞工作者的超然中立這三個近年來國內新聞界熱門的倫理議題，引實例探討。

第二重點——新聞第一的誘導；分從壞消息是好新聞、採訪手段、新聞先? 救人先?，這三個當前新聞媒體最具爭議的現象，從理論與實證探究。

第三重點——專業意識的挑戰；就品味與莊重、製造新聞與變造新聞這兩項當前國內新聞界在觀念及表現上頗為混淆的專業問題，就事論析。

在結語——倫理之外的問題部分，從新聞傳播所系學生常會問到的幾個問題，析述新聞倫理在當前新聞媒體面臨環境下的意義與必要。

本書附錄譯介世界主要國家有關新聞倫理的規範或信條，卷末並附列一些新聞倫理相關的中、英文參考書目，提供研究者參閱。

寫這本書的主要目的，是提供新聞傳播所系學生認識、了解及進一步研究新聞倫理的參考，撰寫時參閱許多相關書刊，大量引用各方面的觀念、主張、事例及規條，尤以中華民國新聞評議委員會發行的《評議案例》,《新聞評議》月刊與歐陽醇老師主持的《新聞鏡》周刊，借重最多；除已分別專函徵求同意外，在此鄭重致謝。

從中文著譯的相關參考書與專文中，引用的重要內容，在引用處或附註中均註明來源（中譯者亦註明譯者及出版者），但不及一一致意，謹在此一併申謝。

一本書的寫成，對學術界、出版界極為平常；在作者個人心底，無論如何，總是一件有意義而值得終身記憶的事。事實上，五年前剛經李瞻老師指派撰稿不久，又一度想放棄，後經馬家三代正面、側面、直接、間接的多方激發與鼓舞，終於決心寫完。

　　本書得以出版，要謝謝李瞻老師的見重與鼓勵，三民書局劉振強董
事長及有關同人的支持與協助。

　　　　　　　　　　　　　　　馬驥伸

　　　　　　　　　　一九九七年二月七日於台北
　　　　　　　　　　—時逢農曆丁丑年正月初一

新聞倫理

目 次

李序

自序

第一部　觀念的釐析

第一章　倫理與新聞倫理

第一節　引言 ·····································3

第二節　倫理 ·····································7

第三節　新聞倫理 ·································11

第四節　新聞倫理發展的背景（上）
　　　　——西方：以美國新聞倫理思潮的演進為主···15

第五節　新聞倫理發展的背景（下）
　　　　——我國新聞倫理思潮的演進···············25

第二章　新聞倫理的意涵

第一節　從規範信條探討 ·························41

一、真實、正確 ……………………………………………… 41

二、公正、客觀 ……………………………………………… 43

三、莊重、負責 ……………………………………………… 45

四、公眾利益 ………………………………………………… 46

五、高尚品格 ………………………………………………… 47

六、專業表現 ………………………………………………… 49

七、獨立、自由 ……………………………………………… 49

八、其他 ……………………………………………………… 51

第二節　從學者論著探討 ………………………………………… 52

一、華特・威廉斯手訂報人守則 …………………………… 52

二、施蘭姆對新聞倫理的探討 ……………………………… 53

三、美國學者論著摘探 ……………………………………… 56

第三節　從媒體意識摘探 ………………………………………… 60

一、《美國編輯與發行人》雜誌建議的記者信條 ………… 61

二、美聯社編輯人協會的報業倫理規範 …………………… 62

三、倫敦泰晤士報的倫理準則 ……………………………… 63

四、華盛頓州新聞協會的倫理信條 ………………………… 64

五、華特・克朗凱論新聞倫理 ……………………………… 65

六、《讀者文摘》標榜的理念 ……………………………… 66

七、王惕吾談辦報理念 ……………………………………… 69

八、余紀忠談辦報理念 ……………………………………… 71

第三章　從自律組織探討我國的新聞倫理觀

第一節　我國新聞媒體自律發展背景及過程 ⋯⋯⋯⋯⋯75

第二節　從陳訴及檢舉案的裁定探析 ⋯⋯⋯⋯⋯83

第三節　從主動評議案例探析（一）
　　　　——廣告刊播問題 ⋯⋯⋯⋯⋯88

第四節　從主動評議案例探析（二）
　　　　——犯罪新聞處理 ⋯⋯⋯⋯⋯98

第五節　從主動評議案例探析（三）
　　　　——色情圖片刊登 ⋯⋯⋯⋯⋯110

第六節　從主動評議案例探析（四）
　　　　——媒體間爭議 ⋯⋯⋯⋯⋯118

第七節　從專題研究探析 ⋯⋯⋯⋯⋯123

一、地方版內容分析 ⋯⋯⋯⋯⋯123
二、大家樂與飆車新聞報導 ⋯⋯⋯⋯⋯128
三、童丐事件 ⋯⋯⋯⋯⋯133
四、宮澤理惠裸照新聞 ⋯⋯⋯⋯⋯139

第八節　道德規範的擬訂與修正 ⋯⋯⋯⋯⋯142

第九節　為新評三十而立說幾句話 ⋯⋯⋯⋯⋯144

第四章　我國新聞倫理的儒家思想基礎

第一節　新聞倫理與儒家思想 ……………………………147

第二節　道德自主的信念與新聞自律 ……………………151

第三節　以天下為己任的使命感與社會責任之擴大 ………154

第四節　以社會和諧安寧為新聞傳播的積極目標 …………158

第五節　以開闊人生境界的抱負擔當任務 ………………164

第六節　知識分子與新聞工作 ……………………………169

第二部　問題的探討

第五章　新聞自由與知的權利

第一節　國家安全與新聞自由 ……………………………179

第二節　內部新聞自主權 …………………………………186

第三節　新聞工作者的超然中立 …………………………194

一、記者的人情包袱 ………………………………194
二、記者的感情包袱 ………………………………209

第六章　新聞第一的誘導

第一節　壞消息是好新聞 …………………………………215

第二節　採訪手段 …………………………………………220

第三節　新聞先? 救人先? ……………………………227

第七章　專業意識的挑戰

第一節　品味與莊重 …………………………………233

第二節　製造新聞與變造新聞 ………………………237

結語——倫理之外的問題

一、為什麼要談新聞倫理? ……………………………257

　㈠從專業的角度 ………………………………257

　㈡從知識分子的角度 …………………………258

　㈢從人生意義的角度 …………………………260

二、新聞倫理要經專業教育培育 ……………………261

三、現實與理想之間的衝擊 …………………………265

四、新聞界必須自我省思 ……………………………271

五、談新聞倫理有什麼用? ……………………………275

附錄

一、中國新聞記者信條 ………………………………281

二、中華民國報業道德規範 …………………………283

三、中華民國電視道德規範 ……………………289

四、中華民國無線電廣播道德規範 …………………293

五、臺灣新聞記者協會新聞倫理公約草案 ……………297

六、聯合國國際新聞倫理規範草案 …………………299

七、美國報紙編輯人協會原則聲明 …………………301

八、美國專業記者協會倫理規範 ……………………303

九、日本新聞協會新聞倫理綱領 ……………………307

一〇、英國全國報業道德施行規範 …………………311

一一、瑞典電視廣播報紙道德規範 …………………313

一二、西班牙全國記者協會記者職業道德信條 ………317

一三、愛爾蘭全國記者聯合會專業行為規範 …………321

一四、馬來西亞新聞道德準則 ………………………323

一五、美聯社編輯人報業倫理規範 …………………325

中文參考書目

英文參考書目

第一部
觀念的釐析

第一章　倫理與新聞倫理

第一節　引言

　　原計畫在這本書一開始，先把什麼是新聞倫理這一問題，從各種角度、各種不同看法，反覆地作一番詳細明確的探討。後來想到北宋文學大家歐陽修在〈醉翁亭記〉撰文之初，為起首描述滁州四周群山，費盡思考，最後毅然執筆，只寫了一句：「環滁皆山也。」

　　對新聞倫理是什麼，雖無法如歐陽文忠公那樣瀟灑地一筆帶過，但也可先簡單地交代一下。

　　如果只用一句話說明，我試作如是寫法：

　　　　新聞倫理是新聞工作者在其專業領域中對是非或適當與否下判斷的良心尺度。

　　當然，新聞界有各種不同的看法，好友政治大學潘家慶教授就認為不需要特別強調所謂新聞道德，新聞工作者的道德標準與常人無異，譬如誠實是人人都應具有的美德，新聞界堅守真實原則，也不過是誠實而已。

　　不過，近年來新聞倫理或新聞道德二詞常出現在和新聞界相關的著述或談話中，新聞倫理或新聞道德確是新聞界內外時常談及的話題。

　　新聞倫理（以下暫略去新聞道德一詞，原因容在後文析述）一詞起

於新聞界的倫理或道德規範，例如美國記者公會於一九三四年制定美國記者倫理規範(Code of Ethics)，日本新聞協會於一九四六年制定新聞倫理綱領，中華民國新聞評議委員會於民國六十三年（一九七四）修正通過中華民國報業道德規範（同年較早先由臺北市新聞評議委員會制定通過，同時通過的還有無線電廣播和電視的道德規範），聯合國和其他很多國家也都制定了類似的新聞倫理規範，至於以守則、信條、公約等名稱而規範新聞倫理的，包括由各類自律組織以及各新聞媒體單獨自訂的，不能勝數了。

至於一般大眾對新聞倫理的認識如何？

美國賓州大學新聞系教授葛德溫 (H. Eugene Goodwin) 在所著 *Groping for Ethics in Journalism* 一書的前言中，一開始就敘述當他對人說他正在寫一本關於新聞倫理的書時，所聽到的有趣反應：（為保持原文趣味，直接引用英文原句。）

"What ethics?"

"Well, at least the bibliographic search will be short."

"Will it be a comic book?"

"Will the right people read it?" (Goodwin, 1990, p. vii)

對國內大眾說，新聞倫理也許不至於像葛德溫所遇到的美國人那樣生疏，中國人對倫理二字較有印象，尤其是在臺灣國民小學三年級起就有生活與倫理的課程。

不過，這也並不表示中國人或中國的新聞界就很重視新聞倫理；例如，大部分中國記者都知道有中國新聞記者信條，卻很少有人能詳記信條的內容，更談不到如何信守與遵行，一般不過把它視為具文而已。

一九八六年美國哈佛大學商學院一項統計，全院一千六百多名學生

中，有四百多人選修過「權利與影響」這門課程，而另一門課程「企管政策的倫理觀」只有五十七人選過，選課人數多寡因素很多，不能遽作判析，但兩者人數相差之懸殊，不免令人擔心，是否倫理的吸引力敵不過權利。

筆者在大學新聞系科教授「新聞倫理」課程，就曾有學生在第一次上課時坦率發問：「新聞倫理有專開一門課程的必要嗎?」

自然也有令人鼓舞的一面。

美國學者歐迭爾(S. Jack Odell)在他和墨里爾(John C. Merrill)教授合著的 *Philosophy and Journalism*（崔寶瑛譯）一書中，就提到：

> 經過若干年後，新聞界人員再度對倫理問題感到興趣。越南及其周圍的各種事件與插曲，以及水門事件和它的所有政治陰謀與幕後活動，對新聞界發生極大衝擊。對美國國格的這些污點，以及箝制新聞界的各種險詐努力，供新聞學對倫理問題再產生興趣。在新聞學術內，對新聞倫理學的研究已經發生新興趣。一如美國新聞學教授墨里爾所稱：
> 無論如何，在新聞教育課程內，在教科書和與傳播學有關的其他文學中，已經開始再顯出對新聞倫理學的興趣。在公開講演及授課時——甚至在報紙及廣播會議中——都一再聽到談論新聞倫理學。（崔寶瑛，民七三）

另一位美國學者何爾頓(John L. Hulteng)在所著《信差的動機》(*The Messenger's Motives*)一書（羅文輝譯）中，也提到：

> 當作者在一九七四與一九七五年撰寫本書第一版時，新聞媒介的倫理問題，在每個人的心目中，並不是最重要的問題。記者和大

眾均未重視這個問題。

這些年來，新聞界已經普遍出現良知提升現象。印刷與廣播媒介的記者逐漸瞭解，讀者與聽眾對媒介的服務感到不滿。記者們開始檢討倫理規範，並採取不同的方法來重建媒介的可信度。事實上，每次新聞界召開會議都不會忘了安排一兩場有關倫理的研討會。（羅文輝，民八一，頁七）

卡爾‧霍斯曼 (Carl Hausman) 在一九九二年出版的《良心危機》(*Crisis of Conscience*)一書（胡幼偉譯）的前言中說明新聞倫理學的現況：

有關新聞倫理的研究，已經成為一種快速成長的事業。大約在十年前，只有少數幾本書討論這個課題，今天卻已經有好幾十本書在探討新聞倫理的各項相關議題。好幾本全國發行的期刊專門刊載新聞倫理的論文，另外還有一些出版品定期刊登有關新聞倫理的文章。（胡幼偉，民八四）

中華民國臺灣地區的一些大學新聞所系，開設新聞倫理有關課程的，以民國八十一年的情況為例：

國立政治大學

　　新聞研究所博士班　新聞道德與法律專題（傳播政策與法律學門選修科目，二學分。）

　　新聞研究所碩士班　新聞道德與法律（新聞實務組必修科目，二～四學分。）

國立臺灣師範大學

　　社會教育系新聞組　新聞倫理（必修科目，二學分。）

私立中國文化大學

新聞系　新聞倫理（選修科目，二學分。）

政治作戰學校

新聞研究所碩士班　新聞道德與法律（選修科目，二學分。）

私立世界新聞傳播學院

新聞系　新聞法規與道德（必修科目，四學分。）

民國八十學年度新成立的國立臺灣大學新聞研究所，也開設新聞道德規範(Ethical Issues in Journalism) 為必修科目，二學分。

第二節　倫理

一

從英文中譯為倫理的 ethic 一字，源出希臘文，原義有風俗習慣(custom or habit)及品格氣質(character or disposition)等涵義。

中國早有倫理一詞，最先出現於文獻，是在《禮記‧樂記》：「樂者，通倫理者也。」鄭玄對這一句的注是：「倫猶類也，理猶分也。」

此後，則到漢代才較常使用倫理一詞，如賈誼《新書》的〈時變篇〉：「商君違禮義，棄倫理。」 同書〈輔佐篇〉：「以禮義倫理，教訓人民。」董仲舒《春秋繁露》的〈人副天數篇〉：「行有倫理，副天地也。」 劉安《淮南子》的〈要略訓〉：「經古今之道，治倫理之序。」

在倫理一詞流行之前，儒家談倫理，常只用倫字。

我們先把倫理兩字分開來探源析義。

倫字在許慎《說文解字》中指：「倫，輩也，從人，侖聲。」清段玉裁注：「軍發車百兩為輩，引申之同類之次曰輩。鄭（康成）注〈曲禮〉、〈樂記〉曰：倫，猶類也。」

　　在古代典籍中倫字有不同的意義，就近於倫理一詞中的倫字之義，出現得也很早，例如《書經・洪範》：「彝倫攸敘」，《禮記・典禮》：「儗人必于其倫」，《禮記・祭統》：「夫祭有十倫焉」，都已切近人倫之義。

　　更明顯的，則如《禮記・禮器》：「禮，時為大，順次之，父子之道，君臣之義，倫也。」《禮記・樂記》：「樂行而倫清」，鄭玄注：「倫，謂人道也。」《禮記・文王世子》：「如其倫之喪。」鄭玄注：「倫，謂親疏之比。」

　　《中庸》：「毛猶有倫，」疏：「倫謂親疏之比。」《中庸》：「行同倫，」疏：「倫，道理也。」《論語・微子》：「欲潔其身而亂大倫，」集解：「倫，猶例也。」

　　《孟子・離婁》：「察於人倫，」注：「倫，正也。」

　　《荀子・臣道》：「倫類以為理，」注：「人倫者，人事也。」〈解蔽篇〉：「聖人，盡倫者也。」注：「倫，道也理也。」

　　所以，到了漢代，劉熙在他的《釋名》一書的〈釋典藝篇〉中，逕直指倫就是倫理。

　　理字在《說文解字》中指：「理，治玉也。從玉，里聲。」段玉裁注：「凡天下一事一物必推其情至於無憾而後即安，是之謂天理……戴先生（東原）《孟子字義疏證》曰：理者，察之而幾微必區以別之之名也。是故謂之分理，在物之質曰肌理，曰腠理，曰文理，得其分別有條而不紊，謂之條理。」

　　《周易繫辭傳》：「俯以察於地理，」疏：「地有山川原隰，各有條理，故稱理也。」

　　《中庸》第三十一章：「文理密察」，朱熹注：「理，條理也。」

　　倫理一詞之義，劉申叔在所著倫理教科書中引申說：

　　　　倫字之本義訓為輩，而其字從人從侖。蓋人與人接，倫理始生。

理字本訓為治玉，引申之，則為區分之義。凡事物之可區別者是謂物理，而人心所以能區分事物者為心理。故學科之以理字標目者，皆有條理秩序之義。倫理者，猶言人人當守其為人之規則，而各遵其秩序耳。

故總統蔣中正在民國二十八年三月二十一日的「政治的道理」為題演講中，對於倫理二字意義的陳述更為具體明白：

所謂倫理，照中國文字的本義說：「倫」就是類，「理」就是紋理，引申為一切有條貫、有脈絡可尋的條理。是說明人對人的關係，這中間包括分子對群體的關係，分子與分子間相互的關係，亦即是人對於家庭、鄰里、社會、國家和世界人類應該怎麼樣；闡明他各種關係上正當的態度，訴之於人的理性而定為行為的標準。

二

英文ethic一字，在《韋氏大辭典》的釋義："Character, or ideals of character, manifested by a race or people."

美國學者克萊恩‧布林頓(Crane Brinton)在所著《西方道德史》(*A History of Western Morals*)一書中指出：

在西方有歷史記錄的三、四千年中，無論是正式的哲學倫理著作，或是融入傳統、法典、民俗智慧的倫理觀念，都顯示出一個恆久不變的常素。誠實、忠誠、仁慈、自制、勤奮、合作是美德；欺騙、變節、殘忍、自我放縱、懶惰、標新立異、無法控制的侵略性與自私是惡行。(Brinton, 1959)

英國當代哲學家 G. E. 謨爾 (G. E. Moore) 在所著《倫理學原理》(*Principia Ethica*)一書（蔡坤鴻譯）中指出：

在大多數的事例中，我們的語言只要涉及「美德」(virture)、「罪惡」(vice)、「責任」(duty)、「正當」(right)、「應該」(ought)、「善」(good)、「惡」(bad)一類的語詞時，我們顯然是在做倫理命題的陳述。（蔡坤鴻，民七三，頁一）

謝扶雅教授在所著《倫理學新論》一書中，引舉近世大哲學家康德 (Immanuel Kant) 的話：「在上的燦爛星辰，在內的道德規律——這兩件事佔據著我們心頭，每當愈益凝神，愈加靜省，便愈覺其永恆炳照，而引起無限敬仰懷畏之忱」。謝教授引申說：

不過，倫理在人世間的事實雖誠炳若日星，而恆河沙數的星系，畢竟天文學可用一簡明的界說把它抉出無遺，我們的倫理事象卻不那樣單純而確定了。我們在這裡，祇能先肯定倫理學所要研究的對象——倫理，是人類生活中的一個方面，就是通常所說的「道德生活」(moral life)，以別於人類生活中其它方面的經濟生活、政治生活、教育生活、休娛生活……。而這種道德生活，在人類生活中，比之其它各種生活，尤其佔著最重要的位置。（謝扶雅，民七八，頁三～四）

一九五四年諾貝爾和平獎得主史懷哲博士 (A. Schweitzer) 在所著《文明的哲學》(*Philosophy of Civilization*) 一書中闡述：

倫理乃是引導人類尋求自我人格的「內在完成」的動力。

倫理與堅定面對世界與生活的世界觀有著密切的關連，倫理的範圍便是隨著這個關連的發展和加強而擴大。現在它的目標指向個人的內在完美，以及個人的行為方向，而企圖影響別的人以及客觀世界。倫理一旦脫離世界以及世界的精神以後，便不再成為人們的目標。人們藉著它才能在別人之間，以及世界上行動得更有力而單純，然後才能為實現普遍進步的理想而盡其一份力量。(Schweitzer, 1923)

史懷哲在同書中另有一段話，更有助於闡釋「倫理」的意義：

我們所有的人只要在每天能抽出三分鐘的時間，去注視無限的星空世界，並對之玄想，而反省一下人間的際遇，並生死之謎，更去體會一番生命、生存、生活、道德和永恆的問題，分辨出那些真有價值和沒有價值的標準，則人世間那一切由愚行和無明痛苦所產生的事件，將不再對人們有控制的力量。(Schweitzer, 1923)

第三節　新聞倫理

新聞倫理一詞是從新聞界的 code of ethics 衍變而生，美國學者 Nelson A. Crawford 於一九二四年即出版過 *The Ethics of Journalism* 一書。

code of ethics 中譯常見的有倫理規範和道德規範兩種譯法，我國新聞界自律組織所定共同守則，則用道德規範，如「中華民國報業道德規範」、「中華民國無線電廣播道德規範」和「中華民國電視道德規範」等；

學者也常用新聞道德一詞，如李瞻教授專著《新聞道德》。

倫理與道德兩詞，原有相當程度的互通之義，國人常把倫理道德併合引用。英文 ethics 和moral 也可互作註釋，中譯時也都可譯成倫理或道德，不過較通常的譯法，ethics 譯作倫理，moral 譯作道德。

本書則因探討新聞倫理，自倫理(ethics)出發，所本古籍字詞及賢哲學者解析，都據倫理二字為準，因此，除原有名稱及引用原句中為「新聞道德」者外，一律都用新聞倫理一詞。

倫理規範在世界各國多成為正式文獻，擇舉若干例子如下：

日本──一九四六年七月二十三日，成立全國新聞事業的自律組織──日本新聞協會(The Japan Newspaper Publishers And Editors Association)，通過制訂「新聞倫理綱領」，主要內容為七條日本新聞事業的信條。在引言中，說明：「……制訂報業信條，作為新聞事業遵循之道德憲章，並且聲明，當竭盡所能以求其實現。」

日本新聞協會在一九五三年秋天，與日本有關新聞教育部門擬訂一個「新聞教育基準科目」，在專門科目的基礎部門，列了「新聞倫理學與新聞法制」一項必修科目。

韓國──南韓於一九五七年四月七日，由全國編輯人協會制訂「韓國報業倫理規範」(Korean Press Code of Ethics)，全文為六條新聞從業人員應遵守的信條。

一九六一年四月五日，韓國報紙編輯人協會在年會中決議，組織韓國報業倫理委員會(Korean Press Ethics Commission)，於當年九月十二日正式成立。

美國──一九二三年由美國報紙編輯人協會(the American Society of Newspaper Editor)制訂「報業信條」(Canon of Journalism)，列有守則七條。一九二六年美國專業記者協會(the Society of Professional Journalists)制訂「倫理規範」(code of ethics)。一九三四年由美國記者公

會制訂「倫理規範」(code of ethics)。

英國——一九四六年四月成立「皇家新聞委員會」(Royal Commission on the Press)，由這一皇家委員會的建議，促成英國的報業總評議會(the General Council of the Press)於一九五三年七月一日成立，但是英國沒有全國性的倫理規範，只有英國新聞記者學會 (Institute of Journalist)在一九六三年，制訂報人倫理規範。

法國——一九六六年由全國新聞記者聯合會 (Syndicat National des Journalistes)修訂公布法國新聞記者倫理規範。

西德——一九五六年十一月由報紙發行人協會及記者公會聯合組成報業評議會(Presserat)，它並未為報紙制訂何種規範或信條，卻協助雜誌事業進行自律，促成一九五七年十二月制訂了「德國雜誌組織倫理規範」(Code of the German Magazine Organization)。

義大利——一九五七年六月七日義大利全國報業評議會 (The National Council of the Italian Press) 通過「報業倫理綱領」(Principles of Professional Ethics)。

瑞典——一八七四年瑞典報紙主筆成立輿論家聯誼會 (The Publicists Club)，一九一六年成立報業公正經營委員會 (Press Fair Practice Commission)，這一委員會逐漸發展成今日的報業榮譽法庭 (The Court of Honor)，也使瑞典成為世界第一個實行報業自律的國家。

一九二三年瑞典輿論家聯誼會採用「報業倫理規範」(The Code of Ethics)為出版規範(Publication Rules)。

以色列——一九五八年由首都臺拉維夫的新聞記者協會 (The Association of Journalists in Tel Aviv) 制訂「以色列新聞記者倫理規範」(Israel Journalists Code of Ethics)。

一九六三年五月七日以色列報業評議會 (The Press Council) 在耶路撒冷成立，其後通過了報業評議會制訂的倫理規範。

土耳其——一九六〇年七月二十四日土耳其報紙發行人在伊斯坦堡簽定了一項報業倫理規範。

巴基斯坦——一九六五年七月四日巴基斯坦報界通過報業倫理規範。

比利時——設立報業倫理委員會 (The Ethics Commission of the Belgian Press)。

澳大利亞——由新聞記者協會制訂倫理規範。

智利——一九六三年由全國報業聯合會(The National Council of the Association of Chilean Newspapers) 制訂報業倫理規範。

奈及利亞——一九六二年由新聞編輯人協會 (Nigerian Guild of Editors) 制訂新聞倫理規範。

泛美報業組織——一九二六年第一屆泛美報業會議 (Pan-American Press Conference) 通過一項新聞倫理規範，美洲報業會議(Inter-American Press Conference) 於一九五〇年在紐約舉行，通過採納這一項新聞倫理規範為美洲新聞協會(Inter-American Press Association)的規範。

聯合國組織——聯合國新聞自由小組委員會根據全球新聞事業、各國及國際性職業團體所作的評述及建議，歷經五次會議討論和審議，制訂「國際新聞倫理規範」(International Code of Ethics)。

中華民國——一九六三年七月十九日成立了第一個新聞自律組織——臺北市報業新聞評議委員會，在組織章程第七條規定:「本會審議或裁定所依據之道德規範以參照『中國新聞記者信條』為原則。」 這一記者信條是於民國三十九年一月二十五日由臺北市報業公會成立大會通過的。

民國六十年四月二十九日臺北市新聞評議委員會成立，取代了臺北市報業新聞評議委員會。民國六十三年九月一日臺北市新聞評議委員會改組為中華民國新聞評議委員會，其組織章程第七條增訂為:「本會審

議或裁定所依據之道德規範，以參照『中國新聞記者信條』、『中華民國報業道德規範』、『中華民國無線電廣播道德規範』、『中華民國電視道德規範』為原則。」

「中華民國報業道德規範」、「中華民國無線電廣播道德規範」和「中華民國電視道德規範」都是民國六十三年六月二十九日臺北市新聞評議委員會二屆十次會議通過。

從以上列舉世界各國新聞事業自律組織有關訂定新聞倫理規範等資料，具體顯示「新聞倫理」一詞已獲普遍使用。

第四節　新聞倫理發展的背景（上）
——西方：以美國新聞倫理思潮的演進為主

遠在一六四四年十一月英國思想家、名詩人約翰・米爾頓 (John Milton) 在議會提出「出版自由請願書」(Areopagitica or Speech for the Liberty of Unlicensed Printing to the Parliament of England)，為新聞自由的理念開了先河。

米爾頓在英國國會答詢時，提出：「在所有自由之上，請允予我自由獲知、自由說明及本諸良心自由辯論的權利。」

美國第三任總統傑弗遜 (Thomas Jefferson) 於一七八六年強調新聞自由的重要，說：「我們自由權利的保護，係基於新聞自由；這種自由，不能限制，也不能喪失。」

一七九一年美國民權法案 (Bill of Right) 首次修正後，第一條即規定：「國會不得制訂下列法律：確立一種國教或禁止信教自由；剝奪人民言論及出版的自由；減削人民正當集會及向政府申訴補救損害的權

利。」

十八、十九世紀歐美報業因以採行自由主義，卻由於過度商業化經營的結果，報業變得龐大而集中，再加濫用新聞自由，形成「放任」與「自利」， 致使新聞傳播媒介未能善盡其對社會應負的責任，反發生甚多負面的影響。

Four Theories of The Press 一書的作者之一皮特遜 (Theodore Peterson) 在所著中就曾指出：由於新聞事業商業化及科學技術的革命，新聞事業的單位越來越少，其勢力越來越大，因之新聞事業脫離群眾，而演成新聞自由的嚴重危機。(Peterson, 1956, pp. 78–79)

尤其是十九世紀末期，美國報業已成為龐大的商業。若干商業化報紙為爭取讀者，增加發行，不惜誇大渲染，製造新聞，謾罵詆毀，誨淫誨盜，形成「黃色新聞」的泛濫。

有責任感的報人，針對這些弊象，有所為而有所不為，力挽狂瀾，成為新聞界自律的先驅。

美國紐約時報發行人奧克斯 (Adolph S. Ochs) 於一八九七年二月十日起，每天在紐約時報報頭左側位置刊出同一句銘言：「本報只刊適宜登載的新聞」(All the News That's Fit to Print)，樹立報業自律以對社會負責的風範。

十九世紀後期美國報業鉅子普立茲 (Joseph Pulitzer) 於一九〇四年發表的文章中更強調：「祇有最高尚的理想，最嚴謹追求真理的熱望，最正確豐富的知識以及最誠摯的道德責任感，才能拯救新聞事業，使其免於淪為商業利益的附庸，一味追求自私自利以及與公共福祉為敵。」

一九〇八年十一月二十五日瑪麗・艾迪 (Mrs. Mary B. Eddy) 在美國波士頓創刊基督教科學箴言報 (*Christian Science Monitor*)，堅決反對黃色新聞，拒絕刊登一切犯罪與災禍新聞；只有當犯罪新聞影響到國家社會，或不幸事件需要慈善機構予以救助時，箴言報才予刊登。

　　創立美國第一所新聞學院——密蘇里大學新聞學院的華特‧威廉斯博士(Dr. Walter Williams)於一九一一手訂「報人守則」(The Journalist's Creed)八條，強調新聞工作者的責任與自制。

　　瑞典是世界上實行報業自律最早的國家，一八七四年瑞典報業的主筆們，成立了輿論家聯誼會(The Publicists Club)，以維持報紙專業水準為主要任務。一九一六年這個聯誼會聯合瑞典的報紙發行人協會和記者工會，共同成立報業公正經營委員會 (Press Fair Practice Commission)，後來發展成報業榮譽法庭(The Court of Honor)，是世界第一個新聞自律組織。

　　一九二三年，美國報紙編輯人協會制訂「報業信條」(Canon of Journalism)，內容強調新聞界要信守責任、新聞自由、獨立、誠信、公平、正直、莊重。一九三四年，美國記者公會制訂倫理規範(Code of Ethics)，都是美國報業集體自律的表現，主旨都在提高報業水準與促進新聞道德。

　　美國各大學新聞系對新聞道德的問題，早期並未重視，到一九二〇年代，突然廣泛討論新聞道德的內涵，並出版了很多有關教科書，例如一九二四年尼爾生‧克拉弗(Nelson Kraffer)的《新聞道德》(*The Ethics of Journalism*)；一九二五年，李昂‧克里夫(Leon Cliff)出版《報紙的良知》(*The Conscience of Newspaper*) 等；使討論新聞道德的風氣，成為當時大學新聞系的主流。

　　美國《時代》(*Time*) 雜誌創辦人亨利‧魯斯(Henry R. Luce) 於一九四二年捐款芝加哥大學，成立新聞自由委員會(Commission on Freedom of the Press)，由芝大校長為主席，其他委員為哈佛、耶魯、哥倫比亞、費城等大學院長、系主任或教授。委員會主要任務在調查研究美國新聞事業商業化與獨占後對於新聞自由的影響。這一委員會於一九四七年提出總報告，名為「自由而負責的新聞事業」(A Free and Responsible Press)，報告中首倡「社會責任論」(Social Responsibility Theory)，聲明：新聞

自由並非是一種絕對的權利，而應以新聞事業擔負社會責任為規範。

美國新聞自由委員會建議設立新聞評議會，做為推行新聞自律的監督機關。受這一觀念影響，日本首先在一九四六年七月二十三日成立日本新聞協會 (The Japan Newspaper Publisher and Editors Association)，比利時在一九四七年成立報業紀律與仲裁評議會 (The Council of Discipline and Arbitration)，英國在一九五三年七月一日成立報業總評議會(The General Council of the Press)。其後陸續設立，到一九八○年代，全世界已有三十多個這類組織，其中有與政府有關，有些完全是由新聞界自己組成的。

前面所述被稱為霍金斯 (Hutchins) 報告的美國新聞自由委員會於一九四七年提出的研究總報告，在當時曾被美國新聞界批評攻擊，但不久後，美國新聞界對它重新估價，逐漸發展成社會責任論的新聞事業理論，這一理論重點即在強調自由與責任互相關連的新觀念。

社會責任論觀念的具體表現，是各國新聞界成立的新聞評議組織，訂立各類新聞倫理規範；所顯示出來的，是新聞界的自律精神，這種自律精神不是來自法律或其他外部強制的力量，其基本動力是新聞傳播工作者自身的責任感與道德意識——他的新聞倫理觀念。

曾任哈佛大學哲學系主任的荷根博士(Dr. William E. Hocking)，他也是美國新聞自由委員會委員，在一九四七年出版所作《新聞自由》(*Freedom of the Press*)一書中說：「新聞自由不是基本人權，而是一項道德權利，僅為報紙發行人所享有。而言論自由才是一項基本權利，應受憲法保障。而新聞自由只有充分反映個人言論自由及廠盡道德責任時，才應受到憲法的保障。」

美國傳播理論學者施蘭姆(Wilbur Schramm)在所著*Responsibility in Communication*一書中指出：

新湧現的理論，所要求於媒體的是什麼呢？主要的，它要求責任、自由，兩者兼而有之。說得更明確一點，它要求媒體對環境進行報導時，務必真切而充分；在表達公共問題種種相互枘鑿的意見時，務必充足又公平；我們獲有歡娛，但無損於尊嚴與品味，我們獲有足夠平衡的服務；它又能使自身免受壓力、限制與私利的影響，以致危害到內容的正確、平衡與真實。……

一百年以來，倫理的考慮與責任的質疑，早已在美國傳播機構每天決定事項中，占有很大的一個比例。（程之行，民八一，頁一三〇）

一九六三年十一月二十二日，美國總統甘迺迪於德州達拉斯市被刺逝世，由繼任總統詹森指定聯邦最高法院院長華倫(Earl Warren)組成七人委員會(Warren Commission)，詳細調查這件謀殺案的經過。這一委員會於一九六四年提出「華倫報告」(Warren Report)，認為凶手奧斯華謀殺總統，無任何政治因素，只是個人的單獨行為。但認為奧斯華的被殺，乃由於達拉斯警方未盡職責及記者過分要求自由，以致造成混亂局面的結果。

華倫報告中說：

本委員會認為，奧斯華被人槍殺，應由新聞事業與未能有效控制法律秩序的警察當局負全部責任。因此委員會認為，應儘速制訂報業行為信條，有效管理所有新聞事業的記者，顯然為當前最受歡迎之事。而新聞事業本身，亦可因達拉斯事件獲取寶貴的教訓。

報告中還說：

為了保證有效管理記者，必須立即採取適當行動，建立新聞事業
行為的道德標準。但無論如何，這項責任應由各州及地方政府、
律師協會以及社會大眾共同擔任。由於在達拉斯十一月二十二日
至二十四日的經驗，是一項具體而深刻的事實，證明需要採取一
切可能措施，以期在大眾享有靈通新聞與個人接受公平審判兩種
權利之間保持適當平衡。

華倫報告發表後，美國各界對新聞事業交相指責，全美十七位報業
代表乃於一九六四年十月在華府集會，商討有關華倫報告中對報業的建
議。但當時代表們對制訂「報業道德信條」的必要性，大多表示懷疑，
認為這樣做法，可能會導致報紙扣發大眾有權知道的某些新聞。

但是從甘迺迪被刺、越南戰爭，到水門事件所串連的政治陰謀與幕
後活動，對美國新聞界發生極大衝擊，也加強了新聞倫理問題的研究興
趣。

和歐迭爾合著*Philosophy and Journalism*一書的墨里爾曾指出：

無論如何，在新聞教育課程內，在教科書和與傳播學有關的其他
文學中，已經開始再顯出對新聞倫理學的興趣。在公開講演及授
課時——甚至在報紙及廣播會議中——都一再聽到談論新聞倫理
學。在新聞學教室中，逐漸滲透進哲學家的名字：康德、史賓挪
莎、尼采、霍布斯、沙特和杜威等，開始與凱茲、拉斯威爾、奧
斯古、道意志、杜布、柏森斯及洛納等同時被提出。在新聞學中，
哲學慢慢開始和社會學及心理學同被重視。（崔寶瑛，民七三，
頁一）

歐迭爾在同一著作中，也指出：

新聞人員守道德重倫理，對社會很重要——沒有人會反對這種說法。我們珍視的新聞人員，是品德良好、廉潔、利人。我們應該指出，只是研究倫理學及價值理論，並不能產生意向高尚和操守良好的報人。研究倫理學不能，也無法期望它能夠補償無倫理觀念的教養，只靠研究倫理學，不會讓不道德或非道德者改變成有倫理或道德觀念的人。

這並不是說，成年人沒有讀倫理學的良好理由。全非如此；大部分人都有倫理或道德觀念，或至少是在追求，只是迷惘不知真正問題為何，因此需要一個澄清和分析的討論會，哲學可以提供這方面的需要。

哈斯丁中心最近作過一項研究工作，確定若干教育目標如下：(1)刺激道德想像力；(2)認定道德問題；(3)發展分析技術；(4)引發道德義務感及個人責任感；(5)容忍——及拒絕——不同意及不明確態度。除第四點主要是適當教養的結果外，其他目標都可利用經常灌輸倫理學的方法予以促成。(崔寶瑛，民七三，頁二)

歐迭爾在同書另一部分又說：

「當一個人的原則或倫理與其國家的法律發生牴觸時，他遵循自己的原則是不是錯誤？」答復這問題時，須就何為「法律上許可」及何為「倫理上正確」之間作一分際。我們可以辯稱，當一位記者拒絕透露消息來源，且因違反法律時，但在道德上說，他或許很對。如果他曾保證在任何情況下不透露消息來源，則其違反諾

言時，即使合法但不能稱為道德。就大部分情形而言，一國的法律係反映一國的倫理規範。但不必一定如此，有時也確不如此。

我們只須一看在革命後及奪取政權後發生的情形。對這種事實便更易瞭解。通常的情形有兩種。一種是革命份子改變現存法律，修正若干，刪除若干，以期保障他們所認為的每個人的基本倫理權利。一種是改變法律以適合奪取政權者的政治目的，而犧牲某些個人或某些團體。前者以美國及法國革命作說明；後者可以納粹奪權作實例。一國征服他國的許多實例，也可舉以說明。以上兩種情形，在俄國革命時曾經同時存在。

只有當人們願意為了倫理原則而破壞現有法律時，不公義情事才能獲得糾正。社會之持續實有賴於此。那些能保障公平分配我們所珍視事物的原則，是一個和諧社會存在所必需者。這些檢討的結果乃是，一位記者拒絕透露消息來源，即使要坐牢，也應視為正當，甚至值得喝采。

但是我們不能結論認為每個為消息來源保密的記者，都永遠有道理。有時候維持保密諾言的代價太多，當某消息來源不僅知道某架轟炸機下次出擊何處，並且知道其他轟炸機過去出擊的細節時，替這位消息來源保密便沒有道理。

無法制訂一套確切規則，能經常告訴記者如何行動。我們所能做的，以及我們已經做的一些，乃是鼓勵公眾的道德想像力，發展他們的分析技巧，使他們對倫理問題有敏感，以及為倫理判斷建立一套客觀基礎。如果在這方面我們已有成就，讀者應能就諸如

「我應該隱瞞這一消息來源嗎?」的問題，找出答案。這裡推薦的綱領，可能像情況論，有些方面很像，但是不同之點，是它不寬恕相對主義。（崔寶瑛，民七三，頁二〇～二一）

美國《時代》(*Time*)雜誌採訪白宮新聞記者Laurence I. Barrett 在所撰「新聞界的自我審視」(The press looks at itself) 一文中指出：

愈來愈多的新聞專業學校開設有關職業道德的課程。而大學和基金會主辦的、以新聞界在美國社會中擔當的角色為主題的座談會也多起來了。一家民辦學術機構資助一位退職記者調查美國新聞界採訪越南戰爭中某段時期的情況。結果寫成了一本巨著，其中提出的各種結論在新聞界內部引起熱烈的辯論。工業界的同業聯會在舉行年會時專設小組討論報界對他們行業的報導情況如今已屬常事。在這種討論會上，新聞工作者和企業界領袖人物坐在一起坦率地、有時是激烈地交換看法。

James Boylan 是 *Columbia Journalism Review* 首任主編，在離開了一段時期後又再次擔任它的主編。他這樣比較前後氣氛的不同：「現在態度正確多了。雖然我們發現新聞界裡以為自己的工作批評不得的人仍然不少，但是這樣的人逐漸減少了。報界對自己的工作嚴格審視，已不再是一件值得大驚小怪的事了。」

the National News Council 的Norman Isaacs 認為，儘管認真的批評已日益普遍，但是新聞業仍是「防守最嚴的行業」。不過他指出，自我評價「已蔚然成風。我們看到，關於這個問題的討論突然熱烈起來。討論得越多，報界的責任感就越強。只要這個趨勢

繼續下去，像 News Council 這類組織總有一天會沒有必要再存在。」(Oettinger, 1985, p. 50)

　　美國加州大學溪口分校大眾傳播系祝基瀅教授在所撰「新聞記者對誰負責」一文中指出：

　　新聞記者之權利與責任之問題，也就是新聞記者之道德問題。新聞教育最主要之任務在於培養新聞記者的道德觀念，新聞記者的採訪能力、寫作能力、編輯能力之訓練都是新聞教育之次要任務。同樣的，一位卓越新聞記者之成功也是以道德行為為其先決條件，專業的能力是一位記者成功的次要條件。因此，一個國家的新聞教育之成敗，取決於新聞教育的成果——新聞記者——是造福社會，還是貽害社會。

　　自有新聞事業以來，新聞記者之職業一直是最具爭議性之職業，新聞記者受人尊重，新聞記者也被人憎恨、輕視。最近三十年來，由於傳播科技日新月異，新聞事業之觸角伸入社會的每一個角落，新聞記者之影響力較前更為遠大，因此新聞記者之活動甚受注意，其權利與責任之問題也不斷成為社會人士討論之話題。近年來這個問題成為美國新聞教育界設計新聞學系課程的重點，過去新聞權利與責任之問題分散在不同課目中討論，目前的趨勢是成立專課，以一個學期的時期專門討論此一問題，此種課程之設計也深受美國新聞事業之支持，可見其重要性。（祝基瀅，民七七）

　　祝教授在同一文的另一部分指出：

新聞學理論是一種社會科學，新聞倫理學是一種哲學，社會科學
與哲學都是研究人的科學，因此，許多原則原理因人的解釋而異。
同樣的一條新聞會因不同新聞記者的解釋作不同的處理，也可能
因新聞機構的新聞政策不同，而作不同的處理，兩者也都可能振
振其詞的宣稱合乎法律與道德的規範。……

在最近舉辦的一次新聞道德教育研討會中，美國新聞學者都同
意，新聞道德教育與一般道德教育在基本觀念上並無不同之處，
加強新聞道德教育應從加強一般道德觀念入手。……

新聞教育應加強新聞記者的基本道德修養，把人類的基本道德觀
念與專業的道德觀念融會，則新聞記者的權利與責任就不是一項
問題了。（祝基瀅，民七七）

第五節　新聞倫理發展的背景（下）
——我國新聞倫理思潮的演進

　　近百年中國社會的急劇變化，以及西方文化所帶來的重要影響，無
論在個人的思想上或行為上，社會的風氣上或結構上，都或多或少的呈
現著一種文化失調和不均衡的現象，中國新聞界和新聞工作者所面對的，
正是這一情勢的鋒面。

　　近代中國新聞事業雖然肇始於外人在海外創辦的中文報刊及其後在
華創辦的中外文報刊，卻由於時代環境的非常衝擊，在發展到以國人為

經營主體的階段後，幾近全面傾向於政論性的目標。

孫中山先生瞭解新聞傳播媒介的功能，充分運用報刊做為領導輿論、宣揚主義的工具，當時中國新聞事業的主流，始終與國民革命的思潮與行動相結合。

中山先生在民報發刊詞中強調新聞傳播媒介的先知先覺之天職：

> 嶷我祖國，以最大之民族，聰明強力，超等絕倫，而沈夢不起，萬事墜壞；幸為風潮所激，醒其渴睡，旦夕之間，奮發振強，勵精不已，則半事倍功，良非誇嫚。惟夫一群之中，有少數最良之心理能策其群而進之，使最宜之治法，適應於吾群，吾群之進步，適應於世界，此先知先覺之天職，而吾「民報」所為作也。

于右任創辦民呼報，以為民請命，大聲疾呼，闢淫邪而振民氣為宗旨。他並宣布了民呼日報的六項願望與六項誓言，以破除民害、鼓舞民氣、改正民俗、淳厚民德、倡導民權為任務。（李雲漢，民六二）

姚朋先生在中華民國六十年《新聞年鑑》上撰文探討中國近代新聞事業時指出：中華文化的至誠、仁愛、忠恕與理性，隱隱然構成中國新聞事業從業人員報國救世的基本精神。西方新聞界以自由、獨立、公正、客觀為職業道德的準則。在中國，這些準則也都被奉為圭臬；但中國還有「平生憂樂關天下」的傳統。新聞記者不僅要為民喉舌，為民耳目，而且更以新聞事業為講壇，以人群社會為教室，敷施教化，弘揚真理。（姚朋，民六〇）

建國初期，北方在軍閥掌握及政變波瀾籠罩中，新聞事業遭受慘重打擊，南方若干地區，則因政治性的刺激與商業性的改革，逐漸進步為有企業化新聞事業的雛型。

當時，在北方的名記者邵飄萍曾建議對新聞界的不良現象採取非法

律性的社會制裁和同業團體制裁，孕育出新聞自律和新聞倫理雙重觀念。

北伐軍興，新聞事業步向探討全國統一與國家建設。民國十五年九月一日復刊的大公報，標揭「四不」原則：

一、不黨：純以公民的地位，發表意見，此外無成見、無背景。凡其行為利於國者，擁護之；其害於國者，糾彈之。

二、不賣：不以言論作交易，不受一切帶有政治性質之金錢補助，且不接受政治方面之入股投資，斷不為金錢所左右。

三、不私：忠於報紙固有之職務，對於報紙並無私用，願向全國開放，更為公眾喉舌。

四、不盲：隨聲附和是謂盲從；一知半解是謂盲信；感情所動，不事詳求，是謂盲動；評詆激烈，昧於事實，是謂盲爭。吾人誠不明，而不願陷於盲。（張季鸞，民二〇）

這四不原則，為中國報業樹立了獨立報業的模式。

抗戰爆發，新聞事業的重點則置於鼓舞全國精神總動員，團結禦侮，抗戰建國。

中國新聞學會於民國三十年三月十六日在重慶成立，由大公報總主筆張季鸞起草的宣言中說：

同仁等今日集會陪都，緬懷共和締造之艱難，體念國難犧牲之壯烈，承近代言論先輩之遺志，而自省其對歷史人群所應負之重責，誠以為吾儕少數報人，其雙肩擔負，乃有無窮之重，何況十年國難，目擊身經四載戰爭，出生入死，當茲興亡成敗之交，惟有至誠至勇，盡忠報國，使中國得其自由平等，萬民享其樂利，然後吾儕工作始可告一段落。

這篇宣言中還說：

> 自日人入侵，國危民辱，成敗興亡，匹夫有責。今日抗建之大義，
> 即在犧牲個人一切之自由甚至生命以爭取國家民族之自由平等。
> 吾儕報人，以社會之木鐸，任民眾之先鋒，更應絕對以國家民族
> 之利益為利益，生命且應不顧，何況其他！（張季鸞，民三〇）

姚朋析述當時中國新聞界這一趨向，他認為就近代新聞學理論的分析，傳播與宣傳並非一事，但在中國的傳統而言，知識分子無論在朝在野，都應以天下為己任，擇善固執，「教便是宣傳」，乃行道之必然。（姚朋，民六〇）

勝利復員，全國新聞事業都曾有一度好景，卻因量的擴展與質的提高未能兼籌並進，再加時局紛亂不寧，欣欣向榮的蓬勃氣象，甚至未及曇花一現。

新聞事業在此一時期之表現，倫理蕩然，如當時專家的批判：

一、無超然獨立的認識與風格　一般記者多「人云亦云」隨聲附和。而一般年輕新聞從業員多以「左傾」為前進，以攻擊政府為風尚，忘卻公正。

二、未能自動向國家負責　政府措置不當，站在輿論立場自應批評，但亦應顧及國家的利益，而當時新聞記者很少能做到這一點。

三、忽視法律及道德上責任　新聞自由為報人所應爭取，但自由應在法律範圍以內，切不可任意誹謗，切忌造謠，影響他人蒙受名譽上的損害。但有記者發布不實損人名譽新聞，好像無所謂。

四、未能自動對社會負責 許多報紙均刊載黃色新聞,不顧及由之促進社會罪惡的產生。 (許孝炎,民四〇)

政府於三十八年播遷臺北,當時政治、經濟、軍事、社會,一切均不安定,新聞事業也處於散漫紊亂狀態,朝野一致趨向,以先穩定政局為第一,新聞媒體也以此為積極目標。在此一時期由大陸遷臺的中央日報,其臺灣版發刊獻詞,以「我們的信念」為題,最能反映上述心態:

……今日,我們僅擬首先揭示一些重要原則,以就正於我們親愛的讀者。

就整個世界說,我們認為和平秩序必需確保,侵略勢力必需消滅;對侵略勢力根本無法妥協,反過來,保障世界和平秩序的力量,我們應該竭誠擁護。

於國內事件,我們無論對那一種形式的政府,至低限度應要求能保證免於恐懼、免於匱乏的自由;全國人民決不能久在政治迫害的威脅下偷生,或者靠著僅免於飢餓的口糧度日。

政局動盪,社會不安,新聞工作者品流紛雜,形成所謂「文化三害」(赤色、黃色與黑色刊物)現象。

民國三十九年一月二十五日臺北市報業公會成立,大會中通過「中國新聞記者信條」。

中國新聞記者信條是馬星野先生擔任中央政治學校新聞系主任時草擬,當時是提供中國新聞學會參考,三十九年在臺北市報業公會成立大會上正式通過,成為我國新聞界第一個成文的倫理規範。其第八條條文

特別強調：「吾人深信：新聞事業為神聖之事業，參加此業者，應有高尚之品格。」此一信條的主旨，實正切中當時新聞事業的弊象。

民國五十二年九月二日臺北市報業新聞評議委員會成立，我國新聞界展開組織化自律行動的新紀元。

從新聞評議委員會成立的宗旨，以及各方面對報業工作的期勉，都是希望能以發自內心的自覺，加強提高新聞道德的責任感。

此後，臺灣政局日趨穩定，經濟成長迅速，教育普及，新聞傳播事業也蓬勃發展。其經營方式，也愈深受歐美自由報業的影響，普遍以企業化為目標；在新聞政策上，則趨向社會責任論。

民國六十三年六月二十九日臺北市新聞評議委員會通過「中華民國報業道德規範」，其目的如前言所述：「本會為使我國報業善盡社會責任與確保新聞自由起見，特彙舉道德規範七項，以資共同信守遵行。」

同一次會議中，另還通過了「中華民國無線電廣播道德規範」和「中華民國電視道德規範」。

中國新聞教育雖重道德修養，主要是指個人的品德。中央政治學校設置新聞系的宗旨中，始見有「培植現代的新聞記者，其中心目標在信仰三民主義，服膺職業道德，以共同提高我國新聞事業的水準」之句，揭指職業道德。

民國四十四年，國立政治大學新聞系在臺復系，首任系主任謝然之說明政大新聞系教育宗旨：

> 政大新聞系在中國新聞教育史上曾經有著優良的傳統。我們的教育目標是培養真誠純潔的青年，成為大公無私，盡忠職守的新聞記者，我們以追求真理與事實來建立公正的輿論，為服務社會而不斷努力。我們信仰三民主義，忠愛國家民族，並以促進自由世界人士的團結與瞭解為我們奮鬥的目標。我們深信新聞道德重於

新聞的編採技術，因此，新聞系之教育使命就是要敦品力學，發揚以往的光輝傳統，開拓燦爛的未來，建設現代的世界新聞事業。(謝然之，民四四)

政大新聞系教育宗旨雖強調「新聞道德重於新聞的編採技術」，但並未開設新聞道德方面的課程。民國五十二年八月政大新聞系舉行課程修訂會議，建議：「道德科目不列入課程，而作為專題演講之重點，發揮言教身教之影響。」(王洪鈞，民八二，頁一八七)約在民國六十年代以後，政大新聞系開設「新聞倫理」為選修科。

在臺灣設校最早開設有關新聞倫理方面課程的，是世界新聞專科學校於民國五十年代在三年制專修科各科共同必修科中，開設「新聞法規與新聞道德」。公立大學方面，國立師範大學社會教育系新聞組，於六十年代中期，將「新聞倫理」列為必修科。七十年代，臺灣的大專學校新聞傳播系科，大都開設「新聞倫理」、「新聞道德」、「傳播倫理」等課程。

王洪鈞教授在所著《我篤信新聞教育》一書中，其中題為「道德修養有賴師友層層夾持」專章，探討新聞教育應重視新聞倫理道德，王教授指出：

> 以我淺薄的知識來看，除了神學院課程外，似乎還沒有那一種學門視道德修養為其核心教育。但新聞教育被納入專業教育的範圍，與醫學、神學、法學並列，正因為新聞教育重視專業道德之故。……
>
> 政大新聞教育若言傳統，重視新聞倫理，和培養新聞記者的使命感，應屬最重要的一部分。……

特別是道德修養,我堅信道德絕非一種空洞的知識或出凡入聖的
理想:道德毋寧是一種基於自愛和愛人的行為標準。此際且無須
作性善性惡之辯,一個人從不知到知,從不能到能,除了自己的
領悟外,總需要師友的層層夾持。曾國藩認為作學問需要師友夾
持,其實,養成識見、智慧和風範,良師的指導啟發和朋友的鼓
勵規勸,甚至競爭,皆有必要。(王洪鈞,民八二,頁一九四~
一九七)

李瞻教授在所著《新聞道德》一書中指出:

新聞自由是新聞事業的靈魂,在近代史上,具有偉大的貢獻。它
解放了人類思想,創造了民主政治,更為人類帶來了無尚的尊嚴!
但自十九世紀末葉,新聞事業逐漸商業化。由於新聞自由的濫用,
報業所有權的集中,致使新聞自由成為商人追求利潤的一種手
段。當前社會責任論的興起,主要目的在阻止新聞事業過分商業
化的傾向;要求新聞事業恢復過去自由報業的光榮傳統,應將教
育人民、服務民主政治、與保障人民之自由權利,列為營運的第
一目標。

近代新聞自律運動,是社會責任論的產物,也是社會責任論的具
體實行。因為社會責任論,認為新聞事業應擔負教育人民、服務
民主政治、與保障人民自由權利的責任。如果新聞事業自行厥盡
此三大責任,則新聞事業就應享受充分的新聞自由。

但新聞自律,必須要有自律的組織,自律的標準,與自律的紀律,

否則，事實證明便絕難望其成功。而新聞評議會，就是自律的組織；各種新聞道德規範，就是自律的專業標準；而評議會的具體制裁辦法，就是自律的紀律。（李瞻，民七二，頁三五四）

香港中文大學新聞傳播系講師梁偉賢在一篇論文中指出：

香港中文大學素來重視新聞道德課程，在一九八六年並將課程內容、時數做大幅度的改進，其主要的目的，就是要幫助學生瞭解到他們將要加入新聞專業的本質，以及培養他們採訪面臨道德處境的判斷能力。

道德或作倫理，是對人類行為的是非好壞，作有系統研究的一門學科。對同一事件，是非好壞的標準就可能因人因時因地而異。甚至於同一個人對同一件事，也可能因這個人的身份地位不同，以致評判是非好壞的標準也會有所差異。

因此，是非好壞的標準具有相當程度的主觀性。正因如此，當我們把一個可能是相當主觀的標準，放進一個可能與政治、經濟、社會或文化有關而又涉及不同角色及不同利益立場的新聞處境裡面，去衡量其是非好壞，是相當複雜，也是相當困難的。

新聞工作者要在作業中維持高度專業的新聞道德，是十分不容易的；因為它不但要在主觀中尋求客觀的標準，而且是非好壞的標準在不同的處境中可能需要有不同的考慮。可是只有堅持高度的新聞道德，新聞界才能在大眾當中建立起公信；也只有具備高度公信的新聞媒介，才能充分發揮其監察政府及公私營機構的社會

功能；而政府及公私營機構也只會在公眾的監察下，才願意積極的、全面的向市民大眾提供最佳服務。（梁偉賢，民七九）

民國七十年代中期以前，臺灣在國民黨一黨威權的體制下，政治民主與新聞自由極多範限，一般談新聞倫理，多只限於對新聞工作者的自覺與自律，極少觸及專業自主權等問題。

民國七十五年七月十五日蔣經國總統宣布準備解除戒嚴與開放黨禁，使臺灣的政治民主進入加速起飛階段，而開放報紙登記也進入呼之欲出之際，新聞界人士在探討新聞倫理時，也邁入新的層次。

民國七十六年十二月出版的《當代》月刊，特闢「專業精神與職業倫理」專輯，在其「新聞做為一種志業」的分欄，有幾位新聞工作者發表專文，提出他們的看法。

司馬文武在〈自覺是專業倫理的起點〉一文中說：

專業記者在民主國家被視為應然。但在政治不上軌道的國家，記者要嚴守專業倫理，有其客觀上的困難，幾乎是不可能的。……

在臺灣，我們看不到長期致力於新聞工作而又能保持新聞專業原則的人，這並不是一件奇怪的事，因為在這種政治結構和新聞尺度之下，新聞記者本身也是無能為力的。

新聞專業倫理的建立，不是單靠新聞界的自覺和努力即可以完成，至少必須具備司法獨立、議會政治、學術獨立和政黨政治之後，新聞自由才有保障，新聞專業才有可能建立。（司馬文武，民七六）

陳浩在〈期望從權者信任到讀者信任〉一文中說：

所幸，政治開放帶給新聞事業的衝擊，一方面因為報禁開放使報業體制產生可預見的變化；另一方面，動力強勁的政治活動，也使新聞表達產生質變，使新聞工作者在這個變動時代也增加了反省與調整的可能。

報紙顯然是要調整角色的，在政治力、經濟力與社會力「重新結盟」的時候，民營報紙其實足以擺脫「因變」而作一個「主變項」，但它要選擇什麼角色呢？它不可能再作「權力的信仰者」，報紙的力量可能不再來自「權者的信任」，而是「讀者的信任」。新聞工作者的新倫理是不再將新聞負責的對象「特殊化」，而是「普遍化」。

在近代中國的變亂裡，甚至四十年來的臺灣，「新聞自由」從未成為獨立的價值，或一種可欲的社會制度。在這種條件下，新聞工作者的專業倫理，幾乎無從確立，或者，也祇能有條件的建立。大眾傳播本身便是一個具體而微的政治體制，體制內的聲音與體制外的異議，都難免於政治化約，一個新聞工作者對此一巨大化約力量的察覺力，就已經難能可貴了。

對新聞自由的價值懷著天真信念的新聞工作者，進入傳播體制之後，往往發現自己已很快變成體制價值的順服者。當體制價值與個人價值距離遙遠的時候，要求微小的個人獨自堅持，很不現實。能「有所不為」就已經是新聞工作者「最後的倫理」了。（陳浩，民七六）

　　楊憲宏在民國八十二年三月臺灣大學新聞研究所舉辦的「多元社會、公民意識與新聞報導倫理」研討會上，以「新聞報導倫理的重建」為題的報告中說：

　　　「享有如此巨大權力狀態的新聞工作者與媒體擁有者，他們對於社會有什麼相對的大責任與大義務？」這是討論新聞報導倫理的最重要起點。……

　　　臺灣在擺脫獨裁統治走向民主化之後，官方的新聞干預與檢查已不復有力，但是媒體所表現出來的自由程度並未完全呈現，最重要的原因是媒體內部新形成一種「自我新聞檢查」(self-censorship)，正在傷害讀者知之權利，其傷害程度並不亞於過去官方干預的時代。這種不申張新聞自由或自我傷害新聞自由的情況，亦可視為對於新聞倫理的破壞。(楊憲宏，民八二)

引註書刊

一、中文書刊

王洪鈞（民八二）
　　《我篤信新聞教育》，臺北，正中書局。
司馬文武（民七六）
　　〈自覺是專業倫理的起點〉，《當代》月刊，二〇期，頁五四～五五。
李雲漢（民六二）

《于右任的一生》，臺北，臺北市新聞記者公會。

李瞻（民七二）

《新聞道德》，臺北，三民書局。

李瞻（民七三）

《新聞理論與實務》，臺北，政大新聞研究所。

姚朋（民六〇）

〈中國新聞事業發展經緯〉，《中華民國六十年新聞年鑑》，臺北市
新聞記者公會，頁三。

許孝炎（民四〇）

〈我所見到的中國新聞事業〉，《報學》半年刊創刊號。

崔寶瑛（民七三）

〈新聞與倫理〉，刊於：《從倫理到科技》一書，臺北，臺北市新聞
記者公會，頁一。

祝基瀅（民七七）

〈新聞記者對誰負責〉，原文刊於：《新聞記者之權利與責任》一書，
臺北市，中華民國大眾傳播教育協會，頁七九～八〇。

胡幼偉（民八四）

《良心危機──新聞倫理學的多元觀點》（Carl Hausman: *Crisis of
Conscience* 中譯本），臺北，五南出版公司。

楊憲宏（民八二）

〈新聞報導倫理的重建〉，《臺大新聞論壇》，一九九四春季號，頁
九二～九七。

梁偉賢（民七九）

〈從黃德北事件談新聞道德課程的重要〉，《新聞鏡》周刊，六九期，
頁六、九。

程之行（民八一）

《大眾傳播的責任》(Wilbur Schramm: *Responsibility in Mass Communication* 中譯本)，臺北，遠流出版公司。

張季鸞（民二〇）

〈大公報一萬號紀念辭〉，《中華民國五十年新聞年鑑》，臺北市新聞記者公會，參考資料篇，頁二八。

張季鸞（民三〇）

〈中國新聞學會宣言〉，《中華民國五十年新聞年鑑》，臺北市新聞記者公會，參考資料篇，頁一八。

陳浩（民七六）

〈期望從「權者信任」到「讀者信任」〉，《當代》月刊，二〇期，頁五八。

蔡坤鴻（民七三）

《倫理學原理》(G. E. Moore: *Principia Ethica* 中譯本)，臺北，聯經出版公司。

謝扶雅（民七八）

《倫理學新論》，臺北，臺灣商務印書館。

謝然之（民四四）

〈政治大學的新聞教育〉——轉摘自《中華民國五十年新聞年鑑》，新聞教育篇，頁一八。

羅文輝（民八一）

《信差的動機——新聞媒介的倫理問題》(John L. Hulteng: *The Messenger's Motives* 中譯本)，臺北，遠流出版公司。

二、英文書刊

Brinton, Crane

A History of Western Morals, N.Y.: Harcourt Braced, 1959.

Goodwin, H. Eugene

    Groping for Ethics in Journalism, Ames: Iowa State University Press, 1990.

Oettinger, Mal & John Stirn & Valerie Kreutzer

    The Role of the Media, Taipei: World Today Press under the A.I.T., 1985.

Peterson, Theodore B. & Fred S. Siebert & Wilbur Schramm

    Four Theories of the Press, Urbana: University of Illinois Press, 1951.

Peterson, Theodore B.

    Mass Media and Modern Society, N.Y.: Holt, 1966.

Schweitzer, Albert

    The Philosophy of Civilization, 1923. 本書引用自鄭泰安中譯本（文明的哲學，臺北，志文出版社）及黃奏勝「倫理與政治之整合與運作」一書中引用史懷哲一段話的譯文。

第二章 新聞倫理的意涵

第一節 從規範信條探討

本節所引據的新聞倫理規範及信條，計有：

本國——中國新聞記者信條，中華民國報業道德規範，中華民國無線電廣播道德規範，中華民國電視道德規範，臺灣新聞記者協會新聞倫理公約草案。

外國——聯合國國際新聞倫理規範草案，美國報人守則，美國報紙編輯人協會原則聲明，美國專業記者協會倫理規範，日本新聞協會新聞倫理綱領，韓國報業倫理信條，瑞典電視廣播報紙道德規範，英國全國報業道德施行規範，西班牙全國記者協會記者職業道德信條，愛爾蘭全國記者聯合會專業行為規範，馬來西亞新聞道德準則。

就上述中外新聞倫理規範及信條中，歸納整理其中出現頻率較高的七項規目：一、真實、正確，二、公正、客觀，三、莊重、負責，四、公眾利益，五、高尚品格，六、專業表現，七、獨立、自由。其餘規目，併入其他部分比較探析。

一、真實、正確

中國新聞記者信條：

四：「吾人深信：新聞紀述，正確第一。凡一字不真，一語失實，不問為有意之造謠誇大，或無意之失檢致誤，均無可恕。」

中華民國報業道德規範：

壹、通則

四：「……。新聞報導應力求確實、客觀與平衡。」

中華民國無線電廣播道德規範：

貳、新聞節目

一：「……。新聞報導應力求確實、客觀與平衡。未經證實之消息不得報導。」

中華民國電視道德規範：

貳、新聞節目

一：（內容與廣播道德規範相同。）

臺灣新聞記者協會新聞倫理公約草案：

三、新聞工作者不應利用新聞處理技巧扭曲或掩蓋新聞事實，……

聯合國國際新聞倫理規範草案：

第一條：「報業及所有其他新聞媒介的工作人員，應盡一切努力，確保公眾所接受的消息，絕對正確。」

美國報人守則：

第三條：「我們相信，思想清晰，說理明白，正確而公允，為優良新聞事業之基礎。」

第四條：「我們相信，新聞記者，祇須寫出心目中持以為真實之事物。」

美國報紙編輯人協會原則聲明：

第四條：「真實與正確。對讀者真誠是卓越新聞事業的基礎。應力求新聞內容的正確……」

美國專業記者協會倫理規範：

四、「正確與客觀：對大眾誠信是所有卓越新聞事業的基礎。」

1.真實是我們的終極目標。

2.……

3.沒有任何理由足以辯解不正確或不完整。

日本新聞協會新聞倫理綱領：

第二、報導、評論之界限

一、「報導之原則，應將事實真相，作正確忠實之傳達」。

韓國報業倫理信條：

㈢報導與言論：「正確的消息為新聞之靈魂。……」

瑞典電視廣播報紙道德規範：

第一部分　刊載法則

供給正確新聞

一、「大眾媒介在社會上扮演的角色及大眾對它的信心全靠它所供給的正確而不偏的新聞。」

二、「對新聞來源要確實辨認，謹慎查證新聞的真實性。……」

西班牙全國記者協會記者職業道德信條：

執行原則

十三、「記者基於求實，祇能報導已知其來源的實際情況，不能偽造或是省略新聞中關鍵的部分，亦不能發布不真實的、欺騙的或是動過手腳的新聞資料。……」

愛爾蘭全國記者聯合會專業行為規範：

附錄：新聞記者報導新聞注意事項

一、「新聞記者要盡一切努力去查證他所報導的消息是否確實可靠。」

馬來西亞新聞道德準則：

㈠「新聞從業員的基本責任是據實報導，……」

二、公正、客觀

中國新聞記者信條：

五：「……評論時事，公正第一。……勇敢獨立，以堅守立場。」

中華民國報業道德規範：

壹、通則

四：「新聞採訪應謹守公正立場，不介入新聞事件。新聞報導應力求確實、客觀與平衡。」

叁、新聞報導

九：「意見調查之報導，應遵守下列規定：

㈡客觀呈現調查結果。

㈢選情之調查與預測，應本公正之原則和立場，……」

伍、新聞評論

三：「新聞評論應力求公正，……」

中華民國無線電廣播道德規範：

貳、新聞節目

一：（內容與報業道德規範「通則」第四條相同。）

三：「新聞評論應與新聞報導嚴格劃分，並力求公正，……」

六：（內容與報業道德規範「新聞報導」第九條相同。）

中華民國電視道德規範：

貳、新聞節目

一：（內容與報業道德規範「通則」第四條相同。）

十三：（內容與報業道德規範「新聞報導」第九條相同。）

美國報人守則：

第三條：「……正確而公允，為優良新聞事業之基礎。」

美國報紙編輯人協會原則聲明：

第五條：「公正……。真正的公正是使讀者分清事實報導與意見。」

第六條：「公正處理……在新聞報導上居於公平與正確立場，以對大眾負責。」

美國專業記者協會倫理規範：

　　前言：「我們相信這些責任需要新聞記者有睿智、客觀、正確與公

　　正的表現。」

　　四、正確與客觀：

　　2.「客觀報導新聞是另一目標，是有經驗專業人員的表徵。……」

　　五、公正處理：

　　「……。」

日本新聞協會新聞倫理綱領：

　　前言：「……貫徹本綱領之精神，即自由、責任、公正、品格等……」

　　第四、公正「……」

韓國報業倫理規範：

　　㈢報導與言論：「……評論必須自由、客觀、完全，不可誤導公眾。」

瑞典電視廣播報紙道德規範：

　　第一部分　刊載法則

　　不得任意下斷語

　　十四、「……。要從雙方的立場平衡報導。」

西班牙全國記者協會記者職業道德信條：

　　十七：「……，報導中事實部分與言論、詮釋與猜測部分應有明顯、

　　不容混淆的區分。」

三、莊重、負責

中國新聞記者信條：

　　二、「……維護新聞自由，善盡新聞責任，……」

中華民國報業道德規範：

　　叁、新聞報導

　　一、「新聞報導應守莊重原則。」

聯合國國際新聞倫理規範草案：

第五條：「本倫理規範的基本原則是：確保對職業道德忠實遵守的責任，係落在從事新聞事業者身上，……」

美國報紙編輯人協會原則聲明：

前言：「『第一修正案』為維護表達自由不被任何法律剝奪，透過新聞界保障人民此一憲法上的權利，也賦予新聞從業人員特別的責任。」

美國專業記者協會倫理規範：

一、責任　「……」

二、新聞自由　「……（新聞自由）它涵括對政府與公私機構的行動及聲明，予以討論、質問、與挑戰的自由與責任。」

日本新聞協會新聞倫理綱領：

第六：指導、責任、榮譽

「……新聞事業之公共性，在此被確認……惟責任觀念與榮譽感，乃為保全此特性之基本要素，新聞從業人員，應身體力行。」

韓國報業倫理規範：

㈡責任：「……記者應對社會負責，以公益為先，……」

四、公眾利益

中國新聞記者信條：

三：「吾人深信：民生福利，急待促進。」

中華民國報業道德規範：

壹、通則

二：「報業從業人員應認清新聞專業特性，以公眾利益為前提，……」

中華民國無線電廣播道德規範：

壹、通則

二：「無線電廣播從業人員應認清新聞專業特性，以公眾利益為前

　　提，……」

中華民國電視道德規範：

　　壹、通則

　　二：「電視從業人員應認清新聞專業特性，以公眾利益為前提，……」

聯合國國際新聞倫理規範草案：

　　第二條：「職業行為的崇高標準，是要求獻身於公共利益。……」

美國報紙編輯人協會原則聲明：

　　第一條：「責任　採集及傳發新聞及意見的主要目的，是使人民獲

　　知所發生的事件並作自己的判斷，藉以為大眾謀福利。……」

美國專業記者協會倫理規範：

　　一、責任

　　「……傳播新聞及啟迪性意見是為公共福祉服務。……」

韓國報業倫理規範：

　　㈡責任：「……記者應對社會負責，以公益為先，……」

英國全國報業道德施行規範：

　　四、記者行為

　　「新聞題材應以公眾利益為首要依歸，……」

五、高尚品格

中國新聞記者信條：

　　八、「吾人深信：新聞事業為最神聖之事業，參加此業者，應有高

　　尚之品格。……」

美國報紙編輯人協會原則聲明：

　　第三條：「獨立　新聞從業人員應避免不當或看似不當的行為，……

　　任何可能或看似可能影響其正直的活動都不應當接受或參與。」

美國專業記者協會倫理規範:

六、信約

「信守這些倫理規範足以維持與增強美國記者與美國人民之間相互的信賴與尊敬。」

日本新聞協會新聞倫理綱領:

前言

「……，報紙應保持高度倫理水準，提昇職業權威，完全發揮其功能。」

第七：品格

「報紙有其報導性之故，必須具備高尚氣質。實踐本綱領，當可造就高風亮節。」

韓國報業倫理規範:

㈥高尚報格：「報紙既為社會公器，自應保持高尚報格，不應有不自重和有損高尚報格的行為。」

瑞典電視廣播報紙道德規範:

第二部分　職業法則

正直的新聞記者(The Integrity of the Journalist)

五、「牢記新聞記者信條的規定，下筆要把握原則與信念，不羞辱自己的名字。」

西班牙全國記者協會記者職業道德信條:

前言

「……，因此，在承擔這項責任之時，記者這個職業應維持，集體或個人地，一個毫無瑕疵的有關新聞道德與倫理的操守，……」

愛爾蘭全國記者聯合會專業行為規範:

一、「會員不得做出任何有傷其本人、本會或其報紙的行為，……」

六、專業表現

中華民國報業道德規範：

壹、通則

二、「報業從業人員應認清新聞專業特性，……」

中華民國無線電廣播道德規範：

壹、通則

二、「無線電廣播從業人員應認清新聞專業特性……」

中華民國電視道德規範：

壹、通則

二、「電視從業人員應認清新聞專業特性，……」

美國報紙編輯人協會原則聲明：

前言：「……擬定此一原則聲明，作為促進最高倫理及專業表現的準則。」

美國專業記者協會倫理規範：

（此一組織及其規範皆以專業為第一前提。）

西班牙全國記者協會記者職業道德信條：

通則

一、「記者在執行職務時，永遠遵守其專業以及本道德信條的原則，……」

七、獨立、自由

中國新聞記者信條：

二、「……維護新聞自由，善盡新聞責任，……」

五、「……勇敢獨立，以堅守立場。」

九、「……乃做到貧賤不移、富貴不淫、威武不屈之先決條件。」

臺灣新聞記者協會新聞倫理公約草案：

一、「新聞工作者應抗拒來自採訪對象和媒體內部扭曲新聞的各種壓制和檢查。」

聯合國國際新聞倫理規範草案：

序言：「新聞及出版自由是一項基本人權，為『聯合國憲章』及『世界人權宣言』中所尊崇與宣示的所有自由權利的試金石；因此，和平的增進與維護，必須靠新聞及出版自由。」

美國報紙編輯人協會原則聲明：

第二條：「新聞自由　新聞自由屬於人民，必須加以保障，以防止公私任何方面的侵襲。

「新聞從業人員必須常保警覺監察此一公共事業是否公開運作，同時要警惕防止新聞媒體為私益目的所利用。」

第三條：「獨立　新聞從業人員應避免不當或看似不當的行為，也應避免任何有利害衝突或看似有利害衝突事宜。……」

美國專業記者協會倫理規範：

二、新聞自由

「新聞自由應為自由社會中人民不可剝奪的權利。它涵括對政府與公私機構的行動及聲明，予以討論、質問與挑戰的自由與責任。……」

日本新聞協會新聞倫理綱領：

第一、新聞自由

「除有害公共利益或法律禁止者外，報紙擁有報導、評論之完全自由；其中包含對禁令批判之自由。此乃人類之基本權利，應永遠予以維護。」

第七、品格

「……於茲，會員應鞏固道義之結合，保障採訪自由」

韓國報業倫理規範：

㈠自由：「新聞自由為人類基本權利之一，有了新聞自由，人民才能享受知之權利。新聞事業應有報導和評論的自由，違反公共利益的報導應受法律限制，但不應制訂法律限制新聞自由。因為新聞自由，包括批評限制新聞自由法律的自由。」

瑞典電視廣播報紙道德規範：

序言：「報紙、廣播及電視在新聞自由法案、廣播責任法及其他有關法規的體制下，應享有最大限度的自由，使它們成為新聞的散播者及國家生存的衛士。……」

材料的獲取(Obtaining Material)

十、「不屈服於外界企圖阻止或限制正當輿論的壓力。」

西班牙全國記者協會記者職業道德信條：

前言：「在憲法所羅列的人民自由的架構裡，即是一個民主社會的依據，新聞記者這個行業代表對社會的一個重要承諾，以使所有的公民，能夠自由而且有效地行使新聞以及言論自由的基本權利。

「做為言論自由的主體以及工具，新聞記者承認並且保證行使記者職業是多元性的民主國家及法治社會具有自由輿論的表徵。……」

通則：

三、「……記者永遠保衛其查詢並忠實發布的自由，以及評論和批評的自由。」

愛爾蘭全國記者聯合會專業行為規範：

十、「會員應維護自由採訪權、自由出版權和自由評論權。」

馬來西亞新聞道德準則：

㈡「新聞從業員必須維護收集新聞的基本自由，以及公平作出評論的權利。」

八、其他

事實上，把新聞倫理的實質內涵分類排比，是很難明確區界的，新聞在處理原則上，許多倫理上的思考是多元交錯，不太可能硬析分之歸屬於那一項、類。

在上述七項常見於各國新聞倫理規範和信條中的規目之外，有些經特別標舉出來的規目（其實，大多也可分屬於上述七項規目中的某幾項中），諸如：

——不以不正當方法獲取消息。

——不抄襲剽竊。

——錯誤應即更正。

——新聞來源守祕。

——尊重個人名譽及隱私權。

——尊重讀者、聽眾、觀眾。

——自制而忍耐。

第二節　從學者論著探討

學者探討新聞倫理，應以創立美國第一所新聞學院——密蘇里大學新聞學院的華特·威廉斯博士為始。他於一九〇八年創立此一新聞學院，其宗旨主要在提高新聞道德，培養報業專業人才。

威廉斯博士並針對當時美國報業的實況，於一九一一年提出了「報人守則」(The Journalist's Creed) 八條，對新聞倫理揭櫫了具體的指標。

一、華特·威廉斯手訂報人守則

㈠我們相信，新聞事業為神聖的專業。

㈡我們相信，報章為公眾信託之所寄，凡與報章有關之人，就其全部職責而言，均為公眾所信賴者，因此，不為公眾服務而僅為小我驅策者，均為背信之孟賊。

㈢我們相信，思想清晰，說理明白，正確而公允，為優良新聞事業之基礎。

㈣我們相信，新聞記者，祇須寫出心目中持以為真實之事物。

㈤我們相信，對新聞壓制均屬錯誤，除非為國家社會幸福而設想者。

㈥我們相信，出言不遜者，不適宜從事於新聞之寫作。受本身偏見所左右及受他人偏見之籠絡，均宜避免，絕不因威逼利誘而逃避本身之責任。

㈦我們相信，廣告、新聞與評論，均應為讀者之最高利益而服務。因此，一種有益處的至真與至純實優於一切，為唯一的標準。新聞事業之良窳，視其對社會服務之多寡而決定。

㈧我們相信，新聞事業之獲最大成功者，亦即最應該獲得成功者，必使上蒼與人間有所敬畏。它獨立不撓，故興情傲慢、權勢之包攬，均不足以移之。重視建設性、寬容性，而不取粗率性。

自制而忍耐，經常尊重讀者，而始終無所恐懼。勇於打抱不平，但不為特權者的要求或群眾的吵鬧所惑。在法律、忠誠及互助的認識下，儘量給予人人平等的機會。

深愛我們的國家，但誠心促進國際善意，加強世界友誼。此一全人類的新聞事業，為今日世界所共有，亦為今日世界所共享。

二、施蘭姆對新聞倫理的探討

美國傳播學者施蘭姆博士是較早研究新聞倫理的權威之一，他在所著《大眾傳播的責任》（程之行譯）一書中，以將近三分之二的篇幅，探討大眾傳播的倫理，而其內容的重點及舉例，大都側重新聞倫理方面。

施蘭姆指出：「一百年以來（施著於一九五七年撰成），倫理的考慮與責任的質疑，早已在美國傳播機構每天決定事項中，占有很大的一個比例。」

他敘述這一百年前後美國報業在倫理問題與責任範圍的心路歷程：

一百年前，「一報城鎮」還未占有百分之九十四的多數，編輯人與發行人在當地社會肩負一種特殊的任務，要把報紙當作一面政治的稜鏡；經過這面稜鏡的透視，那環境呈現的青紅皂白，一覽無遺。當然，其他的編輯人與發行人也有他們的稜鏡，反映出互相制衡的事實與觀念，並以「自我矯正」的過程來進行工作。一百年前，機械媒體還不曾把大眾娛樂的問題帶將近來。一百年前，媒體的專業化方告開始（現在，我們也不可謂已告完成）。為此，這一百個年頭所給予我們的，為種種新的責任，為一群需索更多的閱聽人，為由道德信條及專業訓練促使而不斷增長的專業觀念，還有，像美國報紙編輯人協會一樣的組織。特別是如何克盡責任這一個問題，已較過去更居於一個中心與緊迫的地位。

施蘭姆對傳播倫理的探討，先從「量」的倫理準則開始，探究在一定的條件下，大眾傳播事業應為大眾完成「多大」的責任。他就「自由與管制問題」和「知之權利的解釋問題」兩部分著手。

在「自由與管制」部分，施蘭姆論及以下七個問題：

1.政府管制問題
2.傳播事業獨占問題
3.階級順從問題
4.透過財務支持的控制
5.透過優惠的控制

6.透過壓力團體的控制

7.透過操縱技術的控制

施蘭姆認為在如此眾多的加諸傳播自由的威脅下，媒體更應深加體認其所應擔當的責任。不僅藉抗議與揭發等方式抵制與防禦限制及干預，更要在行動上著人先鞭，以負責任的態度，克盡職責，不令政府或社會有機可乘，竟而越俎代庖。

在「知之權利」部分，施蘭姆提出以下六個問題：

1.知之權利與隱私權的衝突

2.知之權利與公平審判權

3.機械傳播與公平審判的特殊問題

4.政府扣留新聞的責任問題

5.媒體扣發新聞的責任問題

6.知之權利與媒體本身利益的對立

施蘭姆語重心長地說：「這些問題決不能以下面一句話來解決：提供全部事實，大眾即已獲有最佳的服務。今天的問題必須以謹慎而又懷有祝禱的心情來解決，不時地，來把各種利益與需要的相互衝突中，作一權衡。」

在「質」的倫理準則方面，施蘭姆提出「真理與公平原則」和「品味(taste) 與莊重(decency)」兩個標準。

「真理與公平」部分，施蘭姆論及以下六個問題：

1.新聞與評論分離問題

2.真實性　此項又包括：

　①爭取第一的危險

　②談話引述的問題

　③照片的真實性

　④標題製作的問題

⑤偽造新聞的問題

⑥錯誤更正的問題

3.客觀性

4.平衡

5.公平

6.可靠性　此項又包括:

①與新聞來源的關係

②提供顧問性的問題

③代作廣告的責任

施蘭姆認為:「我們現在已再不能容許報刊處心積慮地播散不真實與不公平, 一至肆無忌憚的地步。一方面, 我們不相信意見的自由市場能夠確保, 除非每一報業單位在提供互相對立的觀點時, 確能較以往公平。另一方面, 我們深感世界問題的複雜性, 非由今天報刊來作充分的報導, 決難盡加瞭解; 更何況虛偽的描繪與錯誤的決定, 可能產生使舉世震撼的重大影響。」

「品味與莊重」部分, 施蘭姆質疑「應該迎合大眾的需要嗎?」 他認為應該「提供一種服務, 對人作出較高的理解, 不再視為一種幼稚的動物, 大眾藝術仍要來適應他們。——人, 是一種應受尊敬與有鑒別能力的動物, 他們能辨別是非與善惡, 能辨別藝術與人生。」(程之行, 民八一)

三、美國學者論著摘探

近年來, 傳播學者關於新聞理論方面的著作頗多, 而許多新聞理論與實務的專著中, 也大都有專章探討新聞倫理問題, 至於在內容中隨機論及有關新聞倫理角度的話題者, 更不在少數。

筆者就閱讀所及 (由於語文及購取所限, 偏重美國及我國所出版者)

的相關專著中，摘舉其主要內容或章節序目，以供比較分析這些專著作者對新聞倫理意涵的主張。

(一)尤金・葛德溫

　　曾任美國賓州州立大學新聞系主任並任教新聞倫理多年的傳播學者尤金・葛德溫所著《新聞倫理探索》一書中，主要論及的要點，大致為：

1. 商業或專業
   ── 業務第一
   ── 廣告規則
   ── 專業與商業之間
2. 利害衝突
3. 誘惑
   ── 餽贈
   ── 宴飲、招待旅遊考察
   ── 優遇、禮遇
4. 新聞來源
   ── 與新聞來源保持的關係
   ── 隱祕來源
5. 欺騙，不實報導
6. 捏造
7. 曖昧手法
8. 聳動
9. 隱私
10. 政府立場
11. 冷靜與同情
12. 責任(Goodwin, 1990)

㈡克里斯坦、柔藻、斐可勒

美國伊利諾大學傳播學教授克里斯坦 (Clifford G. Christians)、柔藻 (Kim B. Rotzoll)、斐可勒 (Mark Fackler) 三位學者合著的《媒介倫理》 (*Media Ethics: Cases & Moral Reasoning*)一書中，在〈新聞〉一章，主要論及新聞倫理的要項，大致為：

1. 專業約束
2. 真實報導
3. 消息來源
4. 社會正義
5. 侵犯隱私(Christians, 1991)

㈢克萊得曼、彼埃占普

美國喬治城大學兩位學者史蒂芬‧克萊得曼 (Stephen Klaidman) 和湯姆‧L‧彼埃占普(Tom L. Beauchamp) 合著《有品德的新聞人》(*The Virtuous Journalist*) 一書中，指出新聞倫理的要項：

1. 自由與價值競爭的壓力
    —— 法律監護
    —— 道德約制
    —— 道德與法律的判分
2. 道德：德行的與規範的
    —— 規範是責任與權利的明舉
    —— 德行與品格
3. 公正
4. 專業能力(Klaidman, 1987)

㈣約翰・L・何爾頓

　　美國學者何爾頓在所著《信差的動機》（羅文輝譯）一書中對新聞從業人員的倫理價值觀作了簡括的歸納。

　　他說：「身為新聞工作者，並在學術界仔細觀察媒介、鑽研新聞多年後，我把這些新聞界的論題和價值摘要整理如下：

——新聞從業人員應具有為大眾謀福利的責任；他們的權力應為大眾利益、並非為私利而施展。

——新聞從業人員應提供誠懇、真實與正確的新聞報導；報導應周全、平衡與完整。

——新聞從業人員必須不偏不倚；他們應作為大眾的代表，而非黨派團體或特別利益的代言人。

——新聞從業人員必須公正；他們必須把版面或廣播時間提供給爭議中的各界人士；私人的權利不可侵犯；錯誤應全部誠懇地更正。

——記者應尊重端莊的規誡，使這些規誡在價值不斷變化的社會中能被指認。」（羅文輝，民八一）

㈤卡爾・霍斯曼

　　《良心危機——新聞倫理學的多元觀點》(*Crisis of Conscience-Perspectives on Journalism Ethics*)（胡幼偉譯）一書中，作者卡爾・霍斯曼指出新聞倫理的基本原則是：

——正確與客觀

——社會責任

——公平報導

——專業行為（胡幼偉，民八四）

第三節　從媒體意識摘探

　　一八九六年紐約時報發行人亞道夫・奧克斯和編輯們考慮再三，選出：「本報只刊適宜登載的新聞(All the News That's Fit to Print)」之句，於十月二十五日首次在社論版印出，第二年二月十日移至頭版報頭左方，一直到今天。這句標語，被視為新聞媒體正式揭櫫新聞倫理準則的濫觴。

　　事實上，在一八九六年八月十九日，奧克斯接掌後的第一天發行的紐約時報社論版就刊出了他的政策性宣言，其中主要的表明：

> ……管理一種高水準的新聞報紙，能具有熱誠，使之具有清白、尊嚴、可靠的風格，則必須誠實、謹慎、認真、勤奮以及對普通常識之應用，……

> ……紐約時報以精簡動人的形式，以及良好社會中有禮貌文字來報導所有新聞，並求迅速，若欲速而不達時，則寧求之可靠，既無畏懼，也不偏袒，無分黨派、地域、利害，以公正不阿態度報導新聞，使紐約時報之各欄，成為公眾重要問題討論之論壇，……（何毓衡，民五四，頁一〇一）

　　普立茲除了一九〇四年在《北美評論》(*North American Review*) 發表那一篇著名的主張提高新聞從業人員水準的文章（見本書第一部第一章第四節）外，在哥倫比亞大學新聞學院前面普立茲銅像臺座上，所鑄刻的他那一段格言，也代表了新聞媒體的倫理觀：

　　我們的國家與報業休戚相關，升沈與共。必須報業具有能力，大公無私，訓練有素，深知公理並有維護公理的勇氣，才能保障社會道德。否則，民選政府徒具虛文，而且是一種贋品。報紙的謾罵、煽動、虛偽、專橫，將使民族與報業一同墮落。塑造國家前途之權，係掌握在未來新聞記者的手中。（李瞻，民七二，頁二）

　　中國報人張季鸞於民國十五年九月一日大公報復刊詞中，所標揭的不黨、不賣、不私、不盲四不原則（見本書第一部第一章第五節）以及一些宣示大公報新聞原則的重點，可視為中國新聞媒體倫理觀的超然性代表：

　　　報紙天職，應絕對擁護國民公共之利益，隨時為國民宣傳正確實用之知識，以裨益國家，宜不媚強禦，亦不阿群眾。……

　　　吾人惟本其良知所詔，忍耐步趨，以求卒達於光明自由之路。（張季鸞，民二〇）

一、《美國編輯與發行人》雜誌建議的記者信條

　　一九六一年《美國編輯與發行人》(*American Editors & Publishers*) 雜誌，邀請專欄作家馬克斯藍納 (Max Lerner) 撰寫他的新聞工作道德觀，作為該雜誌向美國新聞界建議的「記者信條」，於當年七月十五日刊出；二十年後——一九八一年，該雜誌又重刊一次，其內容是：

　　1.記者在處理事實和重要事件時必須正直。他必須盡他的能力來描述事件發生的確實情形和事實，這項義務就跟歷史家相同，並且對證據的顧慮必須審慎。

2.他的另一項義務是即使事實和事件並不明顯，也應該建立一個骨架解釋清楚，也許這將成為歷史的脈絡或是一些事實更廣義的解釋，在做的同時他也必須分清楚什麼是已發生的事實事件，什麼是他個人的意見。

3.在決定內容方面他必須盡力來揣摩那些是讀者認為具有新聞性的，那些是在整個事件發展裡佔重要地位的。他必須抗拒誘惑，不要把有利或有害於他目前採訪陣容的考慮做為新聞刪、加的條件。

4.這表示他必須對另一面的意見也要考慮，也就是說即使他本人反對也要如此。他有義務讓這個行業裡各種意見表達的機會開放，因為只有在這種競爭下大家才能夠決定什麼才是好的、對的。

5.社會上意見有爭論時他有義務以他所知最公平的方法來說明相反的意見。同時他若是在社論或專欄裡撰稿，他有義務誠實、坦白的宣布他自己的觀點，不論結果如何。

6.不可避免的他會被負責公共關係的人、請求幫忙的人、有特殊利益的人和其他各種主使人所包圍，他要很小心的不要被他們的壓力和好處左右。這就是說他必須本身夠堅強，讓想討好他的人無功而返。

7.他必須抵抗外界來的壓力，不論是來自廣告業者、政府官員、商人、工會、教會、宗教團體或是任何能影響到報紙發行或收益的團體。「他」代表了發行人、編輯、記者、評論者或專欄作家。很多個案顯示，在壓力尚未運作前他就已預見其形成，因而禁發新聞、評論或是意見以免傷害到報紙的發行，這是很危險的，他有義務要告訴自己堅持原則。

8.他要對他的職業和人格負責。(Lerner, 1961)

二、 美聯社編輯人協會的報業倫理規範

一九七五年四月十五日，美聯社編輯人協會 (Associated Press Managing Editors Association)通過了一個「報業倫理規範」(APME Code of Ethics for Newspapers and Their Staffs)，此一規範由《密爾瓦基日報》(*Milwaukee Journal*)的蘇癸斯特(Joseph Shoquist)負責起草。(本規範全文見本書附錄一五)

此一報業倫理規範主要內容強調：責任、正確、正直和利害衝突的避免。

規範結語中並指出：

> 任何一個倫理規範都無法能預先判斷所有的情況。把道德規範運用於新聞實際時，需要有常識和優良的判斷力。各家報紙最好自行增訂這些規範以適應它們自己的特殊情況。(Shoquist, 1975)

三、倫敦泰晤士報的倫理準則

倫敦《泰晤士報》(*the Times*)介紹自己的手冊上提到它辦報的目標和政策，其中可看出其若干倫理準則：

> 報導世界新聞的時候，盡可能深入、正確和客觀。要判斷這些新聞相對的意義和重要性。要在繁瑣的事件中分辨出趣味的消息。報導政治和國際事務，也報導商業和經濟事務。

> 要瞭解日常生活中的事不只是國家大事、政治、意外事件和體育運動等等事情。所以，要為讀者刊載國內外文化界的動態，報導、評價和討論所有社會學或美術等可以表現人類精神的活動。

> 為這些目標而努力的時候，要有泰晤士報是一份紀錄的自覺，讓全世界的歷史學家、學者、社會學家和記者不斷的參考泰晤士報。

所以，應該認清：泰晤士報不但要為今天的讀者負責，還要為一個世紀以後的人負責。

泰晤士報也是意見刊物。它獨立，但並非沒有強烈的觀點。泰晤士報不跟任何政黨結合，它根據事情的是非曲直來討論問題，用全國利益的觀點來批評政策的得失。泰晤士報知道它有永不疲倦的追求真理的責任，它相信這是讀者要求它所作的惟一奉獻。（《新聞評議》，四期，頁二）

四、華盛頓州新聞協會的倫理信條

華盛頓州新聞協會倫理信條中譯文：

我將致力於
新聞的真實
言論的真誠
廣告的信實
忠於職守
憑榮譽與對手競爭
堅守新聞專業理念
謹記真誠的意義與價值
獻身為社會、國家及人類世界
堅持刊布純淨新聞
行為高尚
盡心努力
無私奉獻

忠於友人

光明正大對敵

此一倫理信條由Chapin D. Foster 等撰寫，由美國華盛頓州新聞協會(Washington State Press Association)於一九二三年修訂通過。

五、華特‧克朗凱論新聞倫理

美國哥倫比亞廣播公司資深電視主播華特‧克朗凱(Walter Cronkite)在一九八一年三月正式退休前，曾應華盛頓新聞中心的安排，對新聞同業發表演講，其中有頗多對同業在新聞倫理層面的期望：

新聞界的責任，在於報導新聞，而非製造新聞。有些報導則是商人們所不歡迎的。例如站在消費者立場的報導或是對環境關切的報導，要求工商界如何⋯⋯

新聞界作這類報導，是出於對國家的關切，而非出自對工商界的偏見。新聞界以幫助工商界去發覺、明瞭自身問題的方式，使得工商業在這自由的社會裡更繁榮。⋯⋯

不管這種觀念正確與否，新聞業現在被看作是和政府有同等地位的機構，人們對政府的不信任，隨之也影響到新聞界。人們對新聞界的態度很矛盾，他們一方面渴望知道發生於政府內部的事實與真象，一方面卻又不去了解，對於新聞自由的威脅，也就是對於大眾了解事情真相權利的威脅。⋯⋯

對於新聞界未能充分利用憲法第一修正案來保護公眾的權益，過

去我們許多人都曾表示關切；不過，最近也有幾個案例顯示，新聞界的警覺性夠高，而且能夠大聲地發出不平之鳴；這時連權力高張而以不光明手段圖利的人都不得不重視新聞界的意見，而且即使是國會議員和最高法院的法官都得聽聽新聞界的意見。……

大家還記得的加州阿拉曼達郡監獄一案，當時獄方拒絕一家地方電視臺採訪與拍攝這座出名的壞監獄，而後最高法院支持獄方行為的裁決令人震驚。大多數人說，憲法第一修正案所保護的權利，只不過是報導新聞的權利，而不是搜集新聞的權利，也就是說公眾的禁地，新聞界也無權插足，這種詮釋足以造成憲法的一個大漏洞。

新聞界對於阿拉曼達一案有限但強烈的抗議，不知是否起了效果，總之，法院後來又重新審理此案，史蒂芬法官說：「法院今天第一次明確的裁決，專橫地干預新聞界獲得重要資料，乃是剝奪憲法第一修正案所保護的言論與新聞自由。」

我們都希望最高法院已從對新聞界的偏見中醒悟過來，我們繼而希望大眾瞭解我們的立場，不要以為新聞自由只是帶給新聞界更大的特權。大眾必須了解，只有在新聞界有發掘新聞的自由時，他們獲知新聞的權利，才能確保無虞。（《新聞評議》，七六期，頁七）

六、《讀者文摘》標榜的理念

一九九二年《讀者文摘》在連續幾個月中，都重覆刊出了其環球總編輯湯令晨(Kenneth Y. Tomlinson)的一篇對讀者致詞，從標題「《讀者

文摘》何以能成為出版史上最成功的雜誌?」看來，頗具自我宣傳的廣告意味，但細讀內容，足以令我們深省。茲轉錄致詞全文：

我們的篇章滿溢樂趣，但本質上我們是一份嚴肅的雜誌。我們的讀者都是嚴肅的讀者。《文摘》激勵我們積極面對接踵而來的考驗，是讀者日常生活所需的支柱，不是可有可無的消遣。

我們堅信個人的力量，表揚平凡人的偉績，讓大家看到平凡人言行背後所隱藏的驚人信念、勇氣與希望。我們監察政府，並指出世界藉著自決及個人進取精神能夠有無窮的發展。讀者信賴我們，深知我們言而有據，絕不空談；我們力求準確，言之成理。

我們記錄的人類經驗，有艱苦卓絕的，有溫馨親切的，有妙趣橫生的。這些故事寫來平實，不尚花巧，卻筆力千鈞，而且均源於對天地萬物的愛與關懷、對大是大非的認識及對人類不屈不撓精神的發揚光大。在醫學、衛生、環境與人權等大問題上，我們允為先鋒。在世界大事上，我們條分縷析，讓讀者了解其意義。我們歌頌大無畏精神，倡導冒險犯難，並企求增廣見識，富足身心。我們從不說教，只是鋪陳事實，讓讀者借鏡；而讀者認為我們最與別不同的正是這一點。

我們的文章繽紛多采，有幽默小品，有真人真事，有增益見聞的資訊，所有文章都蘊藏著微妙的力量，足為讀者指點人生各種各樣的迷津。讀者信服我們，因為我們的報導翔實，深具說服力。我們灌輸知識，提供樂趣，文字清晰簡潔，讀者樂於閱讀。世事紛紛，端方君子都冀求秩序重現，萬事萬物都能一以貫之，《文摘》

文章令他們重新肯定那些永恆的價值觀。讀者認識到我們是世途上的指南針，我們的原則適用於任何時候、任何年代，對任何智仁之士都有裨益。這些有力的原則是我們雜誌的靈魂，只要我們堅守這些原則，只要我們仍能發揮針砭效用，我們的未來必然會像過去一樣璀璨，同樣令人振奮。

《讀者文摘》雖然偶爾也有少數文章配合時事，但一般選刊的文章，由於查證過程詳實，不易把握時宜，所以不能列為新聞性刊物。不過《讀者文摘》堅守真實、正確的原則，較之任何新聞媒體，均有過之而無不及。

《讀者文摘》總編輯湯令晨這段對讀者致詞，其中若干宣示，確是新聞工作者應該奉為圭臬的倫理準則，而且頗多與我們前揭的許多規範、信條以及專著的主張相符。

《文摘》以嚴肅的本質自許，相當於本書前舉新聞倫理基本準則的「莊重、負責」； 以嚴謹莊肅的態度選文、查證、撰譯、編輯，提供出輕鬆、平易、可讀性高的作品。新聞報導與評論，若能臻此境界，當是我們深所企盼的。

「我們言而有據，絕不空談；我們力求準確，言之成理。」 這完全符合新聞倫理規範的「真實、正確」原則，《讀者文摘》在這一方面，多年來有極優異的表現，投注了極大的人力、財力，鍥而不舍地查證求真、求確。

「我們從不說教，只是鋪陳事實，讓讀者借鏡」； 是採取「公正、客觀」的新聞倫理應有的態度。

「我們記錄的人類經驗，……均源於對天地萬物的愛與關懷、對大是大非的認識及對人類不屈不撓精神的發揚光大。」「我們監察政府，並指出世界藉自決及個人進取精神能夠有無窮的發展。」《讀者文摘》這些

編輯理念近於新聞倫理規範的「大眾福祉」信條，卻已超乎其上；或許就新聞工作者的角度，認為如《讀者文摘》所標榜的這部分理念準則，有些抽象而不易表現，但事實上《讀者文摘》多年來所刊印的文章，確乎發揮了這些所期望的效果。

七、王惕吾談辦報理念

聯合報董事長王惕吾於民國八十二年九月十五日在報系股東會上宣布退休，改任創辦人。

在談話中，王惕吾重申近年來一再強調的「正派辦報」理念，他說明：對外，是「正派辦報」；對內，是「正派治報」！

王惕吾並把正派辦報引申出「公」、「誠」與「愛」。

對「公」的闡釋，他指出報系內部，用人治事，都要大公無私。特別是選拔幹部，一定要他們具備廓然大公的修養。

王惕吾申述，面對社會，則「公」字就是「無我」、「無他」。無我，就是辦報的人不要拿報紙當私器；無他，就是報紙不要被他人利用，變成他人的工具。這樣，報紙人才會有尊嚴，報紙才會有風格，報業也才能成為社會的公器。

對「誠」的闡釋，他指出報系內部，大家要坦誠相待，要成為剖腹交心的事業夥伴，要有相互責善的誠意。一方面在維持禮貌的情況下誠心規過勸善，一方面誠心察納別人的意見。這樣，透過相互的砥礪，報系才能成為一個激濁揚清、興利除弊、群策群力的事業體。

王惕吾申述，面對社會，「誠」就是不要欺世媚俗。報人應對社會誠實，對公理誠實，對自己的專業良知誠實。有些事，可以取悅現實，但會使良知不安的，不要做。有些虛榮，如果要以犧牲原則來交換，不要動心。有些屈辱，如果力求苟免則有損報格，也只有迎上前去，打脫牙齒和血吞。

對「愛」的闡釋，他指出報系內部，要友愛。面對外界，則是對國家民族的愛。國家利益高於職業利益，攸關國家民族的大事，要把握大是大非；不要陷於一般政客拌嘴皮子、鬥弄權術的那種是非之中；更不能用自己的私欲私念去撥弄是非。另外，報紙的言論要有品格，但是也要講究態度。也不要有太尖銳的稜角，助長社會戾氣。這些，不論大原則或小技巧，都要流露一份愛心。

他期望運用報系的力量，奉獻國家，回饋社會，光大民族。

第二天，九月十六日聯合報四十二周年社慶典禮上，王惕吾又以「心中有自由，筆下有責任」為題，繼續闡述他的「正派辦報」理念。

他說明，正派辦報就是要辦成「自由而負責」的報業：自由，是向政治勢力爭得新聞自由；負責，是對讀者群眾善盡社會責任。

他指出，報紙如果不能向政治勢力爭得新聞自由，就很難成為一個正派的報紙；報紙如果不能對讀者群眾善盡社會責任，同樣很難成為一個正派的報紙。

王惕吾析述社會責任：新聞自由是屬於全體人民的「社會機制」，而絕對不是新聞記者的「專業特權」。當報紙與社會站在同一地位時，應當與社會全體共同向政府力爭新聞自由，因為新聞自由是社會正常運作不可或缺的社會機制。然而，當報紙與社會站在相對的立場時，媒體經常佔據強勢地位，就應嚴守自制、自清、自律的精神；不能濫用新聞自由，致對社會造成傷害。

他強調：「新聞記者不是無冕之王」，記者不可能仗恃特權而贏得榮耀；當你們使用那枝鋒利無比的筆時，只有唯恐不逮的謙卑情操，才可能使你們受到社會的尊敬與信賴。一個正派報人的風範，就是：「心中有自由，筆下有責任。」

王惕吾特別提出「有所不為」和「有所不避」。

他舉例說明有所不為，例如所謂煽色腥的東西，即使有人覺得那些

東西能夠投讀者所好，也不刊登。又如報系不應做傳播媒體以外的事業；縱然有人覺得有了報紙做起生意來會有特別的方便。

　　他指出：報紙當然要討讀者喜歡，但是並非所有能夠取悅讀者的東西都是一個正派報紙應當接納的；報紙當然是一種可能營利的事業，但是，並非所有靠報紙賺到的錢都是一個正派報紙應當追求的。報紙討讀者喜歡，卻不能欺世媚俗，為了迎合少數人卻矇蔽了大多數人。（王惕吾，民八二）

八、余紀忠談辦報理念

　　中國時報董事長余紀忠在為中國時報三十周年紀念以「信念與秉持」表達他的辦報理念：

> ……它歌頌光明，卻也不掩飾黑暗；它鼓勵善良，卻也不隱諱缺失。天下原沒有絕對的真善美，而透過大眾傳播，塑造正確形象，判斷公是公非，正是自由社會中報紙對國家和國民應盡的責任。

> ……報人的職責是建立完備而健全的新聞內容與客觀而正直的言論標準。（余紀忠，民六九）

　　余紀忠在致中華民國新聞評議委員會三十周年慶賀詞，以「新聞的自由與自律」為題，表示：

> 我個人深深體會到，一個報紙只有在新聞自由與自律之間取得相當的平衡時，方能稱得上是一份「偉大的報紙」。

　　他引申美國紐約時報銘言──「不懼不私，不黨不派，公正超然，

報導新聞」:

> 「不懼不私」，就是新聞自由的精義，而「公正超然」就是新聞
> 自律。一份偉大的報紙，它無需別人告訴它該怎麼做，而是自己
> 懂得應該做什麼。紐約時報之能贏得舉世的令名，絕非偶然。

他引舉與紐約時報相若，中國時報揭櫫的銘言：

> 自由、民主、愛國家；
> 理性、開明、求進步。

他再加引申：

> 在中國多難的土地上，在不同的歷史階段中，我們有所追求，也
> 有所節制；有所堅持也有所奉獻。我們追求新聞自由，但也必須
> 考慮國家的整體利益；我們堅持新聞的神聖性，但也要求理性的
> 自省。這就是自由與自律的平衡點。(余紀忠，民八二)

引註書刊

一、中文書刊

王惕吾（民八二）
　　〈正派辦報〉，臺北，聯合報系，頁二。
余紀忠（民六九）

〈信念與秉持——為本報三十周年紀念作〉,《中國時報三十年》,臺
北,中國時報,頁一一～一二。

余紀忠 (民八二)

〈新聞的自由與自律——賀新聞評議會三十周年慶〉,《中華民國新
聞評議委員會卅週年特刊》,頁一二～一三。

李瞻 (民七二)

見第一章引註書刊。

何毓衡 (民五四)

《紐約時報一百年》, Meyer Berger 原著——何毓衡譯,香港新聞
天地社。

胡幼偉 (民八四)

見第一章引註書刊。

張季鸞 (民二○)

見第一章引註書刊。

程之行 (民八一)

見第一章引註書刊。

羅文輝 (民八一)

見第一章引註書刊。

二、英文書刊

Christians, Clifford G., Kim B. Rotzoll & Mark Fackler

Media Ethics: Cases & Moral Reasoning, N.Y.: Longman, 1991.

Goodwin, 1990

見第一章引註書刊。

Klaidman, Stephen & Tom L. Beauchamp

The Virtuous Journalist, N.Y.: Oxford: Oxford University Press,

1987.

Lerner, Max, 1981

　　原作刊於一九八一年 *American Editors & Publishers* 七月十五日
　　號，所引摘自《新聞評議》八十四期，頁二，張國蓉中譯文。

Shoquist, Joseph, 1975

　　引摘自《新聞評議》七期，頁三，中譯文。

第三章　從自律組織探討
我國的新聞倫理觀

第一節　我國新聞媒體自律發展背景及過程

一

中國新聞自律運動，始自地方性的自律組織，民國五十二年九月二日臺北市報業新聞評議委員會成立，這是中國第一個區域性的正式新聞自律組織。

民國初年，名記者邵飄萍曾建議對新聞界的不良現象採取非法律性制裁的兩個途徑：一是社會制裁，一是同業團體制裁，被認為是中國新聞自律觀念的濫觴。

民國三十九年一月二十五日臺北市報業公會成立，並在大會中通過採用馬星野先生擬訂的「中國新聞記者信條」，是已見具體的新聞自律行動。

臺北市報業新聞評議委員會成立，是我國新聞界新聞自律之觀念發展成為有組織的行動，促成這一自律組織的成立，有幾項背景因素。

民國三十八年政府播遷臺北之後，新聞事業一度處於散亂狀態，當時新聞自由過份氾濫，形成所謂「文化三害」現象，三害即指赤色、黃色與黑色刊物。為了適應戡亂時期的需要和有效阻止三害氾濫，政府在民國四十七年六月第五度修訂出版法,在行政處分中加重罰鍰及增列「撤

銷登記」一項，引起新聞界強烈反對。

　　臺北市報業公會以請願書送立法院，籲請廢止出版法或作合理修改，以保障人民應享的新聞自由權利，維護國家憲法尊嚴。其他相關新聞團體同業也同聲異議。

　　政府方面，由當時的內政部長田炯錦一再發表談話，說明修正出版法的目的在於對付「黃色新聞」，同時，因為出版品對尚在審判中之訴訟事件或司法人員或當事人常有評論，混淆是非，影響司法審判，乃有修正出版法之必要。蔣中正總統於四月十六日鄭重表示：政府絕對尊重保障新聞言論自由，絲毫沒有摧殘新聞言論自由的意向，並囑主管單位轉告報業同仁安心工作。

　　這一次的出版法修正案終於在四十七年六月二十八日公布實施，原堅持反對意見的民營報業也發表評論，決心遵守出版法的規定，絕不致知法而不守法。事後證明，除了揭人陰私、造謠生事的內幕新聞雜誌相繼停刊或淨化內容外，政府很少引用出版法的行政處分。但出版法此次修訂，刺激我國新聞界醞釀自律運動，是促成新聞評議會的主要原因之一。

　　民國四十七年三月，國際新聞學會在東京召開年會，我國新聞界有幾位人士申請入會，國際新聞學會藉口臺灣地區沒有新聞自由，拒絕我國新聞同業的入會申請。當時新聞界人士認為，如果成立新聞評議會，推行新聞自律工作，使新聞界免於政府干涉，當可改變國際人士的觀瞻。

　　民國五十年十二月二十七日，臺北市發生「瑠公圳分屍案」，到第二年二月十九日才破案。在五十二天偵辦期間，各報競相捕風捉影、誇張渲染報導，甚至暗示或影射某某人為凶手，事後證明是無辜者，使不少人受到冤屈。這一連串報導的缺失，後經社會輿論指摘，新聞界也檢討反省，更積極於成立自律組織。

　　民國五十年八月，第二次陽明山會談，出席的新聞界人士王惕吾、

李玉階、洪炎秋與余夢燕建議「由新聞界制訂積極的自律公約，以代替消極性的出版法。」在建議中提到：「政府年前修訂出版法，對於新聞事業加強行政管理，加重行政處分，當係基於當前國家安全之要求；政府之用心縱可獲得國人之體諒，唯於國際間頗滋誤解，對於我國家民主聲譽不無影響。……我們深信新聞界人士所具反共愛國之忱未敢後人，當能自覺其對國家社會所負之責任。倘因新聞界基於此項責任感之自覺，制定自律公約，勵行自我約束，俾新聞自由及言論自由能與社會安全與國家利益維持平衡，無所扞格，則現行『出版法』實無存在之必要，宜乎予以廢止，藉振人心而增國譽。」（王惕吾，民五〇）

他們建議組織「新聞言論審議委員會」和「業務調處委員會」。

五十年十二月九日，行政院就第二次陽明山會談所獲得的結論舉行研討會，對新聞及出版部分作成七項決定，其中對於新聞自律案，決定意見為：「政府對於新聞界制訂自律公約一事，表示贊同，盼望擬訂具體辦法，早日實現。」

民國五十二年四月，中國國民黨舉行第一次新聞工作會談，各新聞團體聯合提出：「建議組織全國性新聞事業團體，積極推行新聞自律運動，以促進新聞事業之健全發展案」，會中對成立全國性新聞自律團體，非短期內所能做到，決定先分區分業進行。

臺北市報業公會首先採取行動，推定中央日報社長曹聖芬、聯合報發行人王惕吾、徵信新聞報發行人余紀忠、大華晚報社長耿修業成立四人小組，籌組「臺北市報業新聞評議委員會」。

二

民國五十二年九月二日，臺北市報業新聞評議委員會成立，聘請蕭同茲、黃少谷、成舍我、陶百川、程滄波、阮毅成、端木愷等七位委員，任期兩年，互推蕭同茲為主任委員，聘請沈宗琳為祕書長。

　　臺北市報業新聞評議會成立，國內新聞界多表支持。中央日報社長曹聖芬以臺北市報業公會理事長身份，在慶祝成立大會上宣布臺北市報業新聞評議委員會成立，他的致詞中特別指出：

> 報業新聞評議委員會成立之後，我們報業對嚴師益友，在道義上多受一重拘束的力量，但我們並不把改進新聞技術，提高新聞道德的整個責任，寄託在他們各位委員的身上。新聞評議委員會的成立，是我們報業自覺的決心之表現，今後，每一會員必將更加自動自發，加強我們的責任感，提高新聞道德的水準。惟有發自內心的自覺配合外來的道德支持力量，才能使我們獲得真正的進步。（曹聖芬，民五二）

　　臺北市報業新聞評議會主任委員蕭同茲，在致詞中則強調：

> 本人曾以「運用自由，善盡責任」這樣一個題目，寫過一篇紀念性文章。在那篇文章裡，我引用了一位美國作家雷諾先生的兩句話：「合理地分析，開明地判斷」，和我們新聞界同仁共勉。因為我認為，雷諾這兩句話，雖然是對當時擔任哥倫比亞大學校長艾森豪元帥之成功要訣的總結，但這要訣，同樣適用於每一個希望在「運用自由、善盡責任」之下，求得成功的新聞記者。（蕭同茲，民五二）

　　臺北市報業新聞評議委員會的組織章程中明確規定了宗旨、職掌，並在章程第九條中規定臺北市報業公會及其會員應履行的義務：

　　關於宗旨部分：

第二條：本會以推行報業自律運動，提高新聞道德標準，促進新聞事業之健全發展為宗旨。

關於職掌部分：

第六條：本會職掌如左：

㈠就有關提高新聞道德標準之問題，委託新聞研究機構，定期作專題研究，其所提報告經本會審議核定，印發臺北市報業公會各會員報。

㈡受理新聞、評論所涉及之當事人及社會各方人士之陳訴及檢舉，經調查、聽證後，予以裁定。

上述陳訴及檢舉如同時已循司法途徑進行者，本會不予受理。

關於義務部分：

㈠對本會所進行之專題研究及新聞、評論之評議，不得作任何影響。

㈡對本會就新聞、評論所作之裁定，如有異議，得在十五日內申請覆議；如本會維持原定之裁定，即不再作任何表示。

㈢經本會裁定確證某會員報有錯誤或疏失時，應由臺北市報業公會促使該會員報發表適當之更正啟事。

臺北市報業新聞評議委員會共歷三屆，全體委員一再連任，只有黃少谷委員在第二屆任期內因出任行政院副院長，辭去評議會委員職務，報業公會推選許孝炎繼任委員。主任委員則第二、三屆均為成舍我。祕書長先後由王洪鈞、徐佳士繼任。

　　徐佳士在一九七〇年《國際新聞協會月刊》中，發表一篇題為〈臺北新聞評議會協助改進報業〉(Taipei's Press Council has helped improve standards)一文中指出：

> 　　該會在成立之初，若干人士擔心這個自律機構的出現可能阻礙新聞自由在臺灣的成長。但該會成立六年以來，相當有助於促使報紙在平衡其內容與避免 sensationalism 方面完成了很顯著的進展。公眾對報紙內容的批評日見減少，因而鞏固了報業的威望與地位。對於保衛新聞自由，這無疑是有益的事。（徐佳士，民五九）

　　民國六十年四月二十九日，臺北市報業公會、中國廣播事業協會、中國電視學會、臺北市新聞通訊事業協會和臺北市新聞記者公會擴大籌組成立「臺北市新聞評議委員會」，使評議範圍包括了臺北市地區的報紙、廣播、電視與通訊社在內。聘請程滄波、成舍我、蕭同茲、陶百川、端木愷、阮毅成、許孝炎、于斌、江學珠等九位委員，互推程滄波為主任委員，聘請徐佳士為祕書長，後因徐先生請辭，改聘張任飛擔任祕書長。

　　臺北市新聞評議委員會擴大了評議對象和受理陳訴及檢舉的範圍。原臺北市報業新聞評議委員會的評議對象，是以臺北市報業為範圍；新的臺北市新聞評議委員會仍限於臺北市，評議對象則已擴大，包括了報業、廣播、電視與通訊社等，而且受理評議的項目，在原有的新聞、評論之外，又增加了節目（應指廣播、電視新聞節目）和廣告兩項。

　　民國六十二年四月十一日臺北市新聞評議會通過了由閻沁恆、李瞻兩位教授擬訂的「中華民國報業道德規範初稿及其釋義」（後經通過為「中華民國報業道德規範」）、「中華民國無線電廣播道德規範初稿及其

釋義」（後經通過為「中華民國無線電廣播道德規範」）、「中華民國電視道德規範初稿及其釋義」（後經通過為「中華民國電視道德規範」）。其中報業與電視道德規範由李瞻起草，廣播道德規範由閻沁恆起草。

三

民國六十三年九月一日，臺北市新聞評議委員會改組為中華民國新聞評議委員會，評議範圍包括了自由中國的臺灣、澎湖、金門和馬祖等地的新聞事業。第一屆委員是程滄波、于斌、曾虛白、端木愷、阮毅成、江學珠、沈宗琳、徐佳士、張建邦，互推程滄波為主任委員，聘張任飛為祕書長。

中國新聞學會理事長馬星野在全國新聞評議會成立大會上，說明全國性新聞自律組織成立的意義在於貫徹新聞自律精神，維護新聞自由的使命，並自我監督，善盡「做人民喉舌，做政府諍友」的責任。他指出年來大眾傳播事業突飛猛進，……。量增加了，質的要求也越來越高。醫師、律師等有錯誤，大眾傳播可以批評他們；如新聞界自己有錯誤也應有人來批評。他說：「評議委員會的成立，是應全社會的要求，旨在依據傳播事業的道德標準，糾正新聞報導和評論的錯誤失當，使各種傳播事業的業務達到真、善、美的境界。」（馬星野，民六三）

程滄波在大會上致詞指出：今日全世界各國充滿著黑暗、混沌、「八表同昏」的現象，傳播業應負主要責任；而一般人「顧慮現實，考慮現實，接受現實」的所謂「現實主義」思想尤為擾亂世界的最大因素。他指出：「中國文化的精神是反對遷就現實的；我們要撥亂反正，要挽狂瀾於既倒。因此，如何糾正現實錯誤、撥亂反正，是我們大眾傳播事業的責任。」程委員還另撰「新聞自律與道德規範」一文說明，「新聞自律，不是一個裝點門面的舉動。新聞自律，也不是一個新聞評議會的責任。自由中國的傳播界，從老闆到從業員，如果大家對此有進一步的認識，

認為新聞自律的成敗，等於新聞自由的成敗，那麼，新聞自由與新聞自律，相輔相成。我們的大眾傳播媒介，或將為自由世界樹立一個好的榜樣。」（程滄波，民六三）

民國六十五年九月一日，中華民國新聞評議委員會進入第二屆並實施新的章程，組成此會的新聞團體亦增為七個：臺北市報業公會、臺灣省報紙事業協會、中華民國新聞編輯人協會、中華民國新聞通訊事業協會、中華民國廣播電視事業協會、中華民國電視學會及臺北市新聞記者公會。

民國七十一年九月六日起，高雄市報紙事業協會加入，使組成新聞評議會的團體增為八個。

在組織章程方面，民國六十五年九月一日起實施的新章程中，宗旨部分增加了「維護新聞自由」及「善盡社會責任」，全條文為：

第二條：本會以維護新聞自由，推行新聞自律，提高新聞道德標準，促進新聞事業善盡社會責任，及健全發展為宗旨。

職掌部分，增加「本會委員或祕書處對有違新聞道德之新聞、評論、節目、廣告得檢送資料提供委員會議研討。在作決議之前如認為有必要，先經調查、聽證程序。」

各新聞團體及其會員應履行之義務部分，增加「各新聞團體或其會員或其從業人員必須遵守及履行本會之決議或裁定」，及「本會委員會議通過有關新聞、評論、節目、廣告之案件，如本會發布新聞，通訊社、報社、廣播臺、電視臺均有刊載或播報之義務」二條款。

民國七十一年九月六日修改章程，只是將組織的七團體增為八團體。

四

民國七十七年元旦，我國政府開放報紙登記後，新聞事業的競爭日趨激烈，報紙的品質更受社會關注。

中華民國新聞評議會在其組織與功能的簡介中敘述：

> ……咸認報業必須自律。如不自律或自律失敗，會像許多國家一樣，隨之而來便是遭受嚴格的立法管制。於是，乃有加強新聞評議會功能的呼聲。

> 新聞評議會的主要功能之一是防止新聞界濫用自由。……它要協助新聞界贏得公眾的尊敬，使新聞業享有真正的新聞自由，並無約束新聞自由的意思。

民國七十八年八月一日起，新評會實施「長期審核報紙刊登色情圖片統計辦法」，逐月公布統計結果於《新聞評議》月刊。

民國八十一年八月二十七日，新聞評議會通過「中華民國報業道德規範」、「中華民國電視道德規範」、「中華民國無線電廣播道德規範」三規範修正案。修正的目的是「使道德規範符合社會潮流，確實發揮針砭、圭臬的功能」。此次修正，從民國七十八年起廣收國內外相關資料，在八十年十一月十四日及八十一年一月十六日進行兩次臨時委員會討論修正草案，並兩度送請八新聞團體提供意見。通過後在八十一年十月一日公布，十一月一日起實施。

第二節　從陳訴及檢舉案的裁定探析

新聞評議委員會的主要職掌即在「受理新聞、評論所涉及之當事人

及社會各方人士之陳訴及檢舉，經調查、聽證後，予以裁定。」

從新聞評議會的處理的案例，可以看出評議會注意及致力的方向。

臺北市報業評議會階段，自民國五十二年九月二日至五十九年九月，前後七年的三屆委員任期中，處理案件只有十餘件。

民國五十三年五月三十一日發布的評議會決定文第一號，是「吳馮璧池陳訴臺北各報肆意污辱其夫吳家元案決定文」。

吳家元在臺北遭人凶殺，在凶嫌李裁法被捕後，法院開庭前後，臺北少數報紙所刊報導中，對吳家元生前事蹟有所渲染。評議會受理陳訴，決議裁定指出：

> 經查臺北報紙有關吳家元之報導，應特加指摘者只為少數報紙之記載。其內容為渲染吳家元於五十二年九月十五日被害前若干與本案無關而有損其名譽之傳聞，有由報紙記者自行撰寫者，亦有由凶嫌李裁法所撰寫者。

> 按臺北市報業公會所一致通過之「中國新聞記者信條」，自應為臺北市報業共同信守。該信條一則曰：「忠厚寬恕，以與人為善」（第五條），二則曰：「凡良心未安，誓不下筆」（第八條），凡此均以警誡新聞界同仁隨時注意無意的疏失。吳家元既為一凶殺案中之被害人，且已被害致死，本會認為，前述臺北少數報紙有關吳家元之若干記載，在道德觀念方面，確有失忠厚寬恕之道。

> 又，「報紙，如非確信本諸公眾權利有其正當的理由，而非出諸公眾好奇心理，即不應侵害私人的權利或感情」（「美國新聞事業規範」第六條第一款），乃為一般新聞報導應守之道德規範。

準此以論，本會認為，前述臺北少數報紙有關吳家元之渲染記載，其動機，不僅毫無「本諸公眾權利」之正當理由，抑且明顯「出諸」迎合「公眾好奇心理」，其為「侵害私人的權利與感情」，實為報業應守之道德規範所不許。

且從新聞自律的立場言，報紙刊載其所認為新聞之新聞，固為一種權利；但此一權利之行使，並非可以忽視對某一個人所可能造成之損害。易言之，出版自由之權利，無可避免的涵有出版自制之義務。報紙對於是否刊載某一新聞之決定，自不能否認其所應負之道德責任。臺北少數報紙於決定刊載上述有關吳家元若干報導時，對於此點顯然未曾充分考慮。（《新聞評議十二年》，頁二二）

　　民國五十三年七月三十日對自立晚報申請覆議文的決定文是另一個較重要的處理案例，其主要內容：

本會於五十三年四月十七日，接陳紀瀅先生來函，陳訴自立晚報「連續刊載不實消息，蓄意誹謗」，要求「依法評議，公允裁定」。嗣後於五月二十日接汪綏英女士來函，陳訴自立晚報「挑唆煽惑，捏詞誹謗」。經本會查核陳汪兩君前後陳訴，實質上為同一案件，決予合併處理，曾於本年五月十一日、五月二十七日及六月九日舉行全體會議三次。五月二十七日自立晚報社長葉明勳、總編輯李子弋兩先生列席會議，由李子弋先生說明處理是項新聞經過。茲經本會評議結果，得結論三點：

其一、關於新聞紀述：「新聞紀述，正確第一；凡一字不真，一語失實，不問為有意之造謠誇大，或無意之失檢致誤，均無可

恕。」（「中國新聞記者信條」第四條）本會認為新聞紀述或報導，苟其內容事實涉及多方面者，務須將該新聞之內容事實，遍得有關方面之證實或說明，庶幾該項新聞之正確，不致為一方面片面之詞所掩蔽；此在報館本身，能於求真中發揮社會之公平，而對於新聞內容所涉之當事人，亦盡量使其對關涉自身之事件有充分說明之機會。本案新聞內容之事實部分，據自立晚報代表李子弋先生所述，謂該報記者擬三度試訪陳紀瀅先生而未成。揆之以上所述原則與理論，本案新聞之報導與紀述，既未能獲得有關當事人之證實或說明，自與中國新聞記者信條之昭示不合。

其二、新聞標題與內容問題：「新聞上所冠標題，應完全以新聞的內容為根據。」（「美國新聞事業規律」第四條第二項）新聞標題應以新聞內容為根據，新聞標題應力求客觀，已為中外新聞事業所共同接受之信條。新聞編輯在新聞標題中應否夾有抑揚褒貶之辭意，從而影響讀者之判斷，至今尚為新聞學理論上爭論之點，茲姑不具論。若新聞內容中本無此事實，而在標題中別立刺激之字句，以求視聽之激盪，其為超越編輯之責任與道德，實為健全輿論所不許。本案陳訴人所控三月二十一日自立晚報所登「汪綏英婚變滄桑」大標題下，另標有「陳紀瀅橫刀」字樣之子題，即為顯著之一例。經查該新聞標題，並未以新聞內容為根據，從而引起不幸之糾紛，應為報業編輯方面之遺憾而當力求其匡正。

其三、關於漫畫部分：報紙漫畫，實為報紙表示意見之另一型式；漫畫所生之影響，既與評論不相上下，其所負責任亦同。「中國新聞記者信條」第五條：「吾人深信：評論時事，公正第一；凡是是非非，善善惡惡，一本於善良純潔之動機，冷靜精密之思考，

確鑿充分之證據而判定。」　本案陳訴人指控自立晚報三月二十六日所刊署名牛哥之「浮世繪」漫畫，認為影射其本人，致損其名譽。本會認為此項漫畫，不論其動機若何，要為未能根據確鑿充分證據之新聞，並經冷靜精密之思考，以符中國新聞記者之信條，因而造成影射及損害名譽之指控，從事新聞事業者自應引以為戒。」（《新聞評議十二年》，頁二六～二八）

民國六十年四月二十九日臺北市新聞評議委員會成立，取代原來的報評會，評議對象也擴大包括廣播、電視及通訊社，至六十三年八月底改組止，共三年四個月，所評議的案件，已由過去以接受陳訴、檢舉為主，轉為較多主動的由祕書處或委員提案經委員會討論後作出決議，一般受理案的裁定，多屬個案的爭議。

民國六十三年九月一日中華民國新聞評議委員會成立，又取代了北市新評會，依據新評會統計，從改組成立至民國七十二年八月底，約九年間，共處理一五二件陳訴及檢舉案，經評議成立的，陳訴案三十四件、檢舉案十二件；而同一時期，新評會主動評議案也有三十四件，顯見新評會的評議工作益趨積極主動。

近年情況，以新評會公布的第七屆第二年度（民國八十一年十月十五日至八十二年十月十四日）案件統計為例，委員會裁定成立的陳訴案共十六件，占全部案件總數的百分之二十二點二；檢舉案共五件，占總數的百分之六點九；而主動評議案共十七件，占總數的百分之二十三點六。

新評會自己分析上述統計：

上項數字若和第一年度（八十年十月十五日至八十一年十月十四日）比較，其中陳述案比重增加，檢舉案比重減少，主動評議案

變動不大。由此可知，視聽大眾越來越重視因媒體不實報導而損及自身權益的問題。而主動評議案占總數的四分之一，可說本會提昇新聞報導水準主動出擊的精神。

對這一年度裁定成立案件涉案內容，新評會分析：

……去年度媒體不實報導影響新聞當事人權益之情形較為嚴重，而當事人若不對媒體提出法律訴訟，便可能向本會陳訴以彌補其損失，……

……涉案的新聞報導多為社會新聞及地方新聞。由此可知媒體的地方新聞及社會新聞仍須改進，而地方記者的素質也應加以提昇。（《新聞評議》，二三一期，頁二）

第三節　從主動評議案例探析（一）
——廣告刊播問題

　　新聞評議委員會除依組織章程所規定之職掌接受陳訴及檢舉案件，以及評議委員或祕書處檢送研討案件外，也曾多次就新聞道德有關問題，主動通過若干決議。

　　關於新聞媒體刊播廣告問題，是新聞評議會最先關切的非個案的新聞倫理事例。

　　民國五十五年十月二十八日，評議委員陶百川在臺北市報業評議會中提案，主要內容為「各報常見有以醫藥廣告而作為新聞登載者，使人易於上當，有關新聞道德，提請討論」。當時決議三點：1.各報不應以

新聞之方式刊登廣告；2.各報不應刊登內容猥褻之廣告；3.由祕書處分函各報調查刊登廣告內容之標準。

民國五十六年九月二十五日評議委員會通過「臺北市報業新聞評議委員會關於報紙刊登醫藥廣告之決議文」，對醫藥廣告在報紙上刊登，提出若干建議：

1. 醫藥廣告必須標出衛生官署所發藥品許可證或醫師開業執照之號碼。
2. 醫藥廣告不得使用近於猥褻或顯然誇大渲染藥品效力之文字。
3. 模仿新聞報導或專論之醫藥廣告，應於其標題附近加註顯明之廣告字號，以資識別。
4. 拒登對醫師或藥品之鳴謝啟事。
5. 拒登未經主管機關依法許可之外科美容整形廣告。(《新聞評議十二年》，頁三七)

民國六十年八月三十日臺北市新聞評議委員會針對發現臺北市若干會員報又有以廣大篇幅，用新聞報導或專論方式刊登廣告，再加研討決議將前於五十六年九月通過之有關報紙刊登醫藥廣告之決議文，函請臺北市報業公會轉知各會員報注意辦理，並將決議文補送中國廣播事業協會、中華民國電視學會、中華民國通訊事業協會臺北市分會及臺北市新聞記者公會。

民國六十一年元月十三日新聞評議會又修正通過「本會對臺北市若干會員報紙以新聞方式刊登廣告之決議文」：

本案經本會最近剪報統計發現，臺北若干報紙確能尊重本會之決議，不刊載此類廣告，但仍有部分會員報紙尚未遵守，又有以廣

大篇幅用新聞報導或專論方式刊登廣告，尤以榮善堂及榮德堂之醫藥廣告為甚。臺北市政府衛生局以榮善堂之廣告未經審查，雖已飭令該堂即日起停止刊登廣告，並已處銀元一百五十元之罰鍰，仍有少數報紙繼續刊登該堂之廣告。

據本會調查，目前臺北若干報紙為圖此類廣告費之收入，乃遷就客戶，刊登與新聞或專論同樣形式之廣告。其刊載之內容使讀者難於辨別是否係日常所信賴之「真實」與「公正」之新聞或專論。此種作法不僅與新聞道德未盡符合，且有損報譽，容易導致讀者對報業失去信心，誠非明智之舉。本會有鑒於此，乃再度作正式之決議，深盼報業同仁珍惜榮譽，人人均能恪守「中國記者信條」第四條：「新聞紀述，正確第一」及第七條：「報紙對於廣告之真偽良莠，讀者是否受欺、受害，應負全責。決不因金錢之收入，而出賣讀者、社會之風化與報紙之信譽。」之規定，有所取捨，發揮新聞道德精神，善盡報業對社會應有的責任。（《新聞評議十二年》，頁六五）

民國六十二年八月一日，新聞評議會通過「臺北市若干報紙刊登不良分類廣告之研究報告」，於報告中針對「懸賞尋車」及「招聘舞女」兩例，建議新聞媒體「今後能對廣告嚴定取捨」，「縱使不能予以拒登，亦應從嚴審核廣告文字，庶幾能將其不良影響減至最低限度，以克盡報社所負之社會責任。」（《新聞評議十二年》，頁八五）

同年新評會也針對臺北市若干報紙刊出有關人身攻擊之廣告經祕書處進行研究提出之報告作成結論及建議：

以陳情書、警告啟事等方式委刊之廣告，一經報紙大量複製刊出，

容易發生混淆是非之作用，影響社會風氣。因此，報界同仁應提
高警覺，嚴加審核其內容——對涉及人身攻擊部分應予避免；對
尚在偵查或審判中的訴訟案件，即使係委託之廣告，亦不得在廣
告中評論，以免造成「報紙審判」之現象，妨害了司法審判。
（《新聞評議十二年》，頁九三）

　　民國六十五年十一月二十六日新評會通過決議：「函請……轉知各
會員報對顯非真實或有可疑之廣告多予注意。」（《新聞評議》，二十四期，
頁一）

　　民國六十七年二月十八日新評會修正通過「報紙廣告問題的研究報
告」，並針對若干報紙小廣告常使讀者受害問題，作成決議：「各報除應
遵守中華民國報業道德規範第三條之規定……，並應要求刊登人提示證
件，如係公司並應刊出全稱。」（《新聞評議》，三十九期，頁一）

　　民國七十三年三月十五日新評會通過「關於若干報紙刊登醫藥廣告
之決議文」，籲請各報社接受委刊醫藥廣告時，應注意廣告內容措詞是
否猥褻或有無誇張藥效，以免民眾受害，其主要內容：

　　本會最近檢閱報紙發現，不良醫藥廣告不僅死灰復燃，且有變本
　　加厲之勢。有關機關與社會人士亦分別向本會反映，對此表示關
　　切。本會認為目前強調增進性效之藥物廣告大增，風聲所播尤為
　　嚴重。此類近似春藥之成藥廣告，措詞猥褻，如使用「六點半再
　　見」字樣，並誇張藥效，連篇累牘描述男女作愛以及如何「重整
　　男『性』雄風」，且配以大幅圖片，影射男性之性能力，繪影繪
　　聲不堪入耳。此類作法，實與新聞道德大相違反。（《新聞評議》，
　　一一二期，頁一）

民國七十五年一月三十日新評會通過有關報紙以新聞方式刊登廣告之決議文，主要內容：

本會最近檢視新聞報導，發現若干報紙普遍有下列情事：

(1)假借工商服務之名以新聞方式刊登廣告；

(2)廣告之編排與新聞相似，不易辨別，而未在顯著地位標示「廣告」二字；

(3)新聞報導中介紹商品或廠商商業性活動。

⋯⋯本會再度籲請新聞界在處理上述廣告時嚴加取捨，或標示「廣告」二字，避免廣告新聞化，以發揮新聞道德。（《新聞評議》，一三五期，頁一）

對改進若干報紙刊登涉及迷信廣告之決議文：

本會最近檢閱臺、閩地區有關報紙，發現其中所刊「供養嬰靈」等廣告內容有助長迷信風氣趨勢，應敦促各報改進。

以民國七十七年四月至七月若干報紙陸續登載巨幅涉及迷信廣告為例，內容無不偏離常軌，且明示讀者應花錢消災。

諸如「供養嬰靈」、「象牙守護神八卦」、「香盒佛」、「賺錢大蟾蜍」及「密宗金財神」等廣告，實足以迷惑人心，且難逃「欽財」之嫌。報紙自不宜刊載，以免助長迷信風氣。⋯⋯（《新聞評議》，一六五期，頁一）

同年，十一月二十五日，新聞評議會通過對若干報紙刊登「六合彩」

邀賭廣告之決議文：

繼「大家樂」之後，「六合彩」賭博之風又起，且有愈演愈烈之
趨勢。尤以基層民眾沈迷賭博簽注，荒廢工作，對整個社會的正
常運作，造成嚴重障礙。此外，若干凶殺案之發生，亦與簽賭「六
合彩」有關，影響善良風俗及社會安定。「六合彩」賭風猖獗固
由於社會多有不勞而獲、投機僥倖之心理，而若干報紙為了牟取
商業利益，大肆刊登「六合彩」邀賭廣告，推波助瀾，顯然違反
報業道德規範，應請報業澈底檢討，勿為公害。

……本會近日仍發現少數報紙繼續大幅刊登以「大財富」、「大發
財」、「金彩券建設公司」、「金財神」、「布行」、「茶莊」、「鐘錶
行」、「衣店」等名義之「六合彩」邀賭廣告，或以「漫畫」、「樂
迷專欄」等方式暗示「明牌」。此項廣告雖無「六合彩」字樣，
但詞義曖昧，其採取之影射方式，讀者及賭徒不難明瞭係何所指。

本會鑒於中國新聞記者信條第七條：（條文略）及中華民國報業
道德規範廣告部分第㈠條：（條文略）之規定，確認上述情形有
違報業道德，爰決議請報業澈加檢討，嚴格審核廣告內容，對以
任何方式傳播「六合彩」或其他勸賭之廣告，均應拒絕刊登，以
維護報譽，不為公害。(《新聞評議》，一六八期，頁二)

對於新聞與廣告混淆現象，新評會也列為主動評議重點。
七十九年二月二十二日新評會通過「主動評議報社舉辦『摸彩贈獎』
之促銷活動」決議文：

自去（七十八年）年底起，不少報社利用新春節慶機會，紛紛舉辦類似憑訂閱收據參加摸彩的有獎贈獎活動。這些報紙試圖以「賀歲迎新」、「酬謝讀者」、「創刊誌慶」、「印報廠開印」……等名義遮人耳目，其時類多為變相的促銷活動。例如：

一、贈黃金：中國時報系、臺灣時報。

二、贈現金：聯合報系、中國時報系。

三、贈獎品：大成報、民生報、更生日報。

報社舉辦摸彩贈獎活動，純屬營利行為，若是適可而止，亦屬合情之事。但是過度的噱頭與花招，以及所提出的鉅額獎金，不但可能導致媒體「惡性競爭」，亦將使社會好逸惡勞之風更形惡化。本會有感於此，特將報紙所舉辦有獎贈獎活動之弊端列舉如下：

㈠製造媒體惡性競爭：雖然摸彩贈獎活動，非媒體所始創。但是，自從中國時報系率先於去年十一月十五日舉辦「千兩黃金酬謝讀者大摸彩」後，引起報界的競爭模仿（見中國時報79. 1. 19. 五版）。報紙紛紛以贈送總獎額高達千萬元為噱頭以刺激發行量。部分報紙且與廠商結合舉辦摸彩活動。類此以市場為導向的競銷，終將因過度商業化的經營理念，而致減少對公共事務的熱忱，實有違媒體服務公益之專業形象。

㈡助長社會投機風氣：現今社會瀰漫濃厚之功利風氣，媒體還以贈送黃金、現金（中時、聯合報系贈送特獎貳佰萬元）作為增加發行量的手段，無疑是提供社會大眾投機取巧、不勞而獲之機會，極易助長社會負面價值觀的不良發展。

㈢助長廣告新聞化：報社舉辦之促銷活動，應屬商業廣告性質，報社不得假服務讀者之美名，將社會公器挪為自我宣傳之私有工具。而報社堂皇以頭版之重要新聞位置刊登贈獎活動，或以新聞稿方式撰刊消息，則顯已涉「廣告新聞化」之事實，有違新聞道

德。

……，本會認為，報社要回饋與服務大眾，最誠懇、正確的方式，應是充實新聞報導品質，而非追逐商業化的經營理念。

本會希望媒體認清，新聞事業是領導公眾的事業，應善用媒體無遠弗屆的力量，導正社會「惡性競爭」與「利益掛帥」的價值觀念，真正負起正風勵俗、教育啟發社會的重責大任。（《新聞評議》，一八四期，頁一）

民國八十二年四月十日的第二二○期《新聞評議》月刊，以「電視新聞涉及報導廣告化」為題，新評會針對此一現象，發表聲明：

三臺八點檔連續劇競爭劇烈，但利用新聞報導時段為新戲宣傳，是否適宜？本會認為，在新聞報導中介紹臺內八點檔連續劇，已明顯屬於宣傳行為，此一不當作法應立即改善。

本會日前在全面檢查電視新聞時發現，近來電視新聞常為將推出的連續劇及商品作宣傳，已明顯涉及新聞廣告化。本會同時亦接獲對臺視「早安您好」新聞及華視夜間新聞涉嫌新聞廣告化之檢舉函，本會已依案件受理程序處理。針對新聞廣告化日趨嚴重的情況，本會籲請新聞媒體重視社會責任，以提昇新聞報導的公正性及可信度。

一般觀眾收看電視新聞可能都曾發現，遇有電視臺將推出新戲，電視新聞或以該劇動用人力之多，手筆之大，道具、服裝、場景的講究來預告節目，或以某名人參加開鏡典禮具不尋常性來介紹該新片。這些以新聞時段夾帶為自家節目宣傳的行為，都漠視了電視媒體為社會公器之信念，違反中華民國電視道德規範壹、通則，六、節目應與廣告明顯劃分，不得為任何個人或群體作宣傳。

本會表示，自七十八年三月至今，本會曾受理機關（民眾）陳訴（檢舉）電視新聞廣告化的案件高達七件之多。（附表略）

針對此現象，本會曾在去年二月，選定八十年九、十月的電視新聞作有系統的研究分析，並彙整研究分析結果與三臺新聞部主管召開座談會。……達成下列四點共識：

一、公益性、新聞性、體育性等節目的預告，在處理技巧上應注意時間分配原則，及考量是否會造成商人、機構牟利的情形。

二、在涉及商家、商品的報導時，應符合新聞中平衡報導的處理原則。從正反面角度客觀報導，不單向的正面宣揚，也不負面的貶損。

三、電視臺可從社會公益普及化的角度考量，尋求多數大眾所關心、認知的觀點來服務觀眾。

四、三臺可將同性質的消息，建立觀眾洽詢三臺公關部門或建立語音服務的資訊索引。

本會與三臺主管進行聯誼後，「新聞廣告化」的情形已稍獲改善。但近幾個月來，新聞廣告化現象又有死灰復燃之勢……本會除針對類似陳訴、檢舉案受理程序處理外，並動員義工全面檢視各節新聞。

本會認為，電視新聞節目應報導事件、反應輿情、分析國際現勢、促進大眾了解天下事。電視新聞不應替自家節目作過分宣傳，使新聞淪為節目預告與廣告混淆，降低新聞的公信力。其次，電視臺在處理新聞畫面時，應小心謹慎，避免替節目或商品作廣告。
（《新聞評議》，二二〇期，頁一～二）

　　民國八十二年五月二十七日，新評會委員會議通過「媒體刊登空中色情交易廣告」研究分析。

新評會在前言中陳述：

> 媒體為社會公器，負有端正社會風氣的責任，然而部分報社卻為
> 了營利的目的，公然刊登空中色情交易廣告。這些煽情、不雅的
> 廣告內容，誘使身心發展尚未成熟的青少年撥打國際電話聽黃色
> 故事，不僅污染青少年思想，戕害其身心發展，且造成許多家庭
> 電話費激增，帶給為人父母者無限困擾。

新評會為此針對國內二十四家報紙，作為期一週的普查及研究分析，
發現有三家報紙每天刊出此類廣告，且有一天多達十數則者。

在結論中，新評會指出：

> 報紙為普及家庭之讀物，若為廣告收入，刊登空中色情交易廣告，
> 無異促使色情歪風進入家庭，影響所及，豈止在龐大的電話費，
> 增加家庭負擔而已。其對青少年身心之戕害及社會風氣之影響，
> 應予注意防止。大眾媒體更不應扮演色情媒介角色。

新評會提出建議：

> 廣告固然是媒體的經濟命脈，但大眾媒體負有導正社會風氣之
> 責，不應只求商業利益，肆無忌憚地刊登傷風敗俗、戕害青少年
> 的空中色情交易廣告，而出賣讀者的利益、社會的風化與報紙的
> 信譽。

> 經統計國內各報的刊登情形，……雖然刊登則數有多寡之不
> 同，然此與該報社會良心的多寡無關，因為只要同意刊登一則，

也可同意刊登二則，也即等於對空中色情交易廣告大開其門。此類廣告不離煽情的用語、猥褻的圖畫，且必定附上002開頭的國際電話號碼，非常容易辨識，因而本會認為不可因惡小而為之，凡具有社會良知的媒體即應全面嚴峻拒刊此類廣告。(《新聞評議》，二二二期，頁三)

第四節　從主動評議案例探析（二）
——犯罪新聞處理

新聞評議會成立後，第二個主動通過的決議文，是關於報紙涉及少年事件問題。

民國五十六年十一月六日通過的決議文：

一、少年之可塑性甚大，即使偶觸法網，亦應加以憫恕，期其改過從善，變化氣質，卒成好人。依照少年事件處理法第七十六條之規定：「(略)」。新聞記者報導少年事件，自不應該發表該少年之姓名，以免傷害其自尊或妨害其自新，即使該少年之移付法庭審理或竟判處罪刑，如未經法庭公布，亦仍不得刊登其姓名或照片。他如職業籍貫或住所等，凡足以從而知悉其為何人者，亦應一律避免。至其家長或家屬既非當事人自更不應刊登其姓名。以發揚新聞道德。(《新聞評議十二年》，頁三七～三八)

民國六十年七月七日新評會通過「臺北市新聞評議委員會對若干會員報刊登重大凶殺案新聞之決議文」，主要內容：

凶殺新聞之處理宜較其他犯罪新聞持更審慎之態度，因不僅事關人命，且易引起不良後果。……歸納而言，欠適之處可約為三端：

一、標題及新聞中仍有「報紙審判」意味的字眼，對涉嫌人作法院審判前的不當評斷。

二、對於凶殺過程作詳細的描述，有過度偏重犯罪行為之嫌，且可能產生之不良後果亦極為嚴重。

三、報導內容超出多數讀者所關心的範圍以外，致有誇張和渲染之弊。

報紙對凶殺事件之報導，於情必然同情受害者，嫉恨涉嫌之疑凶，但在法院審理定案之前，不得將凶嫌貿然斷定為凶手，亦不宜強調凶嫌與凶行之直接關係，以免影響法院之公平審判。……

對於行凶的過程，凶嫌所用的凶器以及受害人的慘狀與現場情形，態度嚴謹的報紙多略而不提。即令欲加報導，亦不可過於詳細的記述與描寫。……

報紙處理凶殺新聞宜以讀者共同關心之範圍為度，如有關之時、地、人及行凶之動機等，須留意該項新聞價值之真正比重及其他新聞量之平衡。將一件無特殊意義的凶殺事件用作頭條新聞，採用大字標題，作冗長而細節的描述以及刊登若干並無必要的圖片均非所宜。

報紙之職責不僅在報導真象，亦須肩負維護社會及公眾利益之責任。……（《新聞評議十二年》，頁五八～六○）

民國六十四年五月二十二日提出對「高中女學生陳綉明被輪姦致死

案」各報紙新聞報導與評論，研究其得失，作成結論也深受注重：

甲、疏失部分

⑴若干報紙的新聞報導有許多言詞並非事實，影響死者的名節，增加被害人家屬的傷痛。

⑵若干報紙在刊載的新聞評論及讀者投書中主張對未成年的兇嫌鄭金池不該以少年事件法來處理，或主張用極刑，這犯了「報紙審判」之嫌，影響司法審判。

乙、優良部分

⑶報紙的報導及評論引起社會人士重視不良青少年吸食強力膠、結夥色情犯罪等問題，並進而促使有關方面採取保障婦女安全措施及注意若干法律思想問題，謀求改善。

⑷若干報紙注意到其他一些報紙的新聞報導偏差及犯了報紙審判之弊，紛紛撰文討論。這是報界作自身檢討之健全表現。

丙、評議意見

中國新聞記者信條第四條規定：「（文略）」，中華民國報業道德規範也規定：「新聞報導應以確實、客觀、公正為第一要義。在未明真象前，暫緩報導，不誇大渲染，不歪曲扣壓新聞。新聞中不加入個人意見。」「犯罪案件，在法院未判有罪前，應假定被告為無罪」及「對於審訊中之案件，不得評論。」

本會認為：

⑴陳綉明案的新聞報導應置重點於分析不良少年對於社會的影響及其發生之前因後果，不應著眼於描寫色情動作。

⑵把新聞當小說寫，已成為時下通病，不獨中國如此，亟應糾正。記者屬稿務求保持忠實客觀報導，不作憑空虛構，不作主觀推測。

⑶警局辦案必先作若干假定，再去求證。記者絕不應把這些假設

作為案情事實，據以報導。

⑷報紙對於審判進行中之犯罪案件絕對不可提出主觀主張，幫助法官量刑更應切忌。

⑸尚請報界今後注意改善。（《新聞評議十二年》，頁一二一～一二三）

民國七十年四月二十五日通過籲勿渲染犯罪色情新聞之決議文：

本會對國內若干報紙所刊地方新聞，涉有舖張渲染色情、犯罪等情事，曾於民國六十八年委請三位學者專題研究「臺北市主要日報地方版內容分析」，編印成書，並提出如何改善的建議，分送新聞界參考。

此事原係本會多年來推行新聞自律工作的目標之一，目前國內犯罪趨勢益為升高，此固為反映社會現實生活的一環，透過大眾傳播媒介之報導後，可使社會知道問題癥結之所在，也可促使有關方面採取有效對策。惟大眾傳播媒介影響太大，報導色情、犯罪新聞時，如採煽色腥主義(sensationalism)的手法，將使社會真貌受到扭曲，帶來不利後果。

今年四月十日，中央日報刊出總統府資政、中國國民黨中央評議會主席張群先生之談話，對若干報紙過分渲染色情、犯罪、怪異新聞，表示憂慮，認為如此發展，對社會將有不良影響。他希望報業加強自律，樹立編輯政策，發揮移風易俗的作用。本會茲再鄭重建議我大眾傳播業在處理色情、犯罪新聞時格外審慎，嚴加取捨，尤應注意遵守「中華民國報業道德規範」第三項「犯罪新

聞」之規定：

⑴報導犯罪，不得寫出犯罪手法；報導色情新聞，不得描述細節，
以免誘導犯罪。

⑵犯罪案件在法院未判決有罪前，應假定被告為無罪。

⑶少年犯罪，不刊登姓名、住址，亦不刊佈照片。

⑷一般強暴婦女案件，不予報導，如嚴重影響社會安全或與重大
刑案有關時，亦不報導被害人姓名、住址。

⑸自殺、企圖自殺與自殺之方法均不得報導，除非與重大刑案有
關，而必須說明者。

⑹綁架新聞應以被害人之生命安全為首要考慮，通常在被害人未
脫險前不報導。（《新聞評議》，七七期，頁一）

民國七十一年八月十八日評議會審議若干傳播媒介刊播土地銀行古
亭分行被搶劫案之新聞報導，作出裁定。

（壹）裁定主文

㈠新聞報導犯罪技術問題：

多數報社及三家電視臺以大量篇幅與時間報導李師科搶劫經過，
部分內容事涉犯罪技巧，此與「中華民國報業道德規範」「三、
犯罪新聞」第㈠條：「報導犯罪新聞，不得寫出犯罪方法」與「中
華民國電視道德規範」「四、新聞節目」第㈣條：「有關犯罪……
新聞，在處理技術上應特別審慎，不可以語言圖片描述犯罪方法」
之規定不合。

㈡洩漏祕密證人姓名、地址與服務機構問題：

從有關資料顯示，祕密證人之身份係由警方不慎在記者招待會舉
行之前洩漏在先。但警方曾於破案記者會上要求傳播媒介勿發表

祕密證人之身分。若干傳播媒介刊播祕密證人之姓名、地址、服
務機構，或局部洩漏祕密證人之身分，自與「中華民國報業道德
規範」「二、新聞報導」第(二)條：「新聞報導不得……危害社會秩
序……傷害私人權益」及第(九)條：「新聞來源應守祕密……『請勿
發表』或『暫緩發表』之新聞應守協議」與「中華民國電視道德
規範」「二、從業人員應有之認識」第(一)條：「電視從業人員……
必須以國家民族及社會公眾之利益為前提」所規定之精神未合。

（貳）事實及理由

(一)犯罪技術部分：

自土銀搶案發生後，多數報社及三家電視臺均以大量篇幅與時間
報導搶劫經過，並應警方要求一再播映及報導歹徒持槍、戴假髮
與鴨舌帽、蒙口罩，搶劫土銀之形象。目的雖為求民眾指認歹徒，
希望藉此破案；卻因若干傳播媒介刊播之內容涉及犯罪細節，發
生了後遺症，在李師科之後，接連發生數起類似搶案，作案手法
均模仿李師科。其中最顯著者為彌陀郵局搶案。歹徒成了「李師
科之徒弟」，發生不良影響。此外，若干報紙根據警方之偵訊筆
錄，報導李師科搶劫時如何事先設法湮滅自己的指紋等，事涉犯
罪技巧，亦有未妥。若干傳播媒介刊登之內容涉及犯罪技術，甚
易為歹徒模仿來犯案，自屬違反裁定主文所引述條文之規定。為
免發生不良影響，有關犯罪技術報導詳細內容從略。

(二)洩露祕密證人部分：

本會於五月十四日接獲行政院新聞局來函，要求對傳播媒介刊載
祕密證人姓名一事進行評議。新聞局來函指出：「警方日前偵破
李師科涉嫌搶劫土地銀行古亭分行案，不慎洩漏該案『祕密證人』
之姓名與住址，並經少數媒體詳予報導，致連日引起各級民意代
表之質詢，社會大眾之憤懣，咸認此不僅逾越新聞道德之規範，

將嚴重危害公共利益，影響社會秩序之維護。為使大眾傳播事業及其從業人員，對此類報導建立正確之認知，並有效防止類此情事再度發生，特請貴會本超然之立場，及時卓予評議……並為全體傳播界今後處理此類報導之準繩。」

本會除調查蒐集各傳播媒介刊播情形外，曾就警方曾否事先要求新聞界勿發表祕密證人姓名、地址等問題，分別函詢行政院新聞局、內政部警務署、各報社及各電視臺，多數新聞單位及官方均已函覆說明。警政署說：本署於五月七日偵破土地銀行古亭分行搶案，三重分局長管嶼接受電視訪問時即對祕密證人姓名要求保密，可參證七日華視晨間新聞。臺北市警察局於七日上午十時舉行記者會宣布破案，該局局長顏世錫曾在會中向記者說明請勿發表祕密證人之身分。至少數報刊報導公開祕密證人一節，雖經本署一再派員訪問有關報刊調查洩漏祕密證人責任，但有關報刊均拒絕說明新聞來源，故各新聞傳播媒體如何得悉祕密證人姓名、住址，尚待續查。除今後檢討改進外，復請查照。

行政院新聞局亦曾就電視公司部分作如下之函覆：「(一)在本案未偵破前，三家電視公司均曾播過嫌犯搶劫土銀時作案經過之錄影帶，主要為使民眾辨認，提供線索。(二)五月八日華視新聞訪問祕密證人之妹妹。(三)五月十六日臺視『天眼』追蹤節目，播映聽土銀搶案祕密證人的吶喊，有聲無影。」

至於報社及電視臺方面，除若干未答覆本會，視同放棄答辯外，各傳播媒介多函覆說明刊播經過或理由。

根據行政院新聞局來函，以及自立晚報與中國時報等之覆函，顯示祕密證人之身分係由警方不慎在記者招待會前所洩漏。除部分傳播媒介未函覆本會視同放棄答辯外，若干報社與電視臺於覆函中表示在刊出新聞前，警方與新聞主管機構並無與傳播媒介協議

勿刊播秘密證人之身分；但亦有少數報社覆函謂在事先曾有協議。另據內政部警政署來函稱，三重市分局長管嵋於五月七日警方偵破搶案接受電視訪問時，即對秘密證人姓名要求保密；臺北市警察局長顏世錫亦於記者會中要求勿發表秘密證人之身分。在此情況下，儘管警方不慎洩漏秘密證人在先，傳播媒介仍應為秘密證人保密。秘密證人身分被暴露，不僅事關個人權益，也與社會公益有關。警方與傳播媒介均應保密，以保障秘密證人之安全。傳播媒介不得刊播秘密證人之姓名、地址、服務機構或局部暴露其家庭背景或身分等（凡認識該秘密證人之親友，可從相關資料中揣測而知），其理至明。最先刊播秘密證人身分者固屬疏失，其後陸續刊播者亦有擴大不良影響之虞，也有未妥，此與「中華民國報業道德規範」「二、新聞報導」第(二)條「新聞報導不得……危害社會秩序……傷害私人權益」及第(九)條：「新聞來源應守秘密……『請勿發表』或『暫緩發表』之新聞，應守協議」與「中華民國電視道德規範」「二、從業人員應有之認識」第(一)條：「電視從業人員……必須以國家民族及社會公眾之利益為前提」之規定自有未合。

此次秘密證人身分披露，顯示警方與若干傳播媒介對於保障個人權益，維護社會公益之警覺性不足。經本會裁定後，盼望新聞從業人員懍於社會責任，今後厲行新聞自律，維護個人權益與社會公益，以弘揚新聞道德。（《新聞評議》，九四期，頁二～三）

民國七十三年一月十九日新評會通過關於新聞報導勿涉及新穎的犯罪技術決議文，主要內容：

報紙為社會之公器，對於與公眾利益攸關之搶劫案自可報導，惟

犯罪新聞之處理，如採用煽情主義的手法，誇張渲染犯罪新聞，很容易刺激讀者作不健全之反應，而產生副作用，此在大眾傳播學者之研究亦早已獲得證明：傳播媒介的犯罪暴力內容，對於有暴力犯罪傾向者會產生暗示與增強作用，而促使其鋌而走險，誤入歧途。故記者在報導犯罪新聞時，對於犯罪過程之描述應嚴加取捨，尤其涉及新穎之犯罪技術時，如非一般人所熟識或了解者，必須濃縮或刪除，謹慎處理，以免不良份子模仿，對社會造成更大之危害。

本會認為：國內若干報紙自去年改版後，已產生淨化犯罪新聞之效果，惟最近犯罪案件接連發生，各報犯罪新聞之報導也相對遽增。本會檢閱各報犯罪新聞，亦發現有若干缺失。……（《新聞評議》，一一〇期，頁一）

　　民國七十三年五月十日新評會討論有關報紙電視刊播臺北市吳興國小學生被電動捲門夾死之鏡頭，認為處理新聞事件，應注意保護觀眾與讀者身心之健康，殘忍或殘暴之鏡頭不宜刊播。通過決議文，籲請各媒體注意遵守。（《新聞評議》，一一五期，頁一）
　　民國七十四年十一月三十日新評會通過關於若干報紙電視刊播少年嫌犯姓名、面貌之決議文，建議各媒體今後避免公布、刊播。（《新聞評議》，一三三期，頁一）
　　民國七十七年八月十二日，新評會通過決議文：針對報紙報導綁架案，提請新聞業注意改進。
　　對若干報紙報導學童、幼童被綁架之決議文：

　　本會檢閱國內報紙，發現若干報紙對歹徒綁架學童及幼童之報

導，顯有疏失之處，應籲請新聞業注意，以謀改進。

……新聞媒介對擄人、勒贖新聞突出之處理，固可引起社會之重
視，促使警方積極偵辦，但過度之渲染亦已引起各方議論。

最受議論者，包括下述二端：其一，肉票未脫險前，因新聞界搶
先報導，嚴重影響人質安全。此種事例在國內已有數起，尤以最
近發生的日僑學童大田哲瑞遭綁架為然，所幸歹徒在收取贖金後
釋放肉票，且嫌犯已落網，但仍值得新聞界警惕。其二，所報導
綁架案犯罪過程過於詳盡，涉及犯罪技術，有被仿傚之虞。

根據中華民國報業道德規範有關犯罪新聞部分第(一)條：（條文略）
及第(六)條：（條文略）之規定，新聞從業人員應努力遵守，發揮
新聞道德，善盡社會責任。(《新聞評議》，一六五期，頁一)

對於電視新聞處理暴力、血腥畫面問題，新評會於八十二年七月一
日通過「電視新聞應避免播出暴力、血腥、殘忍畫面」建議文。
新聞評議會在建議文中，首先探討當時現象：

電視為深入家庭之媒體，其所提供的資訊與內容應適合全家老少
觀賞。但在本會全面檢視新聞之結果發現，電視出現暴力、血腥、
殘忍畫面情形非常嚴重。另據本會統計，僅在五月一日至五月十
四日間播出的電視新聞中，出現不當的暴力、血腥、殘忍畫面次
數竟達十七次之多，其中尤以外電新聞最為嚴重。

……本會之所以如此重視電視新聞畫面之取用，乃鑑於電視兼具

了聲光效果，其強大的影響力更是不可輕忽。

因此，本會懇切呼籲電視新聞工作者，對於犯罪衝突事件之報導，應儘量避免暴力、血腥、殘忍之鏡頭，以免引起觀眾不適的反應，並導致連鎖性反應之不良後果，尤其對青少年身心發展之負面影響，更應深加考慮。

新評會在問題與分析部分指出：

本會在全面檢視電視新聞時發現，在衝突事件發生時，電視臺往往以全天四節新聞重複播出暴力血腥畫面，在後續相關的新聞分析、後續發展時，也常佐以剪輯該事件暴力、血腥畫面之資料片。本會並發現，過度重複使用暴力、血腥、殘忍新聞畫面的現象，尤以晨間新聞之外電報導最為嚴重。

雖然媒體有反映、告知社會大眾新聞事件之責，且部分事件屬於種族衝突，媒體報導具有歷史見證之意義。但許多死屍橫陳、受傷者流血、斷肢、哀號、求救和對峙兩方的殘暴、失控、互毆、破壞等鏡頭，實不宜透過電視媒體，在全家聚會或用餐時，以重複播放或過度近距離特寫鏡頭作詳細描述，以維護觀眾免於恐懼的權利，並兼以避免助長殘暴之情緒。

新聞評議會針對上述探討分析，提出建議：

本會彙整以往所做之研究分析，邀請三臺主管舉行座談會及全面檢視電視新聞之結果，並且根據中國新聞記者信條及中華民國電

視道德規範提出五點建言，以供電視媒體新聞從業人員處理暴力、血腥、殘忍畫面之參考。

1.衝突事件與社會新聞之畫面自無法避免涉及暴力及血腥鏡頭，惟畫面之取捨不宜使用過長之時間，也應儘量避免近距離拍攝暴力場面、屍體、殘肢及受傷流血之鏡頭。

2.對於外電消息應予過濾，不當畫面，應加刪減或特殊處理後始可播出。

3.資料片之使用不可浮濫，以免造成觀眾恐懼。

4.以較含蓄、隱約的手法或用長鏡頭、電腦動畫、快速掃描的方式來呈現暴力、血腥、殘忍之新聞事件。

5.報導時應以嚴肅之語氣，不宜使用快速、興奮之語氣，以免刺激觀眾之情緒。

最近尤其因為立法院發生流血衝突事件，三家電視臺用了相當多的時間與畫面報導了整個事情的經過；並且在各節新聞中不斷重播雙方衝突之受傷、血流鏡頭。不少新聞傳播的學者專家、閱聽大眾、甚至報業工作者強烈反應，認為媒體運用此類畫面失當，部分學者並憂心這類新聞報導可能會對青少年造成負面影響。

因此，本會再度鄭重呼籲電視媒體，在播出暴力、血腥、殘忍畫面時應謹慎處理，善盡社會公器的責任。（《新聞評議》，二二四期，頁六）

民國八十三年一月二十九日新評會通過「媒體報導女學生遇害新聞」之研究分析，報告指出：

本會檢視國內三家電視臺及二十五家報社報導有關「竹市南華國中女學生遇害偵破案」及「中興大學女學生遇害偵破案」……，

本會認為媒體在報導過程時有以下疏失：

一、未顧及保護受害人之隱私

……媒體在報導此二案時，皆將受害人之姓名、年齡及就讀學校、年級（科系）等基本資料披露，部分媒體且在標題直接引用受害人之全名，或刊登其照片，……。

二、不當描述犯罪過程

以「興大女生案」而言，報紙媒體在報導二名嫌犯之模擬犯罪過程時作較詳盡之描述，此雖可滿足讀者的好奇心，但也提供了犯罪技巧，……。

三、未顧及嫌犯之人格

……媒體在報導此二案時，刊播嫌犯被警員收押或命案現場模擬作案經過之照片或畫面，顯未顧及嫌犯之人格，部分報紙媒體甚至以一問一答方式採訪嫌犯作案動機。……

在對此一研究分析，新評會所作的建議：

電視與報紙是一般民眾獲得資訊的主要來源，在犯罪新聞易受到社會大眾注意的情形下，媒體在處理相關的新聞報導應審慎為之，避免不當報導對社會、個人可能產生的負面影響。（《新聞評議》，二三一期，頁九～一〇）

第五節　從主動評議案例探析（三）
——色情圖片刊登

民國六十三年四月十日新評會針對三月二日起臺北市若干報紙採用

外電報導，刊登裸體奔馳的新聞與照片，通過決議：

> 依我國社會情形而論，酌量刊登裸奔新聞尚可，但不宜鋪張。至
> 於裸奔照片雖亦有新聞性，但不無違反善良風俗之嫌。根據中國
> 新聞記者信條第六條規定：「(略)」……，臺北市若干報紙所刊
> 登之裸奔照片，與記者信條之規定未盡符合。(《新聞評議十二
> 年》，頁九四)

　　八年之後，民國七十一年四月二十三日新評會在臨時動議中討論民
生報先後刊登的兩張裸體照片，認為不宜刊登。民生報是在一月二十一
日刊出「特約演員演出的裸胸鏡頭」照片及三月三日刊出「不要亂動」
照片。

　　同年八月十八日新評會也以臨時動議方式討論自立晚報、民族晚報
與自由日報在八月十三、十四日分別刊出合眾國際社所發的法國裸體小
姐選出的第一至三名小姐的照片及文字，對照片部分，認為有違中華民
國報業道德規範「不得刊登裸體或猥褻照片」之規定。

　　再近七年之後，行政院新聞局檢舉中國電視公司新聞節目播出義大
利國會女議員史脫樂側面露胸畫面，經新評會於七十七年十一月二十五
日會議裁定不成立，其理由：

> ㈠……其畫面之顯示為一新聞事件，並非表演，新聞內容與畫面
> 表現一致。
> ㈡史脫樂身上穿著衣服，並未全裸，其側面裸露情形與「誨淫
> 誨盜、驚世駭俗」及「色情鏡頭」規定之要件稍有距離，尚難構
> 成違反「中國新聞記者信條」及「中華民國電視道德規範」之規
> 定。

㈢中國電視公司在播放此新聞畫面前已知所節制，曾刪減……且播出時間甚短。(《新聞評議》，一六九期，頁四)

同年十二月三十日新評會通過「關於若干報紙刊載許曉丹裸露圖片之決議文」，其主要內容：

本會最近審閱報紙發現，若干報紙於報導許曉丹舞蹈表演之新聞時，所附圖片涉有裸露情形，顯有不當。

……報紙刊出上述裸體照片，顯然違反此一規範。(指報業道德規範第六項㈢條)，且此類照片公然出現於大眾媒介，對於婦女之尊嚴亦有所損傷。……(《新聞評議》，一七○期，頁一)

民國七十八年三月三十日新評會主動評議中國電視公司於二月十七日「九十分鐘」節目中所播「許曉丹的自白」案，主要內容：

此一單元中，雖然有許曉丹裸體在畫布上承受上彩及翻滾的鏡頭，但並未出現正面的裸露，就暴露的程度而言，應係可接受；而且並無色情或猥褻的動作。不過此單元報導許曉丹的性愛生活及對性愛放蕩不羈而又無所隱諱的態度，此固為許女之私生活，他人無權干預，中視雖未表示讚許，然亦未予以有力之駁斥，不無誨淫之嫌，對社會善良風俗難免發生不良影響……(《新聞評議》，一七三期，頁七)

民國七十八年六月二十九日新評會通過「嚴重譴責若干媒體渲染色情之決議文」，文中指出：「本會檢視七十八年四月一日至四月十日的媒

體發現，若干不良色情新聞、廣告以俗大的篇幅、時段、頻率出現在不同的媒體上，將廣大受眾所應享有之「免於色情污染的權利」，置之不顧，其後果堪憂。本會認為：色情固為社會現實生活之一環，傳播媒體若未審慎處理，甚且挾巨大之傳播力，助其蔓延氾濫，則更易使社會真貌受到扭曲，持續刺激受眾作不健全之反應，以致產生嚴重的負作用。」（《新聞評議》，一七六期，頁二）

　　新評會對所指媒體渲染的情況作研究分析，並列表舉出。在一般報紙照片部分，有「部分報紙刊登裸露女體胸部及暗示性動作、猥褻姿態等照片，以色情為訴求，將『色情』、『猥褻』視為取悅讀者之利器，刻意凸顯放大事件之重要性，傳播脫序現象於焉產生」。另有「許曉丹士林分院脫衣事件」及「許曉丹高雄市議會裸露胸部事件」，新評會亦作統計分析指出部分報紙在標題上渲染，在新聞內文中渲染及描述細節，而在圖片部分有裸露一點至二點及不雅畫面。（《新聞評議》，一七六期，頁二～三）

　　新評會並對報紙不良色情廣告分析，有三種方式刊出：「㈠假『性教育』之名，㈡假『販售物品』之名，㈢假『醫藥食品』之名」，藉廣告刊有「裸露女體、男女猥褻動作、低俗表情之圖片」，並「採用影射、曖昧之詞句，繪聲繪影、誨淫誨盜，讀者不難明瞭係何所指，對受眾實有不良的催化作用。」（《新聞評議》，一七六期，頁四）

　　新評會於六月二十九日決議文中聲言：

　　本會鄭重呼籲各傳播媒體：渲染色情絕不是媒體促銷的萬靈丹，受眾有免於被色情污染的權利，媒體惟有發揮道德勇氣澈加檢討、戢止亂源，方不致為受眾所摒棄。

　　有鑒於此，傳播媒體應主動、積極發揮其正面功能，以協議達成

共識、堅定、篤實地保護社會大眾「知的權利」，不為人所利用，
不譁眾取寵，不以色情為訴求、不以量而害質，而能知所節制，
黽勉從事，重建傳播新秩序，塑造一個純淨的傳播空間！
（《新聞評議》，一七六期，頁四）

新評會於民國七十八年七月下旬，發現國內報紙對「色情圖片」之
刊載，有愈來愈浮濫之勢，為恐此異象影響新聞報導的品質，甚而戕害
青少年讀者之身心，乃制定「長期審核報紙刊登色情圖片統計辦法」，自
七十八年八月一日起實施，新評會自稱此舉的動機：「決以鍥而不捨之
精神，長期對甘心流於色情掮客的少數媒體，作暮鼓晨鐘式的糾舉，直
到媒體還給大眾一個潔淨的資訊空間為止。」

新評會審核辦法分成逐月統計公布、三個月公布刊出色情圖片最多
的前三名以及特殊個案主動評議三種處理方式，對刊載「色情圖片」的
報紙，做密集式的監督與評議。

新評會說明統計公布的目的是：

一、喚起社會大眾之注意，並透過大眾之力量監督、聲討刊載「色
情圖片」的媒體。

二、期由統計資料之公布，能提供學術界一些基本研究數據。

三、作為有關單位陟罰臧否之參考。

由於「色情圖片」之認定，除依客觀事實（「裸露」程度）不同之外，
因「猥褻」係屬主觀認定，因此，新評會另訂「主觀」標準如下，以資
檢定。

一、純屬女（男）體圖片介紹，且所附文字報導使用煽情、挑逗

字眼。

二、因屬個人精神異癖，引發之色情新聞。

三、限制級之電影錄影帶劇照，刊登於屬於大眾讀物之報紙。

四、裸露之藝術創作，不適刊登於大眾讀物之報紙。

△如為「發生過之新聞事件且轉載自國外」及「民情風俗、醫學介紹」之圖片，本會視「刊登動機」與「圖片內容」再予考量。圖畫及攝影作品亦在考量之列。(《新聞評議》，一九〇期，頁一)

新評會「報紙刊登色情圖片統計」第一年實施，自七十八年八月至七十九年七月統計狀況，一年總計有二百零二幅色情圖片，呈現方式較多者：

㈠插畫：部分報紙在副刊以插圖或是漫畫的表現手法上，賣弄煽情畫風，或為女體特寫、或為性愛素描。最為不當的是絕大多數的副刊色情插圖與文章旨趣完全無關。

㈡影視人員寫真集：報紙喜歡採用影視演藝人員所拍之寫真照片，或有遮掩身體重點，然部分姿態淫靡猥褻。

㈢《花花公子》女郎照片：國外《花花公子》雜誌經常有暴露煽情之女性裸露照片，然部分報紙不問其是否為成人雜誌，常選輯其照片刊登並詳加為文介紹。

㈣刊登限制級電影劇照：報紙在報導將上映之電影新片內容時，尤其喜歡刊登限制級電影劇照，或為床戲，或為露點。

㈤服裝秀：報紙常刊登國外服裝秀模特兒露點穿幫之照片，甚且加上曖昧標題。

㈥特殊之民情風俗：報紙刊登民情風俗報導，若具露點原屬自然表現，且以正向報導，則無不當。但是故意蒐羅奇異冷僻題材，或是天體營局部放大處理之照片，則視為色情圖片。

(七)異癖事件：國外常有女（男）性故作驚人之舉的裸露事件；如義大利議員「小白菜」、 瑪丹娜之行徑或裸奔之類，報紙不問有無新聞價值，不顧畫面是否誨淫粗鄙，常競以圖片報導。

(八)取材不當：報紙製作專題報導，但選刊與專題無關之裸露照片，或者假醫學、藝術之名，刊登露點、淫穢、怪誕、荒謬之圖片。如乳癌報導刊登露胸圖片，竄改經典藝術之作品，甚至有部分報紙製作附有插圖之色情錄影帶、A片女星的專題報導。

新評會指出：「報紙係屬普及性的家庭讀物，應以發揮傳播的正面功能、提昇文化水準為職志，而不是以色情圖片為促銷賣點，造成大眾的視覺污染，惡化社會品質。」

新評會表示：「本會殷盼媒體提昇傳播報導品質，勿再刊登迎合低級趣味之淫靡圖片，以免誤導心智未臻成熟之青少年身心，污染了傳播資訊空間。」

新評會依據這一次統計分析，提供四點建議：

一、勿以女體為賣點：無論是取材自國內外的成人雜誌或是女星寫真集，都有女性商業化、蔑視人性尊嚴、散播不正常兩性意義的反作用，應予避免。

二、專題報導取材應慎重：報紙不可標新立異，只為求內容聳動煽情而製作具有色情交易、表演花招之專題；或是以歌功頌德方式宣傳A片女星，乃至報導屢招爭議，已遭查禁之西洋歌手、歌曲，更不應美化其特異行徑，以免成為色情文化蔓延的溫床。

三、勿刊登國外裸露作秀事件之照片：部分報紙心態可議，專挑選明星「穿幫秀」之照片大肆報導，或是報導演藝人員裸露作秀之照片。這種將暴露女體視為新聞的作法，實在低估了大眾的文化層次，同時也將危害媒體的傳播品格。

四、勿假醫學或藝術之名散播色情：部分報紙報導水中生產過程的

照片，復加以不當的文字報導；有些則報導人體藝術創作卻加上煽情的標題。這些都是假借宣揚醫學、藝術之名，行散播色情毒素之實。希冀媒體在報導此類題材時能持嚴謹、慎重、自律的態度，切勿使受人尊重之專業領域蒙上色情掮客陰影。（《新聞評議》，一九〇期，頁二～三）

民國八十二年六月，新評會發表審核報紙刊登色情圖片三年度（民國七十八年八月至八十一年七月）總報告指出：

> 本會就國內三十家報紙（新聞版）進行刊登色情圖片情況所作的統計顯示，三年以來高達九成以上皆刊登過不適當的色情圖片，共計七百二十張不當圖片……

> 此類統計也發現，報紙刊登色情圖片的類別，有二成八的內容為限制級影劇照片，刊登的時機多在港臺推出限制級電影之時，報紙便競相刊登劇照，成為這類影片的宣傳工具。其次有二成以上的色情圖片內容屬於影視演藝人員的寫真照片，在葉子楣、宮澤理惠寫真照片造成旋風後，報紙在刊登這類照片時，尺度明顯放寬。

> 另有近一成的色情圖片內容是以性大作文章，這類內容多是報紙假借製作專題之名，行推銷色情之實，如介紹特種行業、特殊場所，而故意刊登露點、煽情的圖片。

新評會針對此一報告所作的建議：

一、勿刊登限制級影劇照片：……以免誤導心智未臻成熟的青少年。

二、著重與大眾利益相關的新聞人物：媒體處理新聞，應探究其意義，並衡量是否對大眾有益。影視演藝人員的寫真照片，……多為賣弄女體與偏頗之兩性觀念，不僅對社會大眾無益，更造成色情污染，尤應避免。

三、慎選外電內容圖片：……

四、新聞應具備社會教育意義：在報導異常的色情犯罪或暴力新聞時，應以警示與教化意義為報導重點，不能將其當作譁眾取寵的題材。在內容製作、標題撰寫與選用圖片上，切勿著眼於「美化版面」，致選用裸露、男歡女愛的圖片，在專題報導時更應避免以「性」大作文章或誇大渲染事件，甚至淪為替色情行業宣傳的工具。（《新聞評議》，二二二期，頁三）

第六節　從主動評議案例探析（四）
——媒體間爭議

　　新聞評議會主動處理的評議案件中，有一些偏重在新聞媒體內部之間的新聞處理方式的探討，其中以李光輝新聞採訪之爭與黃德北所撰有關臺灣記者在大陸「現醜」特稿兩案例，最受注意。

　　民國六十四年一月二十二日檢討李光輝新聞採訪之爭，新評會決議的內容：

⑴新聞採訪全力以赴，是應有的工作精神。

⑵新聞採訪應遵守中華民國報業道德規範所規定：「採訪自由」及「應以正當手段為之」，不可妨礙他人的採訪自由。最近國內各報採訪李光輝新聞時，臺灣時報及中國時報記者實已違反此項

基本原則。（指此兩報記者分別以專車接李光輝妻子與兒子至他
處，獨占專訪權利。）

⑶李光輝在第二次世界大戰時為日本強徵對盟軍作戰，拒向盟軍
投降。站在本國國家立場，本會認為新聞界對此項新聞不宜渲染
過甚，誇大報導。

⑷此次本國若干報紙及中央通訊社採訪李光輝所撰的報導，有若
干部分並非根據事實，而是杜撰的（例如刊載李光輝並未說過的
話），或故意作不確實的報導。本會茲促請新聞界今後必須恪遵
中國新聞記者信條第四條所定：「新聞記述，正確第一。凡一字
不真，一語失實，不問為有意之造謠誇大或無意之失檢致誤，均
無可恕」及中華民國報業道德規範所規定「新聞報導應以確實、
客觀、公正為第一要義。」（《新聞評議十二年》，頁一一六～一一
七）（按：當時中央通訊社駐雅加達特派員蘇玉珍，發回之電訊
中，故意留了一些「陷阱」，若干採用中央社電稿之報社，改寫
電稿內容後以〔本報訊〕刊出，亦跟著錯誤。此事蘇玉珍已撰文
表示歉意，詳見六十四年一月十一日中華日報。）

　　自立早報記者黃德北於七十八年四月二十二日刊出的標題「採訪沒
兩手，胡搞第一流」特稿，文內指「臺灣官方記者在大陸現醜」，引起
各新聞媒體抗議，同時赴大陸採訪的體育記者也連署聲明，斥責這篇特
稿「以政治性的觀點，極盡挑撥之能事」。

　　新評會於四月二十七日通過主動評議案，認為這篇特稿有下列缺失：

　　其一，以偏概全。

　　黃君以記者操守不佳之所謂醜聞為導言，然通觀全文並未具體指

出當事人姓名及其所謂「不當」作為，反而卻一逕抨擊所有「臺灣官營新聞媒體記者」，含沙射影，有失客觀、公正。

整篇報導將「召妓陪宿」事件當作引文，其後報導內容脫離主題，純然淪為謾罵攻訐同業之濫調，並無客觀事實佐證，其用意或許一如黃君在「我的說明」（刊於自立早報四月二十四日第二版）一文中所述：「只是要透過這樣一個引人注意的前言，讓讀者及決策當局能夠重視官營新聞媒體的問題」，然將私人行為與所謂新聞媒體問題混為一談，顯有不當。

報導第三段：「……長期以來，臺灣官營新聞媒體一直扮演著統一思想言論……，與大陸新聞媒體相似……」
第六段：「臺灣的官方新聞媒體……報導大陸群眾運動……不惜顛倒是非黑白……」。

就上述之報導內容，已違反「中華民國報業道德規範」第二節「新聞報導」第(一)條：「新聞報導應以確實、客觀、公正為第一要義」之規定。

其二，與公共利益無涉。

倘若真有記者要求色情服務，亦屬個人私生活。如黃君在「我的說明」中所寫「……一個正常人……召妓尋歡並不是一件十惡不赦的事……」因此報導「記者召妓」有違中國新聞記者信條第八條：「吾人深信：新聞事業為最神聖之事業，參加此業者，應有高尚之品格。……誓不挾私報仇，誓不揭人陰私，凡良心未安，

誓不下筆。」及中華民國報業道德規範第二節「新聞報導」第㈢條:「除非與公共利益有關,不得報導個人私生活」之規定。

其三,新聞報導摻入主觀,並使用情緒化字眼。

撰寫報導夾敘夾議,諸多情緒化字眼且語多輕浮刻薄不無渲染誇大的缺失。

報導第三段:「……大多數臺灣官方記者也總是受同行輕視或同情,一般民營報社記者早已認定官方記者不可能有理想的表現。」

報導第四段:「……使得這些官方記者……顯得寒傖甚多,不禁令人覺得非常可憐。」

報導第九段:「嫖吧!盡情的在這塊世界最大的處女地上嫖吧!」上述報導違反中華民國報業道德規範第二節「新聞報導」第㈠條:「……新聞中不加入個人意見,」及第㈦條:「新聞報導應守誠信、莊重之原則,不輕浮刻薄」之規定。

該報導為署名之特稿,然特稿不等於評論,署名並不等於評論的護身符。即使是評論亦得遵守中華民國報業道德規範第四節「新聞評論」第㈡條:「新聞評論應力求公正,並具建設性,儘量避免偏見、武斷」及第㈣條:「與公共利益無關之個人私生活不得評論」之規定。

其四,違反善良風俗,誹謗個人名譽。

報導第四段：「……臺灣的『人民日報』中國國民黨的中央機關報──中央日報。」

報導第七段：「一向慣於服從『按指定方針』報導的官方記者，是沒有膽量不服從上面的命令。……『閹割』過的官方記者，可能也不敢到群眾運動的現場進行採訪，一如他們在臺灣一樣。」

報導第九段：「他們被『閹割』掉的只是大腦……並非生殖器……大腦萎縮……生殖器發達。」

違反中華民國報業道德規範第二節「新聞報導」第㈡條：「新聞報導不得違反善良風俗……誹謗個人名譽……」之規定。

黃君的特稿，縱有意圖重整新聞記者的操守及促使官方媒體釐定報導大陸新聞政策。然應堅守新聞道德及報導的莊重、客觀原則，心胸坦蕩、嚴謹冷靜的分析事實、陳述意見，不做煽動性的情緒評論及以偏概全的攻訐報導。

自立早報雖於次日（四月二十三日）刊登赴大陸採訪之體育記者的聯合聲明及其他媒體之反駁，但仍無法彌補前一篇報導之疏失。

本會呼籲新聞編採人員謹守新聞道德規範，做好新聞自律，以社會整體利益為自身工作標準。

四月二十四日黃君所撰「我的說明」一文，不能視為平衡報導。

四月二十五日自立早報第二版所刊載「北京故事千真萬確，臺灣記者旅館中找姑娘，服務生寫出事實並作證」一文，所引若干證據，仍未能確切指出當事人，且更無法解釋其四月二十二日報導手法於萬一。

新聞從業人員務須遵守中國新聞記者信條第四條：「吾人深信：新聞記述，正確第一。凡一字不真，一語失實，不問有意之造謠誇大，或無意之失檢致誤，均無可恕……」以及中華民國報業道德規範「新聞報導」第㈣條：「檢舉揭發或攻訐私人團體之新聞……與公共利益有關始得報導，並應遵守平衡報導之原則」之規定。

本會亦願再度提請新聞從業人員注意信守中國新聞記者信條第九條「養成嚴謹而有紀律之生活習慣，將物質享受減至最低限度，除絕一切不良嗜好，剪斷一切私害之關係，乃做到貧賤不移、富貴不淫、威武不屈之先決條件」之規定。（《新聞評議》，一七四期，頁四～五）

第七節　從專題研究探析

一、地方版內容分析

「就有關提高新聞道德標準之問題，委託新聞研究機構，定期作專題研究」經新評會列為重要職掌之一，多年來，在研究出版方面，完成

多項任務。其中最可具代表性的：

中華民國新聞評議會委請國立政治大學新聞系教授陳世敏、潘家慶與趙嬰專題研究「臺北市主要日報地方版內容分析」中，建議多報導光明面的部分指出：

> 與過去某些研究不一致的是：傳統上被認為是「較淨化」的報紙，並不一定「較淨化」，他們在某些方面比其他報紙更有違反道德規範的傾向。此項歧異可能是過去的研究僅指出社會新聞的比例，沒有進一步分析社會新聞的許多層面——例如色情、兇殺等等——，也沒有逐一檢視道德規範條文，僅就諸如報紙審判、妨害名譽等新聞上熱門話題作概略分析——結果是無法就各報的個別情況指出具體事實。籠統含糊的指摘，對報紙的實際表現並無助益。若本文分別就那一家報紙那一類新聞，按道德規範條款逐一列表，當有助於各報視個別情況訂定改進重點。

> 即使如此，較淨化的報紙不一定就是一份好報紙——雖然好的報紙通常也是淨化的報紙。從功能的觀點，報紙可以少登反映社會善良面和少登有助於個人營生的消息，卻無虞於躋身淨化報紙之列。報紙既是社會的公器，新聞事業既是一種專業，則新聞力求服務個人和社會，已被新聞界懸為最高理想。批評報紙的「表現」低級或聳動而不從「功能」觀點探討新聞是否對個人和社會有用，可能招惹離題之譏。

> 資料顯示，以從寬標準衡量，我國報紙中的營生材料的比例略高於純粹消遣性質的新聞，而報導社會善良面與醜陋面的新聞量，約略相當。至於數量上是否適宜，是個見仁見智的問題，不過一

份好報紙應多登有助於個人營生和反映社會善良面的新聞，則是一般人公認的。(《新聞評議》，七七期，頁五)

同一專題研究中，建議加強履行社會責任的部分指出：

大體上為中外新聞界從業員所遵循的結論是，犯罪新聞既然為社會生活的一部分，應從社會利益觀點來報導，故技術上、法理上都有許多規定。如不作報紙審判、妨害名譽等原則，另在刊登的技巧上如寫作、標題、版面、數量的安排上都有許多原則性的規定。

儘管有這些安排規定，然則何謂社會利益？在「違反」與「不違反」社會利益的界線上如何確定，殊難判別。犯罪新聞氾濫不氾濫、道德不道德已成了一個見智見仁、聚訟不已的論題。

從較高層次來看，我們毋寧相信報紙及其他大眾傳播媒介仍以正確地履行社會功能為衡量水準。這也就是一般所公認的五個社會功能：㈠報導新聞，㈡提供意見，㈢教育人民，㈣娛樂讀者，㈤提供廣告。報紙究竟提供了多少正面效果的社會功能，似已成為衡量報紙品質的標準。

當然，這樣一種功能觀仍有不同的爭論。犯罪新聞可以娛樂讀者，可能是最大的理由。再者，犯罪新聞足以使我們了解周遭環境發生的事情，從而知所警覺，是第二個理由。

犯罪新聞以色情、暴力為兩大主流似無疑問。前者顯然危害了法

律所保障社會善良風俗，後者則構成對公共秩序的侵害。

民法一八四條第一項後段規定：「故意以違背善良風俗之方法，損害於他人者，負損害賠償責任。」若故意以違背善良風俗之方法報導新聞，加損於他人，即構成侵權行為，應負賠償責任。在風化案件中詳細報導事實經過，增加被害女子（如被強暴者）精神痛苦，此類侵權行為，應予避免。

公共秩序為善良風俗的另一面，其所需負的法律責任亦同。刑法中的一○九條瀆職罪、一五三條的妨害秩序罪、二三五條妨害風化罪、二九二條墮胎罪等皆屬違背公共秩序與善良風俗的條款。

法律保障只是消極的、治標的，根本與積極的做法是先問「報紙所報導的犯罪新聞，除了迎合人性中的低級趣味外，對讀者個人究竟有什麼功能？對國家社會又有什麼功能？」（《新聞評議》，七七期，頁五～六）

在建議促請遵守報業道德規範的部分，研究報告中指出：

我們常說電視頻道為國家資源。事實上今日報禁未開的局面下，報業經營權何嘗不是國家資源？資源既屬有限，必須善加利用，為公眾謀取福祉。報紙不當地刊載犯罪新聞，實有負於他做為一個社會資產、國家資源應有的責任。

刊載犯罪新聞的問題在我們國家是一個老生常談，卻缺乏改革的勇氣。專家學者曾不斷提出建議，似乎沒有十分明顯的效果。回

顧過去對犯罪新聞研究的建議，幾乎大同小異，都呼籲報業「建立社會責任感」，其技術與方法已見於「中華民國報業道德規範」的具體的要求之中。

不過，以下我們仍願提出幾點較具體的建議，希望對改善犯罪新聞的報導略盡棉薄。至於道德規範中已有規定的，則不再重複。

一、確立健康的報導犯罪新聞政策與理想——也就是建立社會責任感。

二、加強新聞從業人員特別是地方記者的在職訓練，從法理、道德、文字上培養記者報導犯罪新聞的方法與技巧。

三、地方警察單位雖不負報導責任，但在發佈犯罪消息時，亦宜略加約束，不要完全公開對社會不利的、沒有意義的、以及風化的案件，以保護事件當事人。

四、確實保護犯罪新聞中的受害者，不公佈強暴案中婦女的姓名。

五、確實保護少年犯前途，不刊登姓名、年齡、籍貫、住址；目前以「王×仁」方式刊載部分姓名，並不能真正保護少年犯，宜完全廢棄不用。

六、犯罪新聞不刊登任何嫌疑犯的照片。

七、鼓勵記者報導地方善良的民風、民意與地方建設新聞，疏解記者只跑警察局找奇聞的公式化作風。

八、所有犯罪新聞固然是「社會事實」，但報社寧可鼓勵記者在法院判決後再行報導，以免影響審判、妨害名譽。報紙尤其應有不在犯罪新聞方面「搶快」、「搶第一」、「防漏」的基本原則。

（《新聞評議》，七七期，頁六）

二、大家樂與飆車新聞報導

民國七十六年八月二十八日評議會通過「大家樂、飆車新聞報導問題研究」報告：

（壹）背景

「大家樂」、「飆車」歪風，蔓延到全省各地，愈演愈烈，引起各界關心。行政院俞院長已於八月中旬飭令行政院研考會組織專案小組，委請學者研究。

這段期間，大眾傳播媒介曾不斷報導「大家樂」、「飆車」的消息。此類社會現象，大眾傳播媒介自可加以報導。但大家樂迷求神問卜，甚至迷信「民代牌」、「銀行牌」、「籤詩」；「飆車」演變成焚毀警車、包圍警局，形成對公權力的挑戰，使若干人士擔心新聞報導不當，是否間接助長了這兩種不良社會風氣的蔓延。例如，警政署曾就「飆車」問題研討對策，其中對「飆車」問題的形成，整理出四個原因，認為大眾傳播媒介爭相報導，為四個原因之一。

（貳）社會人士對新聞報導的批評

大眾傳播媒介報導「大家樂」、「飆車」，引起社會人士的關心。下面是三個例子：

㈠新聞媒體萬勿助長歪風

最近色情、飆車、大家樂等歪風惡習，成為街談巷議的主要議題，更躍上偌多新聞媒體版面，成為競相刊載的主題。新聞媒體發揮「議題設定」(agenda-setting)功能，呈現當今社會的重大流弊，對問題的紓解，當有所助益。然而，令人憂心的是，若干新聞媒介偏差的報導方針，可能衍發火上加油的反效果，甚至助長了歪風。

若干新聞媒介在新聞評論上，屢屢對色情行為大加撻伐，然而，廣告版面卻經常滿佈「色情消費索引」，成為色情行業的掮客；亦有刊物以炒大家樂的「明牌」而著名，成為「樂迷」簽注的資訊來源，甚至在南部有一家報紙，以三版頭條分析「天間仙界」因大家樂而引發的諸神大戰，荒唐怪誕的內容，令人咋舌。而每當飆車之夜來臨，若干新聞媒介更以半版以上的篇幅，斗大的標題，為「火狐狸」、「霹靂鳳」等等大加吹擂，雖然有時不免也出現兩句批評飆車的話，就版面比例而言卻不成比例，遠離了公正報導的基本要求。

根據學者研究，姑不論內容如何，新聞媒介以大篇幅報導某一特殊事件，甚至連續不斷，極容易造成兩種錯覺：其一，使當事人逞英雄心態，更為強化，因為媒介的報導即是地位的賦予，使當事人更樂在其中；其二，則使一般民眾困惑，以為這即是社會本質，衍生灰色心理與無力感。是以一份負責的新聞媒介，必須時時審度本身可能造成的副作用，所謂「我不殺伯仁，伯仁卻因我而死」，新聞媒介工作者宜乎有深切的體認。

在社會轉型期中，飆車等脫序現象誠然令人警惕，而新聞媒介的失調現象，更令有識之士深以為憂。（黃重憲撰，刊於民七六，八，十六青年日報「青年論壇」）。

㈡我不是飆車者
……，就我們所知，雖然飆車新聞鬧得好大，使人有一種「飆車青年少年成千上萬」的錯覺，但實際上真正喜歡飆車的人少的很，

頂多不過數百人（甚至只有百餘人），每次飆車就是這些人跑來跑去？而被新聞界誇張的報導，使大家誤以為飆車者「聲勢浩大」。

這是目前飆車新聞鬧的如此囂張的原因之一，少數新聞單位誇大報導實不能辭其咎；譬如有些新聞動輒說飆車時速達二百三十、二百四十，使得一些知識較低之人也為之躍躍欲試，以為自己也能「享受」這種「高速的快感」。……

……就算他們向國外進口了名牌賽車，在沒經過訓練以前，他們騎著這種名牌賽車，也未必能達到二百四十以上的高速，要達到超高速並不只是猛加油門就能達到的，我懷疑這些飆車手真能達到二百三、四十的超高速。

很可能，這些只是新聞媒體的「語不驚人死不休」，如果真是如此，那麼一味誇大報導飆車的新聞媒體，也得為飆車的狂潮負起一部分的責任來。（于志成撰，刊於民七六，八，四臺灣晚報）。

㈢從飆車想起

飆車的原因很多……第四，飆車的青少年平常怎麼可能受到媒體如此密集的注意？每天報紙、電視、廣播的大幅報導，使他們成了全國的焦點，「英雄式」的「成就感」讓他們有「有重於泰山」的「悲壯情懷」。

而圍觀的觀眾，更有「隔岸觀火」的興奮。

還有，我們的傳播媒體是不是也應自制一點，以免誤導這些青少年更加「走火入魔」？（趙少康撰，刊於民七六，八，十六《時報周刊》）。

（叁）研究目的

本會為了解報紙報導「大家樂」、「飆車」的大體情形，曾整理七月下旬至八月中旬十餘家報紙，剪貼相關報導五百餘則，作一印象式研究。以下分別就「大家樂」和「飆車」兩部分，分別說明新聞報導值得商榷之處。

（肆）「大家樂」新聞報導問題

「大家樂」新聞報導的主要問題如下：

㈠公告「明牌」（舉例略）

㈡散播迷信（舉例略）

㈢誇張渲染（舉例略）

㈣傳播謠言（舉例略）

（伍）「飆車」新聞報導問題

「飆車」新聞報導主要的問題如下：

㈠預告「飆車」時間和地點（舉例略）

㈡歌頌飆車者為英雄（舉例略）

㈢穿鑿附會，無中生有（舉例略）

㈣誇張渲染（舉例略）

（陸）結論

本研究的主要發現如下：

㈠若干報紙刻意強調「大家樂」新聞，甚至少數報紙仍有刊登「大家樂」廣告（關於後者，本會以往曾評議某報刊登「大家樂」廣告有違新聞道德）。

㈡「大家樂」新聞報導的主要問題是誇張渲染、散播迷信、公告「明牌」。

㈢「飆車」新聞報導的主要問題是預告飆車時間和地點、歌頌飆車者為英雄。

（柒）討論及建議

㈠本研究旨在了解報紙報導「大家樂」、「飆車」新聞的梗概，不是一個十分有系統的研究。面對這兩個現象有愈演愈烈的趨勢，有心人士已對新聞報導略有微詞，新聞界自當適時省察本身的作為。

㈡誠然，新聞報導決非「大家樂」和「飆車」所以形成，所以風行的「因」，這兩個歪風，乃是其他因素形成的；新聞界在報導「大家樂」和「飆車」時，的確也曾對這些現象大加撻伐。不過研究者一方面相信這些新聞必須加以報導，不應規避，但另一方面也要提醒新聞界自我檢討；新聞報導是否間接助長了歪風？新聞界是否一面譴責這些愚行，同時卻渲染此類新聞以求取悅某些讀者？

以「飆車」而言，某些新聞對飆車手的英雄式描述，是否會強化當事人的行徑，或引起他人的模仿或學習？

以「大家樂」而言，某些無中生有的報導，以及誇大渲染，是否間接鼓勵迷信和投機心理？

或者，新聞報導是否建構了一個子虛烏有的現實，如下面這一則新聞所言？「『飆車好手』盡屬子虛烏有」（新聞標題）：

〔臺北〕誰是迅雷龍？誰是霹靂鳳？以及誰是火狐狸？誰是黑金龜？警方連日循線追查之後，終於發現完全是大眾傳播玩的花樣，為了強調新聞不惜硬將一些火辣辣的綽號加諸於飆車手的頭上，

結論是飆車歪風之所以走火入魔，大眾傳播推波助瀾，應負相當
責任。

警方根據報載的新聞連日分別循址訪問了所謂的「龍、鳳、龜、
狐⋯⋯」被訪問的每一個對象幾乎皆瞠目不知所云的告訴警方
人員說：他們根本不知道自己被冠以「龍、鳳、龜、狐」，而是
第二天上報之後，朋友們開始以綽號相稱，他們才知道有此一說。

根據這項訪問的結果，警方作成的結論是：大眾傳播推波助瀾，
為造成飆車歪風的主要因素之一。（自由日報民七六，八，十八
第五版）

㈢總之，「大家樂」和「飆車」所反映的，較可能是社會、文化、
宗教等方面的失調現象，較不可能是新聞報導的結果。但新聞報
導如能避免誇張渲染、倡導迷信、歌頌飆車手，或有助於社會秩
序早日恢復常態。（《新聞評議》，一五四期，頁一～三）

三、童丐事件

民國七十九年九月四日中國廣播公司「全國聯播熱線」播出一位未
表露姓名的女性聽眾之投訴錄音，如泣如訴地道出有不法集團以剪舌、
斷肢並強迫行乞等方式迫害幼童。繼而全國傳播媒體紛紛跟進報導，造
成社會莫大震撼，但經查消息來源竟是來自股市的第十八手傳播，並未
查明此「報導」是否有事實根據。

新評會認為：

此一事件充分暴露了當前新聞界的幾個問題；如守門人是否缺乏
判斷新聞真實性的責任感與能力；新聞報導如何在「求速」與「求

實」間尋求平衡點；媒體一窩蜂的大幅報導，是否有淪為謠言散播者之虞；究竟大眾應如何接近、使用媒介等議題，均值得深入探討。

新聞評議委員會為此特別將此案以研究報告方式處理，於民國七十九年十二月二十七日發表，其主要內容：

壹、由童丐事件看媒體之事前查證

一、事件始末

中國廣播公司在七十九年九月四日「全國聯播熱線」（以下簡稱「中廣聯播熱線」）單元中，播出一位自稱「35歲，住臺北縣、為職業婦女」的女性聽眾控訴，其內容為「……就在今天我同事來告訴我們，他們的一個朋友的小孩兩個月前失蹤了，做父母的非常焦急，到處去找都找不到，就在他們去行天宮祈求神明時，當他們走出行天宮大門就看到一個小孩子在旁邊乞討，那竟然就是他們尋找了兩個月的兒子（啜泣），那個小孩子才四歲大，但是他的雙手已經被剁了，舌頭也被剪斷了，根本沒有辦法說話，但是這個小孩還認得他媽媽……。

「在今天社會上，小孩子所面臨的危險和威脅，已經到了如此殘忍的地步，在此特別呼籲社會大眾，要照顧好自己的小孩，但是也請留心四周圍傷殘的幼兒要給予他們幫助，因為他們可能是你、我所認識朋友受害不幸的小孩子。希望有關單位多多的組織起來，用盡方法迅速偵查此一喪心病狂的集團，予以最嚴屬的制裁。另外對於受到迫害的那些幼童和家屬，我們應給予耐心、愛心以及實際行動幫助他們。

「我這段話希望能播出來，讓所有的人都能聽到這個殘忍不幸的

事件，它可能會發生在我們的身上。我們的社會所需要的不是那些打鬧的立法委員，我們需要的是你們研擬一些實際上的辦法出來，你們如果把我們的後代殘害了，我們還有將來嗎？中華民國的生命是靠我們每一個人的。所以我今天打這個電話，希望你們大家都能夠聽到這一個不幸的消息，再見！」

此一投訴電話經播出後，媒體迅速、紛紛加以追蹤報導；臺北市政府社會局亦動員四、五十名義工上街找尋丐童、遊童；媒體接獲到的投訴電話不斷；臺北市警察局有十二組人員到常有乞丐出現的夜市、寺廟查訪殘障丐童；更有專家學者大力呼籲正視兒童福利問題、制定遊民收容辦法……等。」

但在臺北市警方全力追查消息來源後，發現這個「慘絕人寰」、「人神共憤」的投訴，竟是從股市傳出的第十八手傳播，並未能證實有任何事實根據。

二、從傳播效果角度而言

當「中廣聯播熱線」播出此一駭人聽聞的消息後，所有的媒體並未冷靜地求證，反而競以大篇幅的報導加入此一混戰。在媒體熱烈的披露下，全國各界人士紛紛關注此一問題。

就整個「童丐事件」所衍生的社會影響，我們當可再一次印證媒介「議題設定」(Agenda-setting)的功能；即新聞媒介在社會系統中擔任社會化的一個角色，以其本身所具有的守門作用，促使系統中的成員認知整體環境的重要問題，而形成共感(Consensus)；也就是媒介所強調的主題，閱聽人也當然認為是重要的。在媒介與閱聽人共同的認知下，閱聽人可能因特性的不同而有諸多反應非報導者所能始料。

以下謹就整個社會利益為前提，簡述此一現象可能產生的「正面效果」與「負面效果」：

(一)正面效果

1.重視兒童問題

(1)正視兒童福利法的不足，促致修法。

(2)國內遊童收容所不足。

(3)鼓吹重視親職教育，婚前教育。

(4)建立良善的領養制度。

(5)建立通報系統及失蹤兒童找尋組織。

2.揭發社會問題

(1)行乞公司的曝光。

(2)產生示警作用（道德結構失調、法令不夠周延）。

(3)重新審視乞丐問題，認清濫施同情反而助長犯罪之事實。

(4)捐款應循正常管道。

(二)負面效果

1.造成大眾恐慌

成群的家長立即在第二天親自接送小孩；爾後更傳出板橋某家長為防範孩子被誘拐淪為乞兒，竟將幼兒囚禁在鐵籠裡的慘事。

2.可能造成真正歹徒的逃逸。

三、媒體對社會恐慌的輕忽

在社會治安欠佳，人人自危的環境下，大眾媒介上出現「危言」，極易引起廣泛的驚怖，對這一點，今日國內媒體似乎未能體認應在報導採謹慎態度。

事實上，我國新聞界缺乏對「集體恐慌」的警惕，類此事例時有所聞，如去年（七十八年）臺灣電視公司新聞報導中指出：臺南縣縣長選舉選票有誤，其雖在事後坦承錯誤，亦懲處了相關人員，卻造成一場民眾不必要的集體抗議。

如何體察媒體之影響力，謹慎報導以避免造成不必要的社會恐

慌，自是值得省思的一個問題，新聞從業人員惟有加強求證的社會責任，以確實、客觀、公正的報導反應社會真實現象，方不負媒體「監看環境」的功能。

四、媒體應確實求證

新聞應是事實的化身，所以媒體在面對夾雜小道消息、傳言、謠言等龐大資訊時，亟須以新聞專業角度加以過濾或查證，以善盡守門責任，凡事未經證實寧勿發表，以示負責。然而此次「童丐事件」，內容驚世駭俗、聳人聽聞，「中廣聯播熱線」工作人員在未經查證下，逕行播出，主持人凌爾祥小姐雖曾強調：「此事仍待進一步查證，希望當事人出面說明。」卻仍阻擋不住媒體巨大影響力下所造成的社會恐慌。

所以，新聞從業人員在守門過程中，作事前求證實為最重要的一環，亦即在新聞「求速」與「求實」兩者之間，如何恰如其分的掌握得當，新聞記者應該認真考量。

貳、從童丐事件看「讀者投書」及「聽（觀）眾熱線」

一、「讀者投書」及「聽（觀）眾熱線」乃「接近使用權」的實踐

近幾年來國內外傳播界先後發展類似空中熱線之節目。閱聽人（含觀眾、聽眾、讀者）以「現場 call in」的方式或採用二十四小時事前答錄，以加強閱聽人的參與，促進雙向溝通。透過電話立即溝通，使「冷媒介」變成「熱媒介」，是廣播近年發展的趨勢。「中廣聯播熱線」即採用二十四小時事前錄音，經取材剪輯後播出，平均一天約可接到一百二十多通的聽眾來電，在有限的人力、時間壓力下作篩選、過濾的工作，必然增加了此類節目的「犯錯率」。在印刷媒體方面，一自解除報紙登記限制以來，在

報紙版面上也增加了「讀者投書版」、「輿論版」等大眾論壇，媒體也希望透過閱聽人的參與，直接反映輿情，以達到媒體反映民意的功能。

閱聽人的意見，甚至報導出現在大眾媒介，是有正面功能，因為這正是「接近使用媒介權」(the right of access to the media)（以下簡稱「接近使用權」）的落實。

美國民眾對傳播媒介的「接近使用權」，有兩個關鍵看法：第一、大眾傳播媒介是否為公器，是否像公共設施、政府的資料、會議一樣，人人有正常的「接近使用權」；第二、憲法第一修正案保護言論自由的條款，可否引申為民眾擁有「接近使用權」。大法官道格拉斯建議重新詮釋第一修正案，賦予壟斷性報紙為反映新觀念、舊冤屈的「回聲板」角色，亦即立法以確立民眾對大眾傳播媒介擁有「接近使用權」。

讀者投書不僅為媒介與閱聽人溝通的橋樑，也是自由表達意見的管道，此為媒介為公共論壇的真義。

二、「讀者投書」與「聽（觀）眾熱線」之責任問題

當「中廣聯播熱線」播出「童乓事件」投訴錄音後，引起社會各界的關切與調查，大家對中廣「查無實據，遽而報導」的處理方式頗有微言，認為製作單位既無法事前辨識投訴人身分，也無法查證投訴事件真偽，即貿然播出，顯然失之草率。

中廣在面對社會的責難後，即進行內部檢討，作成下列決議：㈠未來對「聽眾熱線」投訴電話要加強篩選；㈡對此事件以虛心認錯態度面對外界；㈢繼續追蹤事件真相。

叁、結論

「中廣聯播熱線」播出「童乓事件」後，我們的社會彷彿經歷了

一場激動的震盪，從全島人心惶惶的尋找丐童、迷童，鼓吹兒童福利法的修法，終至警方證實此為股市第十八手傳播後，這件駭人聽聞的事件才風波漸息。但是媒體卻無法抹煞曾為「謠言散佈者」的事實。

由此一事件，具見媒體「未經求證、貿然刊播」、「盲目跟進」、「一窩蜂」、「語不驚人死不休」等弊端表露無遺。本會雖欣見「讀者投書」在各媒體的刊播頻率漸增，但更擔憂媒體未盡切實把關之責，反有害反映大眾意見的美意，如危言聳聽，更足以引發社會不必要之驚怖。

因此，本會冀望媒體勿報導無事實根據之道聽塗說，作惡性競爭，而應深懷社會責任之重要，字字有來源，事事有根據，方不負「為民喉舌、為民耳目」之慎重付託。

四、宮澤理惠裸照新聞

日本明星宮澤理惠拍攝裸照寫真集，轟動一時，國內新聞媒體也引為熱門題材，新聞評議會於八十一年二月二十七日通過〈新聞媒體刊播日本明星宮澤理惠裸照之研究分析〉。

新評會在此一研究分析的前言中指出：「新聞媒體於報導內容中刊播裸體照片，不但有違新聞道德，同時對社會善良風俗，亦產生嚴重不良的影響。……八十年十一月份起，日本明星宮澤理惠拍攝寫真集裸照事件，在新聞媒體的競相報導之下，遂成為眾所矚目的焦點。宮澤理惠一案確成為日本及國際間新聞事件，而其裸露寫真是藝術或淫穢，亦有爭議。」（《新聞評議》，二〇八期，頁三）

新評會特檢視八十年十一月份，媒體對宮澤理惠新聞的刊播情形，進行研究分析。

對報紙部份，新評會的分析是：

㈠刻意凸顯裸照可看性，造成風潮。

媒體刊登國際間轟動之新聞，並轉載其代表性照片容或有其辯解之處，然而媒體刊播裸照圖文，報導中不乏採用誇張形容，言辭輕薄，誘人模仿之處，諸如「狂騷」、「胴體之均衡艷麗」、「其他女星的寫真集和沒穿衣服的涼快畫報，就是沒有這名日本小女生紅」等等文字，均吸引大眾眼光，驅使其好奇心一窺究竟，因此造成一股不健康的熱潮，使物慾、色慾氾濫的社會風氣，更趨糜爛。

㈡「青春不要留白」，誤導青少年道德價值觀。

由於宮澤理惠在日本及臺灣都屬於青少年的偶像明星，而報紙媒體不加選擇，毫無修飾地將其刊佈，指稱少女無邪之美，無損其清新形象。對於未諳世事之青少年，具有鼓動、學習之不良作用，容易誘使青少年模仿其行為，導致淫誨色情之風氣，實至為危險。

㈢明載銷售價格，助長海盜版惡風。

在國內將《宮澤理惠寫真集》列為色情刊物，又未經政府登記立案之際，報導中以臺灣讀者也有眼睛吃冰淇淋的機會，明載臺灣翻印的二手貨，僅需二百五十元，即可購得。無異是助長盜版業者之勢，違背現有法令。

總之，新聞媒體之刊登宮澤氏裸體新聞，容有其新聞報導之壓力，對裸照之刊載容有藝術與色情之辯，然而均應以莊嚴態度為之，更應以我國之風俗標準為出發，而不應誇張形容，用辭輕薄，鼓動風潮，誘導青少年模仿，甚至為盜版行為作廣告，為此就失去道德規範的立場，更不能發揮導正社會的正面能力，淪為市場競爭的工具，實為憾事。在目前文化欣賞素養極為混淆而低落的時代，新聞媒體為民眾之表率已不甚明確，何能再誘導社會風氣流

於低俗，新聞界實應再三思之。

對電視部分，新評會的分析是：

電視新聞深入家庭，出現裸體畫面，實有欠當。畫面中二幀得自
於《宮澤理惠寫真集》之裸照，全裸鏡頭盡入眼簾，胸部二點清
晰可見。尤其在胸部與臀部間，作局部特寫，粗俗不雅，有礙觀
瞻。電視新聞乃屬於闔家共賞的時段，出現裸體畫面，業已失去
善盡社會教育的責任。

新評會在這篇研究分析的結論中指出：

近年來，媒體競爭日劇，若干媒體在刊播新聞時（包括文字、圖
片、畫面），均有偏離常軌，渲染色情的現象。以新聞媒體之巨
大傳播力量，新聞內容若未審慎處理，助其蔓延氾濫，對整個社
會將產生嚴重的負面作用。有鑒於此，媒體應當積極主動發揮其
正面功能，除了篤實維護大眾「知的權利」，更應盡力確保大眾
「視聽免於污染的權利」，不以色情為訴求，避免使用裸體照片，
知所節制，方能建立一個純淨的傳播空間。

因此本會建議，大眾傳播媒體對裸體圖片及畫面的處理，應以新
聞道德、社會責任為考量依據，勿以裸照作為促銷賣點，渲染色
情，致對社會大眾造成不良影響。（《新聞評議》，二○八期，頁
三）

第八節　道德規範的擬訂與修正

民國六十年九月二十八日，臺北市新聞評議會決議，請閻沁恆、李瞻兩位教授擬訂「中華民國報業道德規範初稿及其釋義」、「中華民國無線電廣播道德規範初稿及其釋義」、「中華民國電視道德規範初稿及其釋義」。

民國六十三年六月二十九日臺北市新聞評議會修正通過了「中華民國報業道德規範」、「中華民國無線電廣播道德規範」及「中華民國電視道德規範」。

民國六十三年九月一日中華民國新聞評議會成立，再就上述三個道德規範予以修正通過。

新評會「為使道德規範符合社會潮流，確實發揮針砭、圭臬的功能」，在七十八年廣收國內外相關資料，進行道德規範之修訂。

歷經八十年十一月十四日及八十一年一月十六日兩次臨時委員會討論道德規範修正草案，並在兩度送請八新聞團體提供意見後，於八十一年八月二十七日通過。

新評會自己敘述此次道德規範修正案的內容要旨，大致為：

一、依據「中國新聞記者信條」之基本原則訂定之。

二、在開宗明義訂定通則，並揭示新聞從業人員應認清新聞專業特性，以公眾利益為前提，不為追求某一群體或某一個人自私目的犧牲公眾權益。

三、尊重人權。如：

△犯罪案件在法院判決前，須假定嫌犯無罪，採訪報導時，應尊重其人格。

△新聞採訪報導應避免損害與公眾利益無關者之個人權益。

四、強調持平、客觀、確實之報導原則，如：

△對於有爭議事件，應同時報導各方不同之說詞或觀點，力求平衡。

△對刊出讀者投書應公正處理，不得以特別編排設計，突出某一特定意見。

△新聞採訪謹守公正立場，不介入新聞事件。

五、對廣告應負查核之責：刊播廣告應負查核、過濾之責，其證件或內容不明確者，應拒絕刊登。

六、尊重司法：偵查或審判中之訴訟事件，不得評論。

新評會並附作說明：

本會至盼新聞從業人員恪守新聞團體通過之「道德規範」，秉持「良心未安，誓不下筆」之道德勇氣，堅守崗位、刻苦耐勞，為提昇新聞事業之品質，促進社會、國家之成長奉獻心力。（《新聞評議》，二一四期，頁一）

除新評會上述自行分析的道德規範修正案內容要旨外，從修正前後的規範條文比較，還可見到一些因應環境與時代變遷而「符合社會潮流」，以及針對近年來新聞媒體常在倫理方面呈現的缺失，所作的一些修正，諸如：

報業道德規範部分
──轉載或引用他人資料，應註明出處。
　　電視道德規範部分

──出自檔案之新聞資料於播用時，應註明「檔案」字樣，或錄製日期。背景資料例外。

──採訪醫院或災禍新聞，應尊重院方規定或獲得當事人同意，不得妨礙治療或救難措施，尤不得強迫攝影。

──報導死亡新聞，應避免播出屍體畫面。

另在三個規範，均有增列的：

──意見調查之報導，應遵守下列規定：

（規定各款略，請參閱本書附錄。）

──有關股票、房地產等理財或投資分析報導，不得扭曲，以謀求私利，並應避免作明牌等預測。

第九節　為新評三十而立說幾句話

筆者於中華民國新聞評議委員會三十周年時，以「為新評三十而立說幾句話」為題，評介：

三十年來，以行內而旁觀的角度，注視著新聞評議委員會創立、改制、成長，深深關切，也寄望甚殷。

新聞評議委員會這一類型新聞界自律組織的必要性，不須贅述。我國能在三十年前當時的政治環境下，成立了新聞評議委員會，並且持續至今，不斷充實而有進展，的確值得一賀。

以新聞評議委員會為中心，延攬國內新聞傳播的專家學者以及有代表性的社會各界先進、賢達，針對國內新聞媒體的運作與表現，

凝聚智慧，依據學理、法理，提出針砭諍諫，三十年來，有具體
的紀錄，為國內新聞界建立了有系統的自律參考準則。筆者在近
著《新聞倫理》一書中，將以專章評介推薦，提醒當前新聞媒體
工作者時時瀏覽，引為自我評鑑的參考，也可在必要時，作為新
聞處理判斷如何抉擇的借鑑。

多年來，中華民國新聞評議委員會（包括其前身）較受外界質疑
的兩個問題：經費由八個新聞界代表性團體負擔，評議委員由此
八個團體協議產生，是否妥宜；新聞評議委員會無具體的制裁權，
如何能對表現失當的新聞媒體產生具體的規正作用。

筆者就多年研究了解所及，認為歷年來評議委員人選的代表性及
公正性都可予肯定，顯示新聞團體協議產生評議委員能以發揮自
律功能為優先考量。而自行負擔費用成立自律組織，更顯現新聞
媒體的自發精神。

在新聞自由的前提下，新聞媒體除觸違憲法及一般法律外，應不
受任何外力的制裁與干預；就新聞工作者和新聞媒體說，同業團
體的制裁，也有違新聞自由的原則。新聞自律的精神，植基於新
聞媒體與新聞工作者的道德自主、自我約制以及其對社會責任的
自期。

因此，新聞評議委員會的主要作用，是以客觀的裁定，提供當事
人自省，並且以公諸同業與社會的方式，使被裁定處理不當的當
事人，更增警惕。

　　中華民國新聞評議委員會多年來透過自己發行的《新聞評議》月刊和製作的「新聞橋」電視節目，以及向各新聞媒體發布新聞稿的方式，不斷將其裁定案、專案研究等向社會傳播。

　　為期新聞評議委員會的成效擴大發揮，希望未來能在報紙、雜誌上出現專版、專頁，廣播、電視上出現專門節目，充分報導、傳布評議會的裁定或研究結果。（馬驥伸，民八二，頁六四～六五）

引註書刊

馬驥伸（民八二）

　　〈為新評會三十而立說幾句話〉，《中華民國新聞評議委員會卅周年特刊》。

《新聞評議十二年》

　　中華民國新聞評議委員會出版，民國六十四年七月。

《新聞評議》（《新聞評議》月刊）

　　中華民國新聞評議委員會出版。

得志，與民由之；不得志，獨行其道。富貴不能淫，貧賤不能移，威武不能屈，此之謂大丈夫。」（《孟子‧滕文公下》）

孟子還說：「古之人，得志，澤加於民，不得志，修身見於世。窮則獨善其身，達則兼善天下。」（《孟子‧盡心》）

孟子更當仁不讓，慨然以平治天下為己任，「如欲平治天下，當今之世，舍我其誰也?」（《孟子‧公孫丑下》）

孟子的「樂以天下，憂以天下」的思想，發展到北宋則為范仲淹的「先天下之憂而憂，後天下之樂而樂」（范仲淹，〈岳陽樓〉），正是宋明新儒者以天下興亡為己任的精神。不過，由於經過長期戰亂之後，宋儒的外王工作，偏重社會倫理的建設，當時的學者們無不講學，講學的目的，在使學生也和他們一樣能自覺人的莊嚴，體認到對國家、民族、社會、文化的使命，培養出能夠支持國家、社會的人格。

其中張載更標舉出儒者的使命：「為天地立心，為生民立命，為往聖繼絕學，為萬世開太平。」（張載，《理窟》）

儒家這種對民族文化的使命感，正是中國知識分子一貫的個體應為群體服務的信念，是出自道德心的自覺，而以仁仁覆育群倫的努力。

「士不可以不弘毅」、「仁以為己任」、「自反而縮，雖千萬人，吾往矣」，都是儒家的狂者精神。

唐君毅先生形容儒家此種狂者之精神，恆發揚而超升，以期涵蓋，而自任至重，以擴大其人格之價值。他指出：狂者為世間立理想，而擔當世間之任。匪特隱居以永其志，抑且欲行義以達其道，故其精神不逃避世俗，而不能不與世俗相激揚。宏願孤懷，若與天通，而所志不能驟實現於當今，此志乃亙時間之長流而過，以遙通古之人，兼寄望於來者。「建諸天地而不悖，考諸三王而不謬，百世以俟聖人而不惑」此狂者之所以自信也。唐君毅認為真正儒家之狂者之志，即為通貫天人與古今之人格精神，改造現實社會之志。（唐君毅，民五七，頁三〇七）

中山先生的革命服務人生觀,「以吾人數十年必死之生命,立國家億萬年不朽之根基。」 和蔣中正總統在病中手書「以國家興亡為己任,置個人生死於度外」也正是儒家成己成人的使命感。

蔣中正總統對新聞界的責任,則指出必須以「國家」、「主義」、「責任」來作為自己良知良能的標準,來領導社會輿論和心理建設。(蔣中正,民五二,四,一七)

蔣中正總統認為,每一個社會構成分子,特別是知識分子,要嚴格重視其對社會的責任——以其個人的志節操持,加上一種有組織的行動,來從事教育社會、改造社會的工作。尤其是新聞文藝界方面,更要以光明、善良、誠實的傳播,來代替黑暗、邪惡和虛偽的囂張,培養純正的風氣,端正社會的趨向。(蔣中正,民五〇,一一)

臺北市新聞評議委員會民國六十三年所制訂的中華民國報業道德規範的序言中,就宣述:

> 自由報業為自由社會之重要支柱,其主要責任在提高國民文化水準,服務民主政治,保障人民權利,增進公共利益與維護世界和平。

臺北市新聞評議委員會所制訂的中華民國電視道德規範的前言中,也宣述:

> 電視為二十世紀五十年代之大眾傳播媒介,對於提高民族文化水準,推廣社會教育,服務民主政治,增進公共利益與提供高尚娛樂均有其應盡之責任。

中國新聞記者信條中,不斷強調新聞記者的責任與使命感,「決為

增進民智、培養民德、領導民意、發揚民氣而努力。維護新聞自由，善
盡新聞責任，於國策作透徹之宣揚，為政府盡積極之言責。」（第二條）
「新聞事業為吾人終身之職業，誓以畢生精力與時間，牢守崗位。不見
異思遷，不畏難而退，黽勉從事，必信必忠，以期改進中國之新聞事業，
作福於國家與人類。」（第二十二條）

　　在八十多年來中國新聞史上，不少新聞工作者與新聞事業本身，都
表露他們為國家、為社會服務的事業的目的與從業者的使命感。

　　這些對中國新聞界的期勉以及新聞界自我期許的目標，是透過為民
耳目、為民喉舌的手段，致力於增進民智、培養民德、領導民意、發揚
民氣而善盡其對國民、對社會、對國家甚至對促進世界和平之責任。

　　外國對新聞界的期勉以及新聞界自訂的道德規範，只有日本新聞協
會所制定的新聞倫理綱領在引言中列明：「在改造日本，使其成為一個
民主及愛好和平的國家之過程中，日本報紙所負之使命，至為重大。」

　　其他國家新聞界所列明的目標，大致是：

──對公眾的服務，對社會的服務。

──促進公共利益。

──使人類一切活動、感覺與思想得以交流，藉以促進相互了解。

　　較為積極而廣闊的對新聞事業的期許，是普立茲的那一段話：

　　我們的國家與報業休戚相關，升沈與共。必須報業具有能力，大
　　公無私，訓練有素，深知公理並有維護公理的勇氣，才能保障社
　　會道德。否則，民選政府徒具虛文，而且是一種贗品。……塑造
　　國家前途之權，係掌握在未來新聞記者的手中。（李瞻，民七二，
　　頁二三）

　　普立茲的著眼點，也只在期望報紙透過維護公理、保障社會道德，

以發揮促進國家發展之功能。

中國儒家的理想人格是德合天地、道濟天下，受儒家思想薰陶的知識分子，更具有強烈的道德文化意識。晚明儒家王夫之所說的：「有家而不忍家之毀，有國而不忍國之亡，有天下而不忍失其黎民，有黎民而或恐亂亡，有子孫而恐其保之。」 顯示的乃是知識分子的家國之情與族類之感，如果沒有這種道德的自覺與對文化的莊嚴使命感，將被視為麻木不仁，心死血涼。

王守仁所說的「大人者，聯屬家國天下而為一體」， 表現出的家國天下的情懷，正是儒家「己立立人，己達達人」以及「以天下為己任」傳統精神的闡發。

中國新聞工作者擴大其對社會、對國家、對世界和平的責任之抱負，和這些儒家的精神方向，有相當的關聯，正是當前中國新聞倫理的中心理念之一。

第四節　以社會和諧安寧為新聞傳播的積極目標

《論語・季氏第十六》：

> 孔子曰：「求，君子疾夫舍曰欲之而必為之辭。丘也聞有國有家者，不患寡而患不均，不患貧而患不安，蓋均無貧，和無寡，安無傾。夫如是，故遠人不服，則修文德以來；既來之，則安之。」

在這段話中，孔子特重安寧，他認為國家的最大憂慮，在於不安，不安到了極點，便會傾覆。遠人不服，則須勵行文德，使其來歸。既經來歸，更須謀所以使其安定。

子路問君子。子曰：「修己以敬。」曰：「如斯而已乎？」曰：「修己以安人。」曰：「如斯而已乎？」曰：「修己以安百姓。修己以安百姓，堯舜其猶病諸。」(《論語・憲問第十四》)

陳大齊先生闡釋孔子重視安寧的意義，認為孔子是一位入世主義者，不是一位出世主義者，故其所懷的究竟理想，只打算把塵世改造為樂土，並不計畫在塵世以外另創天國。樂土的特徵，是社會國家的安定，是個人的安全，一個安字足以盡之。(陳大齊，民六二)

所以，子路問，願聞子之志，孔子的答覆是：老者安之，朋友信之，少者懷之。(《論語・公冶長第五》)

這正是一個仁者的情懷，樊遲問仁，子曰愛人(《論語・顏淵第十二》)；孟子說，仁者愛人(《孟子・離婁篇》)；韓愈再進一步闡釋，博愛之謂仁。(韓愈，《原道》)

一個有仁心的人，其表現於社會方面的博愛，是以服務社會、造福人群為人生的目的。

孔子認為人若盲昧於仁的價值體認與實踐，則無所立於社會與世界；所以，孔子說：人而不仁，如禮何？人而不仁，如樂何？(《論語・八佾第三》)

朱熹說：「天地以生物為心者也，而人物之生，又各得夫天地之心以為心者也，故語心之德，雖其總攝貫通，無所不備，然一言以蔽之，則曰仁而已矣！」(朱熹，《仁說》)

唐君毅的分析是：人的心性即是仁，即是愛。人的性，根本即是要為社會的。人其求自盡的性的心，絕不會自外於社會。因為他的心量即已涵蓋社會於其內，而以成就社會為己任。我們認為只有以教化充量發展人之此種道德的天性，可以協調所謂個人與社會的衝突，超出個人與

社會之對立的範疇，使社會的存在支持個人的存在，個人的精神也支持社會之存在。……我們理想的世界、理想的社會，則是一切人均努力成為有德者，成為以仁心互相涵蓋，心與心交光互映之社會。（唐君毅，民六六，頁五六）

唐君毅更進一步闡釋，此心之性，即我們所謂仁性。我們見有矛盾鬥爭處，即我之此心此性所欲將加以超化處，我們之道德責任之所在處。我見家庭中人之矛盾鬥爭而不忍，我之此心即涵蓋家庭，而為成就「家庭之和諧」之仁心。我見國家中之鬥爭殘殺而不忍，我之此心即涵蓋國家，而為成就「國家之和諧」之仁心。我見國與國之相戰而不忍，我之此心即為「成就國與國之和諧使天下太平」之仁心。我見眾生之相殘而不忍，我之此心，即為「參贊天地之化育仁心，而同于神之普愛萬物」之心。則可知此心非我所得而私，為一普遍心、或天心之直接呈現，由此天心仁心之以成就「一切人物之和諧」，而解除其苦難為事。（唐君毅，民六六，頁二四一）

儒家思想就是這等依仁以觀自然宇宙之生化，與其內在的和諧。儒家傳統所崇尚所形成之社會文化生活，其目的是在安人、安天下、安頓潤澤人生，以使一般人之日常生活，歸於平順安泰。

孫中山先生透過經濟利益的調和，提示和諧是社會進步的基礎，他認為社會之所以有進化，是由於社會上大多數的經濟利益相調和，不是由於社會上大多數的經濟利益有衝突。社會上大多數的經濟利益相調和，就是為大多數謀利益；大多數有利益，社會才有進步。（孫中山，民生主義）

孫中山先生又說：物種以競爭為原則，人種則以互助為原則。社會國家者，互助之體也，道德仁義者，互助之用也。人類順此原則則昌，不順此原則則亡。（《孫文學說》，「以七事為證」）

孫中山先生的倫理思想所闡揚的是中國傳統以仁愛為基礎的博施濟

眾、推愛及人的大同思想，重視人類尊嚴，珍貴人類價值，強調以服務利他、尊重人生的倫理觀念，而來增進人類的生活，創造宇宙的生命。

中山先生肯定人類與自然之間的圓滿和諧，是求人類社會進步的前提，因而強調以「服務利他」為人類社會秩序的真正意義，其目的乃在「喚起人類清澈的心靈，培育高尚的品德，表現尊重人生的道德情操，而展露智慧才能以貢獻於社會，有所助益於人類社會的生存，建立起倫理的社會秩序，使得人人可與為善。」（黃奏勝，民七〇，頁三一四）

社會上人與人間的關係能和諧，相互尊重，互助互信，推己及人，社會將充滿祥和安寧的氣氛，人類社會將日趨發展。

因此，孫中山先生說：「夫國者人之積也，人者心之器也，國家政治者，一人群心理之現象也，是以建國之基，當發端於心理。」（《孫文學說》，〈能知必能行〉）

在興中會成立宣言中，孫中山先生首先揭櫫設報館以開風氣，「講求當今富國強兵之舉，化民成俗之經，力為推廣，曉諭愚蒙，務使舉國之人，皆能通曉。」

蔣中正總統認為人類社會生存的道理，是人類必須過著群體的生活，方能生存進步及和諧發展，因而提出「生活的目的，在增進人類全體之生活；生命的意義，在創造宇宙繼起之生命。」

蔣中正總統從中國的仁愛倫理思想中，體認出仁愛為人類共同必由之道，仁愛為人類社會、宇宙萬物的生存原理，天地人類萬物順此原理則昌，不順此原理則亡。（黃奏勝，民六五，頁一九四）而將孔子「修己以安人，修己以安百姓」，推展為「修己以安人，安人以安萬物」，完全以互助服務的仁愛倫理為基礎，來建立一種大正至中至公的倫理思想，使天地位於中和，人類及萬物育於中和。

人生在世，莫不想生活在安樂和諧的社會，安樂和諧的社會是有秩序的，社會秩序的建立，繫於人類社會風尚的融洽調和，這一切又基於

大眾互助合作與道德風尚。

蔣中正總統在「培養純正社會風氣」的講詞中，希望新聞工作者：「……尤其是新聞文藝界方面，更要以光明、善良、誠實的傳播，來代替黑暗、邪惡和虛偽的囂張，培養純正的風氣，端正社會的趨向，……」（蔣中正，民四六，二，一一）

在「民主自由與法治精神」講詞中，蔣中正總統希望新聞工作者：「同時尤望愛國有識之士，建立公正輿論，以團結合作之精神，互相勸勉，蔚為風尚，以國家民族之生存利害為前提，反共復國之艱苦奮鬥為己責，支持政府，共矢忠貞，庶幾不致為親者所痛，為仇者所快。」（蔣中正，民四六，二，一一）

蔣中正總統認為一國風俗習尚的好壞，關係其國家民族的成敗興衰，至為密切。而古今來的立國之道，也莫不自「正人心、勵風俗」為其起點。因此蔣公期盼新聞界要多加深入、努力發掘，多加報導好人好事、善性善行。同時並應樹立明確端正的習俗指標，形成整個的社會趨向，使國人都能明瞭我們社會所需要的是創造而非佔有，是服務而非奪取，是合作而非鬥爭。進而敦習俗，正人心，以造成親睦幸福安定繁榮的社會。（蔣中正，民五〇，一二，一二）

中華民國報業評議會所訂的「中華民國報業道德規範」第二項「新聞報導」所列的第二點就是「新聞報導，不得違反善良風俗，危害社會秩序，誹謗個人名譽，傷害私人感情。」規範的起草人李瞻教授在釋義時說明：「報紙應發揚善良風俗，維護社會秩序，進而澄清人類奮鬥的目標。對於所報導的文字，有涉及他人名譽或私人感情者，除有正式文件可資依據外，不得隨便加以刻意描寫。即令報紙對此類報導有證有據，仍應本著教育家的精神，小心落筆。」

在有關「新聞評論」方面，報業道德規範所提出的原則是：「新聞評論，應具建設性，力求公正莊重，措辭委婉真誠，應儘量避免偏見、武

斷與黨同伐異。」 李瞻教授釋義中指出：新聞事業既為意見與批評的論壇，則新聞事業必須服務社會，才有存在的價值。服務社會的方式，除報導新聞外，即是發表意見，以作為大眾行動或思想的參考，故不能陳腐俗套，應該表達一種建設性的創見。同時為了爭取社會與政府之信任，看法應力求公正莊重，措辭須溫和；此外，更為了表示報紙是為大多數人的利益服務，其內容不可有偏見、武斷與黨同伐異。

民國六十七年十二月中國國民黨第五次新聞工作會議的一項「積極發揮大眾傳播事業之功能，以加強全國團結，革新社會風氣，建設現代化國家，貫徹國家目標」決議案中，說明：「大眾傳播事業為社會之公器，亦為文化教育事業之一環，對國家社會負有重大責任，故應秉持求真、求實、求速、求廣、求深之工作信條，積極發揮報導、評論、教育與娛樂之功能，以促進國家社會之團結、和諧與進步。」

分析其他國家新聞倫理規範以及有關對新聞界的期勉，大致不外對社會的服務及公共利益兩項重點，未如我國對新聞界積極性服務社會關切之殷。

這種期望新聞界發揮積極性的對社會服務，多報導光明以敦習俗、正人心的目標，可從當代新儒家學者唐君毅先生的一段話得到解釋，唐先生說：

> 在積極的一面，則社會上的揚善之風，必須逐漸養成。此非人與人互相標榜之義，而要在使人漸能從正面的有價值的一面看人。人總不能全無缺點，人之一切道德生活之實踐，道德人格之形成，都不能是一無波動起伏的歷程。人之生活之方向，在一時不能無偏，正有如人之行路之不能不或左或右。中正乃依於一偏之後，再繼以矯正。而有偏則不能無過，不能免於陷溺沈淪。人之所貴，在其沈淪而能升起。人如只向陷溺處沈淪處看人，則皆在地獄中。

然專自升起處看人，則亦可「春水船如天上坐，秋山人似畫中行。」人總以其自覺自己是如何，以看世界之他人。而當看他人之是如何，亦養成自己之如何。故心中只見世間他人之黑暗面者，必使其自心亦日趨於黑暗。而心中常存世間他人之光明面，則自己亦日緝熙於光明。看黑暗，而欲不同化於黑暗，則必濟以悲憫。如只濟以惡惡心，則黑暗去，而光明仍未必顯。此亦在我之第一文所曾提及。然悲憫心之提起，則尤不易。故人寧多自他人之光明面看。此於自己固有益，而揚起他人之光明，亦可兼更使其光明，多照世人。人有光明而我能了解之，則人之光明，得我之心之光明，為依恃處與寄託處。人之覺我能了解之，亦即可使其光明既照於我後，再連帶我之心之光明，以復反照於他人之自身，而為他人之所攝受，以更增益其光明。（唐君毅，民六三，頁三三○～三三一）

漢儒董仲舒所說的「漸民以仁，摩民以義，節民以禮，教化行則習俗美」(《春秋繁露》)和今日期望新聞界發揮社會教育功能，以正人心、勵風俗是相同意趣。

一個理想的道德社會的實現必須以安定的社會秩序為前提，透過新聞報導與言論，促進社會風俗之改善，使社會走向和諧與康莊的大道，是中國新聞界的重要倫理規範目標，也正是儒家「修己以安人，修己以安百姓」的精神。

第五節　以開闊人生境界的抱負擔當任務

天地以生物為心者也，而人物之生又各得夫天地之心以為心者

也。故語心之德，雖其總攝貫通，無所不備，然一言以蔽之，則曰仁而已矣！（朱熹，《仁說》）

朱熹在《仁說》中強調儒家這種以人心為仁的生命哲學，他還指出「此孔門之教所以必使學者汲汲於求仁也。」（朱熹，《仁說》）朱熹還進一步解釋仁說：「愛非仁，愛之理為仁。心非仁，心之德為仁。」（《朱子語類》，卷二○）

羅光總主教又闡釋朱熹這段話，仁是愛之理，為什麼要愛呢？因為有自己的生命，便愛自己的生命。愛自己的生命，也就愛人和物的生命。（羅光，民六九）

愛自己的生命，便發揚自己的生命。儒家總認為人的生命以心靈的精神生命為主，孟子說，「仁、人心也。」儒家便主張要發揚人性之仁。

「己欲立而立人，己欲達而達人。」是孔子對仁者的期許。而《中庸》所說：「唯天下至誠，為能盡其性。能盡其性，則能盡人之性；能盡人之性，則能盡物之性；能盡物之性，則可以贊天地之化育。」（《中庸・第二二章》）這正是儒家人生觀的最高目標。

仁是孔子倫理思想的中心，孔子認為人生的意義就是在行仁。所以他說：「君子去仁，惡乎成名。」又說：「君子無終食之間違仁，造次必於是，顛沛必於是。」（《論語・里仁第四》）

儒家這種鼓勵人成為仁者，以在人類社會中充分發揮道德情操，以引導人類的生命走向至善的情懷，正如方東美教授所說：只有真正的人——真人、主人、完人、聖人，才是道德人格中最值珍貴的理想，他們所共同追求的，正是要攝取宇宙的生命來充實自我的生命，更進而推廣其自我的生命活力，去增進宇宙的生命，在這樣的生命之流中，宇宙與人生才能更相和諧，共同創進，然後直指無窮，止於至善。（方東美，民六九）

關於人生的意義，人存有的究竟價值，孔子有更明顯的看法：「人而不仁，如禮何？人而不仁，如樂何？」（《論語・八佾第三》）孔子認為人若盲昧於仁的價值體認與實踐，則無所立於社會與世界；同時，人類文化創造的外在成就——禮與樂——也失其根本，失去其有效性。（蔡英文，民六九）

孫中山先生闡說仁的定義：誠如唐韓愈所云：「博愛之謂仁。」敢云適當。博愛云者，為公愛而非私愛，即如「天下有飢者，有己飢之；天下有溺者，由己溺之」之意。與夫愛父母妻子者有別，以其所愛在大，非婦人之仁可比，故謂之博愛。能博愛，即可謂之仁。（孫中山，《軍人精神教育》，民一一）

孫中山先生還進一步解析，仁之種類，有救世、救人、救國三者，其性質則皆為博愛。何謂救世？即宗教之仁。如耶穌教，以犧牲為主義，救濟眾生。何謂救人？即慈善家之仁，此以樂善好施、博施濟眾為事。何謂救國？即志士愛國之仁，與宗教家、慈善家，同其心術，而異其目的，專為國家出死力，犧牲生命，在所不計。（孫中山，《軍人精神教育》，民一一）

孫中山先生認為「人類自入文明之後，則天性所趣，已向於互助之原則，以求達人類進化之目的矣。」「社會國家者，互助之體也，道德仁義者，互助之用也。」（《孫文學說》）互助的前提是助人，助人必須本著利他之心而犧牲自己成全他人，孫中山先生依據互助與犧牲，融會貫通成「服務造福道德」，他認為國家的基礎建立在人與人間及政府與人民間的互助合作，因此服務社會國家造福人群是人人應具備的倫理的道德觀念。他強調「人人當以服務為目的，而不以奪取為目的。」以「我為人人」的精神，貢獻一己的才能及力量，來為社會服務為眾人造福。

「以吾人數十年必死之生命，立國家億萬年不朽之根基。」是孫中山先生對人生意義的詮釋，他指出人生不但要「盡仁愛性分、盡智勇的能

力」以服務社會為眾人造福，連所追求的目標也不是個人價值之實現，而是要實現國家社會乃至人類全體的價值。

蔣中正總統對仁的闡釋：「古人說：『仁者人也。』張載說：『民吾同胞，物吾與也。』意思都是說『仁』就是為『為人』，就是不要專顧自己為他人造福，這就是『仁』字最簡單的注釋。」（蔣中正，《軍人精神教育之精義》）

蔣中正總統認為仁的精神，本源於人的理性，本於自然之理、人性的發展，推演為無盡的生命，以達民胞物與，悲天憫人的懷抱。蔣中正總統說：「所謂仁，亦只是人道人性，換句話說，就是人對人的關係和人與人間共同的理性，以此修道，以此修身，再以修明的人格，影響他人，感召他人。」（蔣中正，《政治的道理》）「我們要窮究人生之理，即亦當求之於內心之『仁』。所謂『仁者人也』，人之性即天性，亦即自然之理，如違反自然之理，反乎人道，拂乎人性，其人必敗，其國必亡；有人性與無人性，即國家興亡所由判。所以《大學》說：『拂人之性，災必逮乎身。』 我們要復興國家，就要把自己汨沒的人性與仁德修明起來，恢復起來。」（蔣中正，《科學的學庸》）

蔣中正總統倡導行的哲學，「『行』就是『人生』」，「人生自少至老，在宇宙中間，沒有一天可脫離『行』的範圍。」（蔣中正，《行的道理》）而行的目的，就是仁：「我們行的目的是什麼？這我可簡單總括的答覆一個『仁』字。我們所行的就是在『仁』。 仁本乎大公，出乎至誠，所以知之出乎誠者必智，行之出乎誠者必勇，智者之知必知仁，勇者之行必行仁。」（蔣中正，《行的道理》）

連貫起來，蔣中正總統對人生意義的觀點，「天地父母生了我們下來，便要做一個堂堂正正完善無缺的人，才有人生的意義，無忝所生。」（蔣中正，《大學之道》）「行就是人生」；「我以為人生乃就是有目的之生活，和有意義之生命，兩者配合，而成為整個的人生。」「人生之意義，

就是生活與生命，所以我們要知道生活的目的是什麼？生命的意義又是什麼？為研究這個問題，我曾將所得的結論，撰了一付對聯，就是說：『生活的目的，在增進人類全體之生活；生命的意義，在創造宇宙繼起之生命。』」（蔣中正，《軍人應確立革命的人生觀》）

蔣中正總統於民國三十年三月十六日中國新聞學會成立大會致詞中，指出新聞記者工作非僅為了生活，必定有其高尚目的，只有救世的抱負，才是維持記者恆久努力的目標。蔣中正總統所期望於新聞工作者的，都乃是「行仁」與「力行」的精神。

馬星野先生從蔣中正總統對新聞界的講話中，分析蔣中正總統對新聞工作者獻身於新聞事業之志節與決心的期勉：第一，是確認新聞事業為自己之終身事業，牢守崗位，不見異思遷。第二，有為此神聖職業之目標而犧牲一切之決心，為求新聞之正確而死，為求言論之公正而死，為求主義之宣揚與正義之伸張而死，均視之為「朝聞道，夕死可矣」之死得其所。（馬星野，民六四）即是「智者之知必知仁，勇者之行必行仁」之理。

民國六十七年十二月中國國民黨第五次新聞工作會談，蔣經國主席以「合億萬人之心——明利害、別是非、嚴善惡」為題的講演中，期勉新聞工作人員「務必結合全國民眾，要以『不憂不懼、有為有守』相互惕勵，一秉『同患難、共甘苦』的道義精誠，發揚團結、犧牲、奮鬥的革命精神，來迎接任何挑戰，衝破一切難關，贏得最後的光榮勝利！」「我們一定以光明磊落的胸懷，當仁不讓的抱負，負起民族的責任、歷史的使命，腳踏實地，穩紮穩打，樂觀前進，邁向勝利！」是蘊涵儒家「知仁」、「志於仁」、「我欲仁、斯仁至矣」的意義。

第二天，中央日報、中華日報、臺灣新生報、聯合報、青年戰士報等都針對蔣經國先生對全國新聞傳播工作者的這一矚望，在社論中專題探討，充分響應。

　　大道之行也，天下為公；儒家思想中所強調的《禮運・大同》的這種道德實踐的理想目標，正是倫理學中，在道德施與對象上的全體主義（Universalism）。

　　儒家的社會倫理，是由盡分、盡職、盡性，發展到盡天。從中國新聞工作者所被期許以及自我期許的原則與目標說，新聞工作者能自覺於其工作任務與道德責任的積極目標，發揮一己之潛能，擴充善性，力求盡己之分，為社會謀造幸福，即已實現了大我的現實本務，而對社會人群有所貢獻，不僅盡己、盡分、盡職，另一方面也做到孟子所謂「充實之謂美，充實而光輝之謂大」，（《孟子・盡心下》）也已可以「俯不怍於人」的盡性。

　　這種生活的目的在求增進人類全體生活的實踐目標，是《禮運・大同》的精神，亦即是倫理道德實踐的全體主義的理想目的。

　　至於新聞工作者盡心、盡性，致良知以行仁道，至誠無息地充分發揮人性的潛能，以期匡時濟世，成其中和化育之功。達到這種存誠行仁的境界，則他的生命已是同宇宙生命合一，他的所作所為，就是創造宇宙繼起的生命，也做到了「仰不愧於天」的「盡天」了。

　　實踐至大的生活，才能發揮至久的生命；發揚至久的生命，才能實現至大的生活。此至大的生活和至久的生命，就是儒家思想中的人生之最高境界。

第六節　知識分子與新聞工作

　　在一個物理世界中，「事實」完全獨立於人的觀念而存在，但是在一個人文的世界中，「事實」的樞紐卻完全繫於人們對之所持的觀念之上。因此，在人文的世界中，是意義才決定什麼是事實，並且它的存在

強度絲毫無遜於外在物理事實的存在強度。（劉述先，民七二，頁一〇四）

能夠抱持成仁取義、公而忘私、犧牲一己而為人群謀福利決心，和具有以國家興亡為己任、置個人死生於度外精神的人，並非不了解人的物質生命價值，而是因為透過其個人自覺的抉擇，要把握到生命更高的層面。

在生命的世界中，單純的事實不一定是事實，「意義」才是這個世界中更真實的真實。（劉述先，民七二，頁一〇五）所以人生的意義，基本上是主觀所賦予的，一個認為人生有意義有價值的人所把握到的人生真實面和一個不具此種信念者所把握的人生真實面完全不同，這是因為他們人生的理想不同。

在人文的世界，人不僅是人，而且必須自覺他是人，異於禽獸，異於物，自覺的求表現其人性，以規範限制超化其禽獸性物性之表現。（唐君毅，民六六，頁五三）在人文的世界，人不僅了解生命的存在，還須決定生命的存在，要以智慧把握自己的命運。人之所以異於禽獸，而超乎禽獸，正是因為他能接受歷史文化的教訓與古往今來的啟示，正確地作價值判斷，用理想以指導事實，終於超越了他自然生命的層次。

中國有史以來，代代都有這種自覺的人，發展其仁心仁性，修己、安人、安百姓，創造出新的生命意義，使人類的生活不斷提升，更加豐富。

由於大眾傳播媒介發展之快速，影響之廣被深入，新聞工作者在現代社會中扮演的角色更具積極性，而且新聞工作者非可媲於普通之職業，以其任務相當於教育，而影響每及於國運之消長。故新聞工作者之就業，決非僅視為生活之所資，而必另有其高尚之目的。（蔣中正，民三〇，三，一六）新聞工作者應比一般知識分子，更積極地把握自己的生命，把握到更高的層面。

中國傳統是一個以人為本的文化，是一個人本主義的文化；在中國

文化的傳統上，「人文化成」的精神，是一個主要的特徵。「觀乎天文以
察時變，觀乎人文以化成天下。」（《易經・賁卦・象傳》）「蓋天下之燦
然有章者，同謂之文。……人倫條理，各止其分，乃人之文也。君子觀
之，而有以成天下之化。……」（張伯行，《集解》）絕大部分的思想家
的思想都落實在當下即是的人生及社會現實，以對人的無限信心，面對
人生的現實，承擔人生的苦難，轉化並提升人生的現實。

　　儒家數千年的思想傳統中，這種注重人生現實問題的傾向，尤其顯
得深切彰明。自從孔子以後，歷代儒家一面苦思冥索生命的淨化與純化
的問題，一面又以大無畏的剛健氣象面對人生的憂患，承擔人間世的一
切社會政治現實問題而求其解決安排之道。（黃俊傑，民七一）

　　孔子抱持「人能弘道，非道弘人」的人文主義的信念，肯定生命有
其本具的不可讓渡的價值。「致中和，天地位，萬物育」，人在其中擔負
一項極端重要的責任，人如果能把自己的潛能充分地發揮，將可以參天
兩地，體現到這個宇宙是個生生不已，普遍和諧的宇宙。此一德合天地、
道濟天下的信念，非僅是闡述並宏揚孔學的兩大使徒，孟子和荀子對理
想人格的祈嚮，即以漢儒之注經，宋儒之言心性、言格物致知，也莫不
以平治天下為其最終鵠的。

　　一個民族的傳統文化，影響其個人、社會、國家，至為深鉅。長期
在此一文化浸潤之下，每一個人的言行思想都直接、間接受其影響與約
束，而受到影響最深切的，首推知識分子。

　　知識分子本無確切的定義或界定範圍，大致以其所受教育的程度以
及其對知識繼續追求的興趣與關注作為衡量的參考。知識分子也並無一
定確切的人格標準，但在中國傳統觀念中所想望的理想的知識分子應該
是有知識、有勇氣、有原則、有氣節、能敬業、肯負責的人。儒家以其
兩千年作為中國思想主流之一的地位，其理想人格的理意，更深深影響
到大多數的中國知識分子。

　　新聞工作者是一種專業的知識分子，又肩負了極特殊的責任與義務，斷不能置身於這一文化統系之外，其接受儒家思想中的若干信念與主張，予以認同，付諸實踐，是相當自然而且必然的。

引註書刊

方東美（民七九）
　　《中國人的人生觀》（英文），馮滬祥譯，臺北，幼獅出版公司，頁一〇〇。

牟宗三（民七二）
　　《中國文化的省察》，臺北，聯經出版公司。

牟宗三（綜合）
　　此段大意，整理自牟宗三先生的《道德的理想主義》、《歷史哲學》、以及《政道與治道》等書。

李瞻（民七二）
　　見第一章引註書刊。

柳詒徵（民五七）
　　《中國文化史》，臺北，正中書局。

唐君毅（民五七）
　　《中國文化之精神價值》，臺北，正中書局。
　　（民六三）
　　《中國人文精神之發展》，臺北，學生書局。
　　（民六六）
　　《人文精神之重建》，臺北，學生書局。
　　（民六九）

《文化意識與道德理性》，臺北，學生書局。

徐復觀（民五二）

　　《中國人性論史——先秦篇》，臺中，東海大學。

馬星野（民六四）

　　〈由總統訓示看三民主義新聞政策〉，刊於《總統蔣公對新聞事業
　　之訓示》一書，臺北，中國新聞學會。

陳大齊（民六二）

　　〈孔子〉，刊於《師道》，臺北，臺灣中華書局，頁八。

黃奏勝（民六六）

　　《蔣總統倫理思想之研究》，臺北，中央文物供應社。

　　（民七〇）

　　《三民主義倫理學》，臺北，中央文物供應社。

黃俊傑（民七一）

　　〈內聖外王〉，刊於《中國文化新論——思想篇（二）》，臺北，聯經
　　出版公司，頁二四七。

蔣中正（民三〇，三，一六）

　　中國新聞學會成立大會講詞。

　　（民四六，二，一一）

　　〈民主自由與法治精神〉，總統府國父紀念月會講詞。

　　（民五〇，一一，一二、一四、一六）

　　〈貫徹本黨的時代使命和革命任務〉，中國國民黨第八屆中央委員會
　　第四次全體會議講話。

　　（民五〇，一二，一二）

　　〈多報導好人好事〉，第四屆好人好事大會書面致詞。

　　（民五一，一一，一二）

　　〈培養純正社會風氣〉，中國國民黨第八屆中央委員會第四次全體會

議講話。

（民五二，四，一七）

〈新聞界的職責〉，中國國民黨新聞工作會談致詞。

劉述先（民七二）

《新時代哲學的信念與方法》，臺北，臺灣商務印書館。

錢穆（民六八）

《孔子與論語》，臺北，聯經出版公司。

蔡仁厚（民七一）

《新儒家的精神方向》，臺北，學生書局。

蔡英文（民六九）

〈自由與和諧〉，刊於《中國文化新論——思想篇（一）》，臺北，聯經出版公司，頁二四八。

羅光（民六九）

〈儒家的生命哲學〉，刊於《中華民族的文化》，臺北，中央文物供應社，頁一一四。

第二部
問題的探討

　　筆者家有一位從記者、採訪主任做到報社社長，同時也在大學相關系組教了多年新聞採訪與寫作的賢妻；幾十年來，在早餐桌上邊喝咖啡，邊翻許多報紙（最多時期，曾達十二份），　各看各的，每天總會發現些問題討論，當然有共識和相互同意的觀點不少，但一個長期工作在實務崗位、教學也以實務為主要取向的資深新聞從業人員和我這樣一個偏向理論研究、被視為學院派的新聞傳播教育工作者，兩者之間對某些問題也常有爭議。最後，雙方都體會到探討相同問題會因觀察、分析及主張的角度不同，而意見相左；彼此都能尊重對方的看法，卻從不會妥協式的同意。

　　長時期面對實務工作者，聽、看、側面觀察與了解，雖不夠稱身臨其境（筆者也有近十年新聞實務工作經驗，但在第一線工作機會不多，而且十年之期應屬資淺），　也頗能感覺到實務工作者的心情、心態、心路歷程之一斑。

　　投身新聞工作者，大都聽過美國第三任總統傑弗遜那句名言：「如果讓我就有政府而無報紙，或有報紙而無政府，作一抉擇，我毫不猶豫地選擇後者」，　也必然深受影響。使命感愈強的新聞工作者，愈重視在知之權利方面，為受眾服務了多少；因而也愈注重新聞自由的爭取與維護。

　　對新聞媒體和新聞工作者──尤其是記者，「新聞第一」是當然之事，他們經常最優先思考和想要去做的工作，就是如何取得好新聞。

　　新聞自由和新聞第一，是新聞工作者的專業理念也是專業精神。新聞媒體能普遍為社會大眾所歡迎，能對社會大眾發生深入而廣被的影響，就是出於這種理念與精神。

　　在現實環境中，卻出現一個矛盾。當新聞媒體百家爭鳴，劇烈競鬥，都想成為最受歡迎、更受歡迎者，都想發生更大的影響力時，新聞自由和新聞第一被充分（且不用「過度」一詞）運用，而引發了許多爭議，

其中頗多的爭議屬於倫理層面。

　　新聞倫理應該和值得探討的問題多極了，本書這一部分選擇了前述的新聞自由、新聞第一和專業意識這三個方向，略舉一些現象或爭議之處，作些概括的探討。

第五章 新聞自由與知的權利

第一節 國家安全與新聞自由

一九七一年六月，美國紐約時報、華盛頓郵報和波士頓環球報刊登五角大廈（國防部）研究越戰的秘密文件：「越戰報告書」(Pentagon Papers)，引發了美國新聞界和政府之間一場官司。這一事件，時常被用為探討新聞自由與國家安全的範例。

由於，最後經美國最高法院判決報紙可以發表這一些美國政府列為機密資料，使有些人據以認為新聞自由高於國家安全。

詳細檢閱整個事件發展及最後結果有關記載，較少支持發揮新聞自由可以完全不顧及國家安全的論調。

美國最高法院是以六票對三票裁定支持紐約時報和華盛頓郵報刊載「越戰報告書」， 分析九位大法官各自一篇意見書，可以歸納出三類看法：

第一類包括布萊克(Hugo L. Black)、道格拉斯(William O. Douglas)和馬歇爾(Thurgood Marshall)三位大法官，他們認為美國憲法第一修正案旨在給予新聞自由絕對的保障，因此法院無權禁止或管制或檢查任何新聞，縱使新聞的刊佈將威脅到政府的安全。

第二類包括史都華(Potter Steward)、布倫南(William J. Brennan Jr.)和懷特(Byron R. White)三位大法官，他們認為新聞自由不應受到政府箝制與拘束，但為防止對國家發生直接、立即以及無法挽回的損害時，則

應不在此限。但是，他們認為，就紐約時報等此一案說，此一限制似無適用必要，因為這類文件並無造成立即與直接危害的顧慮。

第三類包括布萊克曼(Harry A. Blackmun)、伯格(Warren E. Berger)和哈蘭(John M. Harlan)三位大法官，他們反對支持紐約時報等可以刊載「越戰報告書」的判決，他們認為法院對行政機關，特別是內閣部會所認定應行保密之資料，應予徹底執行；這三位大法官對新聞界揭露秘密文件可能影響國家安全及利益事，表示憂慮。

九位大法官的表決裁定支持紐約時報和華盛頓郵報刊載「越戰報告書」，但就三類個別意見比對，只有布萊克、道格拉斯和馬歇爾三位大法官是支持新聞自由權利的「絕對性」，而他們主要的理由是基於美國憲法第一條修正案的規定，猶如道格拉斯大法官所說：「第一條修憲案規定『國會不得制訂法律……剝奪言論或新聞事業的自由。』 我認為這使得政府沒有限制新聞事業的餘地。」而馬歇爾大法官所說：「政府既無權在法律的允許下使用傳統的刑法保護國家，國會也特別拒絕授權政府禁止新聞事業發表消息。」我國前監察委員陶百川先生分析這一類意見指出：「美國最高法院這次判決的案子是行政機關要求法院制止報紙刊登該項密件，而不是要求追究洩密的刑事責任而予以懲罰。要求阻止刊登，是對報紙的事前檢查和干涉，曾經美國國會拒絕立法授權，所以最高法院不願代負責任。」

史都華、布倫南和懷特三位大法官同意支持紐約時報和華盛頓郵報刊載「越戰報告書」， 是基於這類文件並未達到「必然會對我們的國家或人民造成直接、立即而無法彌補的損害」， 而「除非在政府明白地證明自己的立場之前，第一條修憲案規定不得發出任何禁令。」

布萊克曼、伯格和哈蘭三位大法官則認為此一文件關係國家安全及利益的問題，應慎重注視，不應倉促判決。哈蘭大法官強調行政機關，特別是總統，在外交關係及外交政策權力行使之範圍內，對文件資料的

保密與國家安全與利益衡量上所作之決定，應予尊重，首席大法官伯格則質疑，時報能以三四個月的時間研究，何以不能向政府徵詢有否危及國家安全之資料在內，認為時報有失新聞界的「誠信」原則。

首席大法官伯格甚至表示：「對我來說，長久以來被人視為美國生活一個偉大機構的報社，會沒盡到每一個公民有關發現或持有贓物或政府秘密文件的基本職責之一簡直教人不敢相信。我認為——或許太天真了——那項職責是立刻向有關的政府官員報告。這項職責寄託在計程車司機、法官和紐約時報身上。」

從新聞界的角度看來，可能多半人都同意伯格大法官的自嘲：「或許太天真了」。就以涉及此一案例的當事人之一——紐約時報華府辦事處主任佛蘭克爾(Max Frankel)在其對「越戰報告書」案件的自辯書中所表白：「事實上，每一個成熟的記者都尊重保密的需要，並且保守需要保密的機密。……但是為了絕大多數的『機密』，　政府與新聞界（以及國會）之間形成了一項相當簡單的法則：政府竭盡所能隱藏事實，竭盡所能延長這種需要的時間，而新聞界竭盡所能探出秘密，辯稱知的需要和權利。雙方在這種比賽中定期地贏、輸一兩個回合。雙方各以本身擁有的武器對抗。當政府損失一兩件機密時，它只是適應新的現實。當新聞界的一兩個要求落空時，它只是竭盡所能報導（或是錯誤報導）。　或許情形一直如此，直到此刻還是如此。」

在其他當事的新聞界人士中，例如：

紐約時報總編輯羅森沙爾(A. M. Rossenthal)的說法：

我們十分注意機密分類的問題，我們都曾介入許多新聞，如果發布消息有利於政府，我們就能獲得機密的資料。我們都曉得，政府列為機密和解除機密經常不是基於軍事安全理由，而是基於一時興起或政治目的。……我們也曉得，這裡面沒有任何目前的資

料；它只涉及直到一九六八年的事件。

對我們來說，這項資料似乎只是了解這場戰爭的過程和美國政府的決策所不可缺少的顧慮因素，同時我們沒有不發表它的權利。……

我們覺得這是在憲法賦予我們的權利範圍之內，並且是對我們國家最有利的做法。

華盛頓郵報執行編輯布萊德里(Benjamin Bradlee)的說法：

在我們深入研究這些文件之前，編輯和記者們討論了我們處理的資料可能具有非常敏感性的問題。我們只是決定，不發表任何可能對美國的安全造成無法彌補的損害的報導是一個大報的責任。……

……同時我們正在爭取的原則是，我們無法接受政府的限制而只刊登政府說我們可以刊登的消息，這就是問題所在；誰來決定應該或不應該發表什麼？

波士頓環球報編輯溫希普(Thomas Winship)的說法：

不會吧。（指可能會危及國家安全的問題）我們只得到七千頁中的一千七百頁，其中沒有任何的資料會危及安全。……我認為，我們受到過份保密欺瞞的程度，比我們所了解的更甚。……

「越戰報告書」的另一項大收穫是我們將看到解除消息機密性的大進步。這正是民主政治的基本要素。……

我認為，最高法院這次信任投票給了我們一些支持，不過我認為它也應當使我們更為謙恭。大多數的編輯不是在從事洩密的工作，他們不是在進行收受贓物的買賣，他們不是在從事欺騙或威脅國家安全的工作。身為編輯的我確信沒有人認為我們是這樣的人。

多年來，全世界的新聞媒體都面臨新聞自由與國家安全的考驗與爭議，我國在民國八十四年發生聯合報記者因國防預算報導而涉入「洩密案」事件，被臺灣高等檢查署傳訊，引發國內相關各界人士廣泛的重視與討論。

聯合報於八十四年三月十三日四版，刊出標題為「國防機密預算，科研居次」及「八十五年國防預算重要武器裝備整備購置一覽表」的新聞報導，國防部認為此項預算屬國防機密，懷疑有軍職人員洩密，除自行偵查外，並函請高檢署調查是否有非軍職人員涉案。不過，採訪撰發此一新聞的聯合報記者是被傳訊到庭說明，並非以證人、更非被告身份。但由於記者因有關「洩密案」，被高檢署傳訊，引致對新聞自由的關懷，反應意見蜂起。續後，又發生「衛爾康大火彈劾案」事先被記者報導，引發監察院自行檢討洩密責任等相類事例，更增強了對相關問題的注意與討論。

從紐約時報等刊登「越戰報告書」到八十四年我國的「國防機密」、「監察院機密」等事例，所涉及在新聞自由上的討論，應分兩個層次。

第一個層次是新聞自由與國家機密（政府機密）的爭議，這一層次的討論，的確有很大的爭議性。

　　新聞自由與國家機密之間的問題，涉及新聞自由、知之權利與保密權三重觀點。

　　從政府保密權說，基於機密洩露可能產生對運作的阻礙與損害甚至影響國家與社會安全，作相當程度的保護措施，於法於理都有其依據。新聞媒體對經政府機構列為機密的資訊，雖然可以大眾知之權利的理由，要求相關機構予以公開，相關機構仍有權拒絕。被拒絕的新聞媒體如堅持認為這些資訊，確屬大眾必要知曉，則可再向相關機構的更高層的主管申訴，如仍未獲公開，將可進一步採法律途徑爭取。

　　以美國為例，即有「美國資訊自由法」(Freedom of Information Act)，於一九六六年制定。

　　美國資訊自由法的前提是，若無特定原因，行政部門的紀錄應向大眾及任何人公開。但另訂有九項例外，大致包括對國家安全的損害、機構內的運作方式與人事資訊、特定的商情機密、涉及個人隱私的人事檔案及醫療檔案等，這九項豁免項下，某些資訊可以不必公開。

　　不過，美國最高法院說明，資訊自由法的主要目標是促進公開，九項豁免公開的規定，乃屬例外。

　　我國法務部已擬出「國家機密保護法」草案，定義「國家機密」為「確保國家安全利益而有保密之必要，並經該法核定等級之文書、圖畫、消息或物品，以建立公務機關共同遵循的標準。」

　　不論美國的資訊自由法或我國的國家機密保護法草案，其中均有在解釋上可爭議之處，按程序最後勢須由法院裁決。

　　因此，從形式上新聞媒體與政府機構互對新聞自由與國家機密都有相當程度的尊重，但也必如本節前文引述紐約時報華府主任佛蘭克爾的話：「政府竭盡所能隱藏事實，竭盡所能延長這種需要的時間，而新聞界竭盡所能探出秘密，辯稱知的需要和權利。……雙方各以本身擁有的武器對抗。」(Pentagon Papers)

這一種對抗不可能終止，也無法終止。

第二個層次是新聞自由與國家安全的爭議，而這一爭議的焦點，在國家安全的定義及其受損程度的判定。

在新聞自由與國家機密並列探討時，對兩者是否對等重要，甚至新聞自由是否應較國家機密優先，都有不同主張。但在新聞自由也不可不顧及國家安全這一前提上，一般較少爭議，所爭議的是如何判定對國家安全有損。

一九一九年美國何姆斯 (Oliver Wendell Holmes) 法官在沈克案例 (Schenck v. U.S.) 中，提出了「明顯而立即危險」原則。

沈克因散發小冊，勸美國人反抗徵兵及最高法院，被判有罪。何姆斯說明他所持的理由：「言論自由並未保障一個人在劇院中亂喊失火，而引起一陣混亂。」何姆斯在另一件相類的案例中，曾作另一說明：「憲法第一修正案雖然禁止違反言論自由之立法，但並未賦予豁免權給所有的語言使用。」(Holmes)

在一九七一年美國最高法院裁決紐約時報刊載越戰秘密文件一案時，其中幾位大法官也曾引用「明顯而立即危險」相近的原則，不過支持紐約時報刊載的幾位大法官中，有些是認為此項越戰秘密文件的刊載，不致發生明顯而立即的危險。

一般而言，在新聞自由與國家安全之爭上，新聞界大都抗爭的是對國家安全堅持的過於浮濫，以致損及社會大眾應有的知之權利。

我國法務部長馬英九於八十四年四月十二日在立法院司法、預算聯席會中接受質詢時，即表示國家機密應以「最小而必要的範圍為限」。

儘管在「最小而必要的範圍」的實質上，時時仍有爭議，不過所爭的是判定是否有損「國家安全」或損害到何程度；基本上，新聞界也不主張因新聞自由而不顧國家安全。

第二節　內部新聞自主權

民國八十三年和八十四年，連續兩年的九月一日記者節都有「不平凡」的活動。八十三年記者節有「九○一為新聞自主而走」遊行，八十四年記者節有臺灣新聞記者協會公布「新聞倫理公約」草案活動（當日部分記協成員及支持者另有「反暴力威脅聲明」遞交等活動，其訴求與公約無直接關係）。這相隔一整年，前後若有呼應的兩次活動，主要重點，都關繫新聞媒體內部自主權或是新聞編輯獨立權（廣義）的爭取。

民國八十三年「九○一為新聞自主而走」遊行，起於自立報系所有權易主，導致內部新聞工作人員爭取自主地位的運動。

約在八十三年六月間自立報系原持有大宗股權的所有人決定把股權轉讓消息透露，自立報系內部引發對編採自主性的關懷，逐漸促成簽訂「編輯部公約」的要求，公約的精神包括：「一、總編輯為編務最高負責人，二、總編輯之任命應由記者與編輯投票產生或行使同意權，三、董事會、發行人、社長不得以人事獎懲手段等任何理由干預編輯部新聞專業與自律空間，四、總編輯應定期召集記者與編輯舉行新聞編採事務檢討會議。」

自立報系員工內部的要求簽訂「編輯部公約」活動，獲得外界學術、傳播、文化各方面人士的響應，集結成「搶救自立」活動，引發了「九○一為新聞自主而走」遊行，政大徐佳士教授一篇題為〈新聞專業團體該做什麼〉專文，相當反映支持此項活動的觀點：

> 一群新聞工作人員爭取自主地位的運動，昨天在風雨交加中遊行示威時達到高潮。這個運動是因為自立報系所有權易主所激發，

得到來自學術、文化界和其他媒體單位的新聞工作者的支持，恰
好顯示今日臺灣大眾媒體的專業工作者欠缺依據專業行為標準
來作決定的充分自主權，已形成了一個相當普遍的問題。

今日臺灣走上了資本主義社會的不歸路，資本家經營媒體，可享
有不受政府控制的自由，但為媒體生產其各種內容的受僱專業人
員，如記者、編輯、撰述和節目創作者，是否享有憑專業道德與
倫理來判斷的自由，而不致只為媒體主人輸誠，為其自私的目的
而服務，則需視媒體主人是否足夠開明並深具新聞專業的素養而
定。這類媒體資本家在英美等比較成熟的資本主義社會，頗不乏
人。例如著名的跨國媒體主人梅鐸，其旗下的媒體，立場互不一
致，他並不企圖去加以「統一」。又如加拿大出身的布萊克(Conrad
Black)是雷根與柴契爾夫人的擁護者，卻容許屬下的芝加哥太陽
時報宣揚工人階級的立場，他自己有意見要表達時，只是寫信給
該報，以讀者投書方式發表。

在今日臺灣媒體資本家中，這種開明人物不是沒有，但十分稀少。
所以今日有這麼多的新聞工作者要走上街頭爭取自主權，他們三
個要求中的最後一個是在臺灣成立一個跨媒體的專業組織。

這些專業組織該做一些什麼事呢？用集體力量保障專業自主，以
抗禦來自媒體內外的不當壓力，當然是這個組織的一大功能，但
不是它的唯一功能。我們似乎不可因為這個組織的構想是在一次
「自主運動」中提出，而只要求這個組織專門用來發揮所謂「內部
自由」以對抗資本家而已。

專業組織另一個重要功能是屬行自我的約束──自律。任何專業

都有一套「有所為與有所不為的」準則，專業人員在個人層級奉行專業規範，是一個自律的起點，但是人非聖賢，所以專業規範的貫徹，並須將倫理與道德加以「典制化」，使之成為一個網路，由個人自我認定而納入其中。專業組織即可在這方面發揮這個正面的功能。這個組織制訂公約，要求會員遵行，嚴重違反公約者，就應從組織中逐出，換言之，享專業自主權的工作者，也應有奉行專業倫理的義務，整個社會是有這一預期的。

也許在國家法制方面，應有所作為，協助媒體工作人員進入這種專業境界，這就是在所有管制媒體的法律中，訂立專門條款，一方面確認專業工作者的自主權，不容業主侵犯；另一方面要求專業人員透過組織，履行自我約束，以對公眾負責。（徐佳士，民八三）

自立報系的「編輯部公約」並未如初擬草案的內容簽訂，由於一些最積極的人士離職或接受遣散，喧騰一時的爭取自主地位運動，也不了了之。

八十四年記者節臺灣新聞記者協會公布的「新聞倫理公約」草案，其中第一條即明顯標舉出對內部自主權的堅持，其條文為：「新聞工作者應抗拒來自採訪對象和媒體內部扭曲新聞的各種壓制和檢查。」

徐佳士教授針對記協倫理公約草案公布，又以〈給記協一些鼓勵的掌聲〉為題，表示他的看法：

一年前的九一記者節，因自立報系易主而引發的新聞工作人員專業自主運動，在一次少見的遊行示威下而展開。今年臺北市的記者節，跟去年一樣過得也很不平凡，自主運動中產生的記者協會，

將向社會公布他們的記者自主與自律倫理公約，這則新聞無疑會把長官講話與會眾摸彩的傳統慶祝活動，變得更加滑稽可笑。尤其，一個重要的意義也顯現了出來：經過一年的努力，一群新聞工作者已經在建立職業尊嚴，以謀改進媒體環境的奮鬥中，得到了初步成果。

他們建立專業自主地位的大業，還有一段長遠的道路要走。譬如號召更多的新聞記者加入行列，把今天的「記協」變得夠強大，就須加強說服與策進。同樣重要的一件工作就是，爭取媒體的擁有者或主持人士的支持。到目前為止，似乎還不見這個「老闆群」中有任何一位公開對「記協」表示讚賞和期許。連批評都沒有。

老闆們的冷淡令人為新聞記者自主與自律運動的前途感到憂心。

老闆們難道認為這個運動無助於實現他們的業務目的，甚至還有妨礙嗎？

我們認為恰好相反，記者們要求自主與自律，跟媒體主人們所宣示的媒體目標不但沒有衝突，而且可以相輔相成。

在今日臺灣幾家主要報紙中，中國時報強調「開明」，聯合報強調「正派」，自立報系強調「獨立」，自由時報的招牌正是「自由」，中央、中華、新生等強調「責任」……。自由、獨立、開明、正派、對民眾負責等，恰好就是一個文明進步社會評量大眾傳播媒體品質的指標。而自由、獨立、開明、正派與負責，恰好也就是新聞記者和其他傳播工作人員專業倫理的幾個重要組件，

它們也就是所謂自主與自律的基本內容。

請展讀一遍今天公布的記協倫理公約草案，即可發現其中包含了這些價值要素。假使媒體接受這個公約，並在一個專業團體的體制下來推行，老闆們即可看見他們平日對社會宣示，和對內部工作人員訓勉的理想，已有一條實現的途徑了。

我們奉勸今天臺灣新聞事業的主持人士，站在這個角度來審視記協這群人士所推行的運動，放棄認為他們為「反體制」的刻板印象，把他們視為可以共同努力來提高媒體品質的同志，為他們鼓鼓掌，向他們說歡迎。

老闆們這個基本態度的出現，必可掃除疑慮，令很多還沒有加入自主、自律行列的新聞工作者，毫無顧慮，參加進去，使這個運動變得壯大，而且更加健康起來。（徐佳士，民八四）

　　世界各國新聞界的倫理規範或信條中，很少看到對內部自主權的直接強調，臺灣新聞記者協會在「新聞倫理公約」第一條，就標舉抗拒內部的壓制，應與在此前的一些相關事件以及多年來媒體工作者在內部所承受的壓力有關。

　　民國八十年三月十日，聯合報刊出記者徐瑞希特稿，題為「苦心經營多年，政商關係曝光，翁大銘以後戲怎麼唱?」文中提及翁與陳履安、徐立德、黃任中、徐旭東等人交好等情節。聯合報於次日就此稿刊登道歉啟事，二十日發布命令，將徐瑞希解聘，命令內容：「報導所謂政商關係，內容全憑外間傳說，臆測之詞，有違『新聞記述，正確第一』之新聞記者信條，致令本報之譽嚴重受損，應依本報員工工作規則第二十

七條第十款：『其他重大過失或不當行為導致嚴重不良結果者』予以解聘」。

在記者徐瑞希方面，則認為她被解聘的主要原因，是聯合報董事長王惕吾對特稿中提及黃少谷是黃任中之父，很生氣，堅決要她離開聯合報。報社主管曾勸她調職、辭職，她覺得那樣做無異認錯，堅予拒絕。

徐瑞希並認為聯合報過去對若干未經查證之失實新聞報導，亦無解雇先例，對她的處分「純係報社所有權人王惕吾個人一己之見」。（徐瑞希，民八二）

徐瑞希解聘事件，也引致對記者工作權的關懷，約兩百多位新聞業界人士簽名連署聲援抗議，以廣告方式在《自立晚報》與《新新聞》周刊上刊出。

這一廣告題為〈記者揭發內幕無罪、老闆豈可隨便辦人〉，內文是：

> 三月十日，聯合報記者徐瑞希寫了有關華隆集團政商關係的特稿。
> 三月十一日，聯合報以不適任為由，開除了徐瑞希。
> 這是解嚴後，第一件記者因報導而被解雇的事件，身為新聞工作者，我們認為，除非記者報導，惡意扭曲事實，否則，不應因報導對象之壓力，或報老闆之主觀好惡，而受處罰。
> 我們認為，為維護人民知的權利，記者的職業應受到尊重，工作權應受到保障。
> 因此，我們呼籲全國民眾重視此一迫害行為，我們也支持徐瑞希採取必要的行動以維護其工作權。

民生報記者江澤予因堅持列名抗議廣告名單，而被解雇。

這一連串事件，使若干新聞工作者增強對內部自主權的關懷；對續

後發生的八十三年及八十四年九一記者節遊行與公布公約，應具相當影響。

美國大眾傳播學者施蘭姆，在所著《大眾傳播的責任》一書中，指出大眾傳播事業的「階級順從」(the class allegiance) 構成對自由的一種威脅，他甚至認為「所有人、發行人、或董事長，將在新聞報導、或電影腳本、或演員、或記者、或在節目中，羼入己見。這本是他們的一種權利。」

但在歐美先進國家確有若干新聞媒體承認員工有參與決策制定過程的權利，如《巴黎世界報》(*Le Monde*)等。

由中華民國新聞評議委員會主辦的傑出新聞人員得獎人之一蘇正平，在其〈新聞自由與自律——德國、東歐及日本經驗〉專題報告中指出：(蘇正平當時任職自立早報)

新聞自由是社會進步的指標，而保障新聞自由，除了要免除來自外界的政治或經濟勢力的干預外，如何保障報社「內部新聞自由」，也是新聞人員追求自主性時，所必須面臨的重要課題。

蘇正平以日本及德國考察所得為例，說明：

日、德等地區的報業，在編輯政策的形成與執行過程中，一般的編輯與記者能夠有多少的決策參與權。在日本，有關這個問題的討論，是環繞「編集權」(Editorial Right)這個概念而進行的。一九四八年日本新聞協會發表「編集權聲明」，認定編集權係屬經營管理者不可被剝奪之權利，並且將內部任何對編輯政策的反對意見都視為侵害編集權而得予以排除。這種見解在六〇年代以後受到日本學界的挑戰，而促成日本新聞協會對編集權的重新探

討，可是並沒有結論。

日本報業基於日本工業社會特有的「所有權與經營權公開體
制」、「終身雇用制」以及員工入股傳統，使得勞資關係不似西方
社會對立，同時一般員工也都能獲得共同參與決策的感覺，因此
有關編集權的探討始終沒有在實務界發揮作用。

在德國方面，新聞自主主要是以「內部新聞自由」的概念為中心
進行討論的。所謂內部新聞自由乃是對一般憲政討論中新聞自由
的補充。六〇年代及七〇年代的理論探討和實踐的結果，德國在
若干媒體完成編輯室規章的訂定；不過八〇年代之後，編輯室規
章運動中挫，一直到今年以來，才又在幾個由社會民主黨執政的
邦裡，再度興起立法以強制訂定編輯室規章的討論。

蘇正平認為，在新聞自主的追求上，記者本身組成的工會往往扮演
重要的角色。他說：「健全的記者工會不僅替記者爭取專業上的尊嚴，同
時在保障新聞自由、提升新聞自主及提供新聞記者養成教育等方法，也
必須發揮功能。而國內目前存在的記者工會組織，顯然不能滿足上述功
能。」(蘇正平，民八一)

政大馮建三教授則認為：「九一記者節（指八十三年）的跨報系之
『為新聞自主而走』具有積極意義，如果能夠從中醞釀進一步行動，成
功設立全國記者工會組織，然後圖謀與其他（媒體相關的）職業工會發
展良好互動關係，那麼真正的編採自主，才有落實的客觀基礎，這個過
程必然緩慢曲折，甚至會有逆流出現，但畢竟合理社會關係的建構，從
來無法一朝一夕。」(馮建三，民八四)

第三節　新聞工作者的超然中立

一、記者的人情包袱

在「新聞倫理」和「傳播倫理」課堂上，筆者試以「記者的人情包袱」為單元主題，探討記者在專業上的操守問題。事先，我簡單說明探討的立場：

1.目的不在揭露新聞界在專業操守方面不正常的現象。

2.已達至法律及公俗所不可容忍（此點有爭議空間）程度者，不列討論範圍，例如敲詐、明顯的媚勢（此點也有判斷標準的困難）。

在這一單元中，主要探討的是在取捨之間的看法或主張，大致分三個方向：

1.當前新聞界（以國內為主）有那些在「人情包袱」上難作界分的問題。

2.這些現象與問題發生的背景。

3.容忍其存在者及反對者各持之理由。

依據國內新聞界目前大致接受的相關規範中，列有若干可參考的準則。

中國新聞記者信條

一、……決不為個人利益、階級利益、派別利益、地域作宣傳……。

七、……決不因金錢之收入，而出賣讀者之利益、社會之風化與報紙之信譽。

八、……誓不受賄！誓不敲詐！誓不諂媚權勢！……。

九、……剪斷一切利害之關係，乃做到貧賤不移、富貴不淫、威武不屈之先決條件。

中華民國報業道德規範

壹、通則

二、……不為追求某一群體或某一個人自私目的犧牲公眾權益。

貳、新聞採訪

二、拒絕接受新聞來源之饋贈、賄賂或不當招待。

叁、新聞報導

十、有關股票、房地產等理財或投資分析報導，不得扭曲，以謀求私利，並應避免作明牌等預測。（此條在「中華民國電視道德規範」和「中華民國無線電廣播道德規範」中也都明列。）

在前述這些道德規範中有關記者應戒守的條律，「不受賄」、「不敲詐」、「不諂媚權勢」、「拒絕接受新聞來源之饋贈、賄賂或不當招待」以及對理財或投資分析不得扭曲等項，字詞之間指述得頗明白，但在實際環境所接觸到的現象，卻常有不同的解釋與看法，相當混淆。

我就新聞界在專業領域中所可能遭遇到的人情攻勢,概分為五大類:飲宴、招待、饋贈、特惠與特別待遇及特權與兼差，至若已明顯構成賄賂，或由新聞界主動地敲詐、諂媚權勢，那根本是新聞倫理層次之外的失德或違法行為，不必在新聞倫理範疇中探討了。

㈠飲宴

世界各國新聞界的倫理規範等相關資料中，都沒有直接對新聞界接受新聞來源的「飲宴」有何規定；的確，「飲宴」是很難作程度上的界定或評估的。

依國內新聞界所接觸到的「飲宴」活動，大致可分：咖啡（茶敍）、便餐、例行宴客、特別宴客、宴外加宴等不同類項。

1.咖啡（茶敍）

此處所指，不包括記者在受訪者的辦公室或家裡接受咖啡或茶點招

待。

當與受訪者相約在公共場所會面，通常會選有咖啡座（茶座）的地方，這幾杯咖啡，由誰付費？

看似簡單的問題，卻也是一個不容易明確處理的常事。

兩杯咖啡，便宜的地方，依民國八十四年臺北市價，大約一百元新臺幣左右。如果是記者主動洽約，而受訪者不易負擔咖啡費用（例如正在尋求救濟、正在求職或在校學生……），當然由記者付費。

一般訪問談敘，一兩百元的咖啡費用，由誰來付，可能不太計較。

有些受訪者，來自國外或外地，住在大旅店；兩杯咖啡加上服務費和稅金，有時將近新臺幣五百元。就臺灣新聞界現況而論，不是每一家新聞媒體都准記者輕易報銷這樣一筆費用。

而就民國八十四年為準臺灣記者的收入說，有些待遇不高的媒體，給新進記者的月薪約在新臺幣三萬元左右；這樣一筆咖啡費，相當記者的半日薪資了。

所以，在臺灣，記者進行訪問時，咖啡費用較常由受訪者給付。尤其是公私機構的代表人受訪，幾乎都不會讓記者付咖啡費用。

包括新聞界在內，或許有人認為兩杯咖啡費用，縱使超過新臺幣五百元，能夠形成多大的「人情」壓力呢？

但是，許多新聞倫理的研究，都提醒不可忽略「一杯咖啡」的影響，例如《信差的動機》一書中，有這樣一段話：

> 你是否能誠實地下結論說，所牽涉的好處或考慮，無論是一杯咖啡、一根雪茄、赴邁阿密度週末，或是作阿拉伯聯盟的貴賓赴中東旅行，當你執行與提供過好處有關消息來源的新聞任務時，將可能影響你的公正性。(Hulteng)

2.便餐

在採訪活動中，受訪單位提供一個「便當」的問題，應歸入上一段「咖啡」的「難」題，不在本段所指的便餐之列。（當然，八十四年八月行政院長連戰巡視外縣市發生五百元一個便當的風波，又是另一種難題了。）

通常，記者不太以便餐方式相約訪問；如果有之，那應該是其所屬媒體可以報銷這筆費用。

所以，便餐大多是由受訪單位或受訪者主動提出，自然也已顯露將負擔餐費的意思。

由於便餐是隨機安排，不屬特定邀請，有時又夾在採訪進程之間，記者勢難中途離去另行就餐；緣此，便餐也不太會被列入正式的「人情攻勢」。

如此的便餐的問題，大致也可以和前段的咖啡問題，作同等的思考。

不過，有些便餐之約，不是就採訪過程之便；是另覓理由，約請便餐。而且便餐也很有彈性，可以規模大到幾桌賓主的便餐，而餐飲的豐盛，絕對超過「便」的標準，這類便餐，實質上形同下兩段所述的「宴客」，但因托詞「便」餐，使人事先不易查辨。

3.例行宴客

公私機構或社會名流常近乎定期邀宴新聞界人士（不止於記者），並表示是一種例行邀聚，一方面藉以讓許多人同時晤面聯誼，一方面可在場介紹己方主要幹部或一些友好聞人。

這些例行宴客，一般確無特定目的，而且是廣泛邀請，受邀請者也較少特定的人情包袱。

在臺灣,新聞界人士或新聞媒體大致都不排拒或限制參與這種場合。

就新聞角度，這種場合，可以認識或結識更多的和新聞活動有關的人，有時當場可把捉到一些新聞線索，甚至「可以見到平時不易見到的

人，聽到平時不易聽到的新聞或新聞線索」；運用新聞鼻的新聞工作者，多會積極參加。

懂得作公關的主人，會巧妙的利用這種場合，拉近和新聞界的距離，甚至建立「友誼」。

宴客的消費，有時極其豪奢，一桌菜幾萬元，XO白蘭地一桌開半打，都曾有過。

有些公關人士認為這類例行宴客是最巧妙而自然發展人情攻勢的方式；一般新聞界人士則認為這類場合談不上有什麼人情包袱。

4.特別宴客

特別宴客的邀請，總會有些巧妙的藉口，使受邀者很難推辭。

今日社會，尤其是富裕的社會，飲宴不是什麼了不起的享受，在日常生活中出現頻率也高，相當多的人在被邀赴宴時要有所選擇，以減輕精神、體力、時間上的負擔。於是，接受邀請，常被視為是施予主人的面子人情。

在這一種微妙錯綜的流風中，安排特別宴客的主人，更容易說服受邀者不得不來。

飲宴的豐盛，主人不著痕跡的人情攻勢等等，變化多端。

這類宴客，新聞界參加與否，除了有無人情包袱的考慮之外，還增添了另一難題：新聞界能規避社交活動嗎？在專業範域之內能不運用社交活動擴大工作接觸面嗎？參加到何種程度？需要適可而止嗎？怎樣算是適可而止？這一連串的問題，實在難有定則。

5.宴外加宴

至少在臺灣，宴外加宴的風氣頗盛。所加之宴，名目繁多：PUB、酒廊、KTV、酒家……。

這種加宴，已是醉翁之意，什麼酒？什麼宴？已不重要。

直覺地看，這種加宴已超出一般酬酢的尺度，要界分人情包袱的新

聞界朋友，大可婉言拒卻。

　　但在許多情況之下，邀請一方的公關人員極會製造氣氛，用各種不同的說服、激勸，還能鼓動四周的新聞同業群力圍攻，讓原想力拒固辭的新聞界朋友，在「太不近人情」和「勉為其難給大家一個面子」等等的抉擇下，被迫陷入人情的漩渦。

　　而且，有一就很難不「有再」。

　　當然，有些採訪技巧高超的記者，藉機乘勢，為自己的採訪建立良好的關係、建立更活絡的管道；其中有些人甚至覺得，只要我有足夠定力，非但我在新聞處理上不受人情包袱的影響，消息來源在我挖掘新聞時，反倒有人情包袱而不能不對我作相當遷就呢？

㈡招待

　　「招待」一詞，確乎明列在中華民國報業道德規範，不過條文在招待之上加了「不當」二字。

　　我在作人情攻勢五大類分別時，已把「飲宴」提出到「招待」之外。

　　順帶提到一個相關的常用稱法——「記者招待會」，我一直覺得此一稱法很不妥當。一般為新聞發布或背景說明等邀聚記者的集會，應逕直稱作「記者會」，不論準備如何豐盛的茶點，都不宜添加「招待」二字。至於，會後安排餐宴或其他接待活動，那應是另一部曲，要和記者會明顯分開。

　　我所歸類的「招待」，主要是指一些參觀活動，包括交通、食宿和旅遊。

　　施蘭姆在《大眾傳播的責任》一書中，指出：

　　　　外界給予新聞從業人員的優惠，最常見與最具匠心的一種，為「記者招待活動」。商人與工廠負責人招待他們；推廣人員與政黨宣

傳人員招待他們。原因不止一端，但方式不外乎吃、喝與玩樂。很明顯的，招待者每一種苦心的安排，目的都在，當某一天新聞發生時，筆下留情，希望作出對他們較為有利的處理。(Schramm)

美國專業記者協會倫理規範，在「倫理」一條的第一款，說明：

禮物、特惠、免費旅遊、特別待遇或特權等可能損及記者與其雇主公正等事物，都不應接受。

不過，招待也有不同的情況，我大致分成三類：例行的旅遊、業務相關的參觀、變相的招待旅遊。

1.例行的旅遊

猶如飲宴一節中所舉的例行宴客，公私機構常也近乎定期地安排短暫的一兩天旅遊，稱說是一種例行的邀聚，藉以讓大家多一些了解、溝通；也多認識一些相關的朋友，在業務與新聞雙方面都有其需要，合流在一起舉辦，一舉兩得。選擇旅遊方式，則解釋為：更自然，更開暢……。

雖然，明知安排者別具用心，但從新聞角度，這種場合也確有可資運用的機會，新聞媒體及新聞專業人員都不會斷然排拒；自認能把握時機，作有利於我新聞專業的攝取，而不致落入對方人情包袱之中者，大有人在。

這種場合，縱使媒體可以報銷費用，參加時也無法向邀請單位提出自行付費的要求。

2.業務相關的參觀

公私機構常以邀請視察業務實況的理由，安排新聞界赴外埠、甚至國外，到若干業務相關的場所參觀；當然，一切食、宿、交通，都由這機構安排而且負擔費用。

　　有些媒體禁止記者接受此類邀請，如認為確有了解此類機構的業務而作中立報導時，則堅持由媒體自行負擔費用。在臺灣，很少新聞媒體會採此方式。歐美採此方式的新聞機構，有時在執行上也發生困難。

　　美國自由作家卡波(Richard Karp)在《哥倫比亞新聞評論》(Columbia Journalism Review) 發表的研究報告描述《費城詢問者報》(Philadelphia Inquirer)食品版女編輯泰德(Elainc Tait)應泰勒葡萄酒公司(Taylor Wine Company)之邀，赴紐約州各地酒廠參觀一週後的談話：

　　　　泰德小姐說，依據費城詢問者報的政策：「報社會負擔我所有的花費。……但我該告訴你，報社並未負擔交通費，因為我搭乘泰勒公司的私人飛機。」 當問及她是否報導這次的參觀旅遊，泰德小姐說：「嗯，我不會接受參觀旅遊邀請，而不寫一篇相關的報導。」(Tait)

　　就新聞說，這類業務參觀並非絕無必要，但若堅持不接受招待原則，可能就放棄參加，而損失此次採訪機會，猶如一位美國記者艾倫(Eric W. Allen, Jr.)所說：「如果我們嚴格遵守規定，我們將失去不少能使我們表現得更好的機會」。

　　同樣也是艾倫所說的話，指出另一方面的疑慮：

　　　　接受免費旅行有兩種危險。第一種是可能被教導或洗腦，或被引導去看一些主人要我們看的東西，把他們置於最有利的情形下。第二種是客人因感謝，而不願報導任何對主人不利的事，更直率的說是一種報答。

　　對這兩者之間的衝突，艾倫自己的原則是：

我們對免費旅行並無不容改變的規定，但嘗試以每次邀請的價值來作判斷，判斷的標準端視邀請是否具有新聞或評論價值，是否會不當地影響記者或編輯的客觀性……。(Allen)

機構的公關人員說服新聞界參加業務參觀，也有很巧妙的一系列說詞：「不這樣安排，你們不可能抽空來；只要你們來參觀，說好說壞全由你們。」若你真的批評一頓，他們也認了，交情放遠，留在將來。

3.變相的招待旅遊

有些公私機構乘其赴國外活動之便，邀請記者以隨團採訪方式參加。

民國八十三年，臺灣有兩個較大的例子。一是一個國會赴國外訪問團，邀請大部分平時採訪國會記者隨團出國採訪。一是一個中央政府單位首長赴國外訪問國際友好人士，也邀請平時採訪此單位的記者多人，隨團出國採訪。

這兩項國外訪問，有其新聞性，值得採訪及報導，但其新聞價值是否足需一個記者團隨同採訪。

按臺灣新聞媒體一般慣例，重大國際活動，諸如：奧運、亞運、重要國際性比賽、重要國際性會議，除就近調動國外特派記者前往，時常也從國內派遣記者專程採訪。

國內重要人物、團體出國，如：總統、副總統、行政院長出國訪問……，各大媒體都會自費派遣記者追隨採訪（如係專機而可容納記者，當然不會自付機票費用了）。

普通的國外訪問活動，大都通知附近的駐外記者前往採訪；再次要的，就等中央通訊社的消息，或那些單位自行轉發來的新聞稿。

前述的國會議員及中央級首長赴國外的訪問，分量夠不上由媒體主動派遣記者隨同採訪報導；於是，國會和這一中央級單位邀請各媒體記

者隨團採訪，負擔一切費用。

論新聞，不足引起媒體主動重視；而事實上，這兩項訪問發回國內的新聞也並不多。難免，要被輿論批評：這是一種變相的招待旅遊。

㈢饋贈

饋贈，或可逕稱禮物，應該是指贈方主動；否則，是索酬、索賄。饋贈也應該是不隨帶請託，或繼請託之後贈送；不然，那樣的饋贈就等於賄賂。

中華民國報業道德規範明列「拒絕接受新聞來源之饋贈」文字，美國專業記者協會倫理規範也明列「禮物……等可能損及記者與其雇主公正等事物，都不應接受。」不過，並非所有新聞專業團體組織和新聞媒體的規範中，都把「饋贈」或「禮物」明文舉出，有些是籠統地涵蓋在「不受利誘」一類概念之中。

饋贈或禮物性質與種類頗多，新聞界所常接觸到的，我大致分成：禮誼饋贈、例行饋贈、重禮。

1.禮誼饋贈

國人多禮，逢年過節，親友之間，禮品往還，不在物值貴賤，意在表達親誼、友誼常誌未忘，相當歐美習俗一張賀卡，只是國人送禮重實物而且較為豐厚。

新聞工作者除了對尊長、至親好友外，在年節之際，收受機會多於送出，其中頗多是來自常去採訪的機構或個人。

前輩長者曾有以禮答禮的方式，當有人送來年節禮物，立即當場回送一份答贈；這一方式也有困難，例如不知對方禮物輕重，答禮能否相稱，如果送禮者是代表機構，那末如何答禮？

拒收年節賀禮，有時會被對方視為矯枉過正、不通人情；而且，有時禮是退了，自己心安，但在送禮機構的非正式紀錄上，禮物還是送達了。

記者的生日、婚禮，家中重大喜慶乃至遷居、生育、住院……，公
關人員消息靈通，不需當事人通知，禮品、禮金會送上門來。尤其記者
本身的婚禮，除非沒有觀禮或宴客活動，否則對常去採訪的熟人，發不
發請帖，確很為難。

以個人名義送婚禮賀儀，還可作以後「禮尚往來」的回報打算；但
有時是以機構的名義致送，如何回報，拒收，退還，公關人員會巧妙地
告訴你，「婚禮不可退」，你將如何？

訪問個人，尤其是來自國外的受訪者，常在訪問之後，致送贈品，
說是小小東西，表示禮敬，別無他意。

2.例行餽贈

公私機構舉辦重大活動，常備有致送來賓的禮物，前來採訪的記者，
照例也有一份，這並非專為新聞界準備的，是常見的例行餽贈，大堆頭
人人有份的禮品，記者不領取、不帶走，也無人過於理會。

有些記者會或專為記者安排的採訪活動，特地為到場的記者準備一
份禮品（有時連未到場而曾受邀的還會補送），人人有份，當然你一定
拒領或不帶走，對方也難相強。

訪問機構或個人，受訪者偶爾會出贈他們所屬或相關生產單位的製
品，說是請試用並賜批評。或者託詞那是樣品，請你試用，如覺滿意，
可繼續購買；就其解釋，你很像在接受推銷員的試用貨品，而不是受禮。

3.重禮

這一段落，是討論禮品的輕重和收受與否的關係。

無論何種餽贈，若只是象徵性的禮品，譬如一束花（甚至一朵花）
是否也在應該拒絕餽贈之例。

當然，前文舉過「一杯咖啡、一根雪茄、……，將可能影響你的公
正性」的說法。可是，在過去吸烟較普遍時代，在公共場合向人借個火，
遞一根香烟回報，很少有人會把那一根香烟，視作餽贈，一般也不認為

一根香烟就一定算攀上交情（記者和新聞來源要保持如何距離，是否不可攀交，是本書另一單元「記者的感情包袱」討論範圍，在此暫略過不談）。

美國《密爾瓦基日報》(*Milwaukee Journal*) 曾對報社書評編輯收受贈書有一規定：書價不得超過美金十五元（此一資料憑記憶所及，來源一時無法找出）。

前述禮誼饋贈，如婚禮、住院……，有時實難拒卻；但如果所贈過厚，超出常情，那也當歸入重禮之列了。

臺灣禮俗中，有「禮券」一項，新聞界朋友在收到禮券時，更處於尷尬之境。即使禮券面額在五百元（不知還有此面額否）以下，也令人感覺不算普通禮物。有時更令人為難的，是收到可兌現的禮券（如郵政禮券）。

新公司股票上市，曾有致贈採訪股市消息記者股票的例子。

紀念金、銀幣，有的市值很高，紀念幣不是金錢，但作為禮物，可能相當貴重。

有些贈品，單價不高，譬如兩張電影免費入場券，但長年持續贈送，累進計算，為數也頗可觀。

㈣特惠、特別待遇、特權

英文 favor 一字，在此譯為恩惠、禮物，都不恰當，暫用「特惠」取代。

我國新聞界相關規範、信條、守則等，都未把特惠及特別待遇明確提出。

美國專業記者協會倫理規範中明指「禮物、特惠、免費旅遊、特別待遇或特權等……應勿接受」。

特惠、特別待遇、特權三者涵括很廣，有時略相近似，簡單舉例：

記者開車違規，警方替你取銷了罰單，這可算是特惠；有些公共場所，警方幫你安排免費車位，是特別待遇；如果警方能為你安排和警車、救護車一樣有一張特別通行證可行駛逆向公車道，那就是特權了。

記者常有享受到特惠、特別待遇、特權的時機和場合，不止於來自警方的提供。這些特殊的供、受，其間自有微妙的人情互惠關係。

不過，也有一些新聞界朋友，認為這些特惠、特別待遇、特權，是新聞界應所特有的，無須作任何回報。

談到互惠，新聞界還偶會遇到新聞的互惠交換，例如：新聞來源以一則新聞，交換另一則新聞扣發；或者提供一則，夾帶請託多發另一新聞。

對新聞互惠交換，也有不同看法，有的以新聞價值為重，視所交換的新聞夠不夠分量，是否值得交換？有的認為這種新聞交換，形同饋贈往還，甚至是交易、賄賂行為。

(五)兼差

新聞界的兼差問題，情況不一，錯綜複雜。

待遇豐厚的新聞媒體，一般要求也較嚴格，有些以不可影響崗位工作，根本不同意員工另有兼差。待遇較差的新聞媒體，有時放鬆兼差的規定，藉以網羅、籠絡人才。

但兼差性質、方式也變化多端。

很多非定時、非常態的兼差，例如撰文、譯稿、論件論時計酬工作、臨時性、顧問性……，不易查覺，也不易界定。

本段要討論的，不是兼差對本職工作單位的企業倫理責任；把兼差置於本段探討的，是新聞工作者因兼差而連帶引致其在新聞專業工作上的人情包袱問題。

我國新聞界相關信條、規範、守則等，都未提及兼差問題。

美國專業記者協會倫理規範中明指「兼差……如果可能損及記者與其雇主公正者，都應避免。」

而在這一規範中，特別說明何以要明列兼差應加避免的理由，是：「記者與其雇主的私生活，應避免受到利益衝突的影響。他們對大眾的責任至高無上，這是他們工作的本質。」

本職在新聞媒體，兼差和其本職業務無直接關係，應不涉及專業倫理問題。但若運用其對新聞媒體之了解以及在其間的人際關係，作有助其兼差利益的活動，就得細加分析了。

兼差若與其新聞專業工作直接關連，則「利益」的牽涉，實難避免。例如：

採訪交通新聞記者為航空公司發行的刊物撰稿，採訪影劇新聞記者為影片公司發行的刊物撰稿。

選舉期間，採訪選情記者為候選人作宣傳顧問、設計或撰稿。

更嚴重的是，採訪體育新聞記者，介入體育競賽場中看板廣告的承包——這可能已不單是兼差的問題了。

前面以相當篇幅，討論了新聞界在專業領域中所可能遭遇的人情攻勢，我大致概分為飲宴、招待、饋贈、特惠與特別待遇及特權與兼差五類，略作舉例探析。

所受者輕重，是否應作分別；些許禮誼表示，拒卻太甚，是否不近人情。

有些應酬、招待活動，確也與新聞或新聞線索有關，就新聞工作角度，能否斷然放棄。

也有一種想法，人情攻勢主動出擊，卻之不易，但只要我自有尺度在心，不受影響，形式上不妨從權。

臺灣新聞記者協會執行委員會會長何榮幸就民國八十四年記協的一項調查指出：

為了驗證自律運動的可行性，記協在今年五、六月間首先進行針對新聞記者的小型問卷調查，得到的結論是同業普遍認為有必要制定符合現實的新聞倫理規範，以作為新聞工作者的專業準則及提昇新聞專業尊嚴。

但什麼是「符合現實」呢？這項向各縣市記者發出，僅臺北市、高雄市兩個都會區回收情況較熱烈的問卷顯示，不少新聞工作者認為接受一定金額以下的禮物等等，是臺灣社會「送禮文化」中的一部分，算不上抵觸新聞倫理，但多少金額以上屬於犯規動作則眾說紛紜。

這是兩大都會區新聞工作者感受到的社會背景，問卷結果背後隱含的另一層意義其實是：許多新聞採訪對象仍然習慣用金錢或禮物來「招呼」記者，他們習慣用這種方式來定位新聞工作者。

那麼其他各縣市的新聞工作者如何定義「符合現實」？記協在八月間接連舉辦中南部記者座談會，記協執委會版草案中的「記者應拒絕接受政府單位等採訪對象之旅遊招待、禮品或金錢餽贈，並堅決排拒其他收買或脅迫行為」條文果然遭到最強烈反彈，不少南部新聞同業認為根本做不到，而做不到的條文沒有制定的必要。

不少同業指出「不拿錢一定會被其他記者排擠」、「地方記者早已把這些視為福利」、「應該先去要求各級政府廢除招待記者的預算才對」，部份同業更強調「北部記者不要看不起中南部記者，臺

北也有不少記者拿紅包」。

一位率直的同業說，他所能做的是把拿到的錢以採訪對象的名義捐款給弱勢團體，所以原住民文化工作者瓦歷斯·諾幹辦的「獵人文化」雜誌，常常會因為收到某國民黨立委的捐款而感到莫名其妙；另一位同業則說，每年他主跑的縣政府官員都會在固定時期催促記者去領「政令宣導費」好消化政府預算。（何榮幸，民八四）

二、記者的感情包袱

在《新聞倫理》中講述「記者的人情包袱」，我側重由利益或權益的輸送所產生的人情攻勢。這一單元探討的「記者的感情包袱」則針對不屬利益或權益所關連的人情因素，由於偏向精神層面而非物質層次的負荷，所以稱之為「感情包袱」。

中國新聞記者信條中有關這一方面的準則：

一、……決不為個人利益、階級利益、派別利益、地域利益作宣傳……。

五、……評論時事，公正第一。凡是是非非，善善惡惡，一本於善良純潔之動機、冷靜精密之思考、確鑿充份之證據而判定。

八、……新聞事業為最神聖之事業，參加此業者，應有高尚之品格。……誓不落井下石！誓不挾私報仇！……凡良心未安，誓不下筆。

美國專業記者協會倫理規範只在「正確與客觀」部分，列出：

6.討論中採取黨派立場，故意偏離真實，即違反美國新聞事業的精神。

美國編輯人協會的報業信條中：

三、獨立

㈠報紙若為任何私人的利益作宣傳，違反公益，則不問其藉口如何，均有違誠信之旨。……

國內外新聞專業規範、信條、守則等，未見直接指明勿將私人感情滲入新聞處理，大致約涵括在獨立、公正、客觀等概括的原則中。

我就新聞界在專業領域所可能遭遇到的感情壓力，概分為四大類：政治意識、企業意識、個人理念、私誼；歸於感情壓力所討論的，是指新聞工作者基於這些因素而產生的個人態度，不包括迫於這些情勢壓力，被強加要求的非自主執擇。

1.政治意識

「主義就是一種思想、一種信仰和一種力量」，類似的話，不僅中山先生說過。

前文說過，本段探討的是感情壓力，所以不包括在政治制度、政治團體等情勢壓力，被強加要求的非自主執擇。

不論信仰有多大魔力，總有一些虔誠的政治信徒，由衷的有所信奉；這是本段所要討論的來自政治意識的感情包袱。

中國新聞記者信條於民國三十九年通過，當時是國民黨一黨威權時代，信條起草人馬星野是國民黨文宣機構的首長。在這樣背景之下，信條中仍然揭明：「決不為個人利益、階級利益、派別利益、地域利益作宣傳，……」。

美國專業記者協會倫理規範則明指：「以黨派意識介入社論，故意偏離真實，違反美國新聞事業的精神。」

2.私誼

每個人都有過去、現在甚至未來的親友和各種社會關係，新聞工作者在專業領域遇到這些私誼交情和新聞處理有所衝突時，的確形成很大的感情包袱。

這類衝突又有兩種不同的情況，一是有利於對方的新聞，一是不利於對方的新聞。

重大新聞涉及記者直接關係人如血親、配偶等，無論主動被動，都將迴避。

非明顯直接的私誼，很難申請迴避，而多半會面臨這些私誼關係者的請託。

大義滅親、鐵面無私，是公開場合詞彙，當私誼請託之際，很少人能真的六親不認，義正詞嚴，當即拒絕。

尤其當事雙方，對情節輕重的看法多有出入，請託者大都認為看重私誼在新聞處理上有所幫助，應是人之常情，是記者權限之內的事。

一九三四年制定的美國記者倫理規範中有以下的明文指出：

一、第一決議

㈣有些特殊關係的個人及團體，如廣告之戶主、如商業上之權勢、如新聞記者之親友，凡是與他們有關之消息，應該刊出的不許加以扣壓不發。本會會員應共同努力，或與發行人及編輯人取得協議，以限制此種扣壓新聞之舉動。

而在一九七三年通過的美國專業記者協會倫理規範對私誼部分已無明顯文字，其他中外相關信條、規範，大都以公正、客觀、不謀私利等要求，涵括不徇私誼。

但一般受私誼影響而在新聞處理上有所偏倚的新聞工作者，多半認為私誼介入，只是一種情感的輸送，並無利益關係，不同於私利。往往在道德感上無沉重壓力，在這一方面把關會較鬆弛。

無論如何，人情包袱和感情包袱都對新聞工作者的超然中立是極大的考驗。

何爾頓以「石蕊測驗」比擬：

> 新聞從業人員能採取某些內在的良心測驗，就像用石蕊紙來檢定
> 一樣。第一個測驗是，你是否能誠實地下結論說，所牽涉的好處
> 或考慮，無論是一杯咖啡、一根雪茄、赴邁阿密度週末，或是作
> 阿拉伯聯盟的貴賓赴中東旅行，當你執行與消息來源提供的好處
> 有關的新聞任務時，將可能影響你的公正性。
> 第二個更難的測驗是，即使你內心知道，你不會被施賄者收買，
> 你的讀者、觀眾是否會同樣肯定你的尊嚴。你接受微不足道的禮
> 物，或參加「發現事實」的免費旅行，是否足以使你的讀者、聽
> 眾或觀眾對你產生懷疑？(Hulteng)

施蘭姆則從新聞工作者的自由角度表示：

> 我們愈來愈認為，作為媒體代表，理當體悟到立場的獨特性——
> 他們並未和生意經人處在同樣的地位；還有，如果他們報導與評
> 論的自由必須維護，就應以專業工作者自勵，與新聞來源保持一
> 種絲毫不苟的關係。(Schramm)

引註書刊

一、中文書刊

何榮幸（民八四）

〈新聞自律運動，擺動在現實理想之間〉， 中國時報八十四年九月

一日，十一版。

徐佳士（民八三）

〈新聞專業團體該做什麼〉，中國時報八十三年九月二日，十一版。

徐佳士（民八四）

〈給記協一些鼓勵的掌聲〉，中國時報八十四年九月一日，十一版。

徐瑞希（民八二）

〈開除記者就是報社自我開除〉，《當代》月刊，八十一期，頁五二～六五。

馮建三（民八四）

〈關於新聞自主問題〉，原文刊於《世界傳播媒介白皮書1995》一書，臺北，遠流出版公司，頁二一七。

蘇正平（民八一）

〈新聞自由與自律──德國、東歐及日本經驗〉，《新聞評議》月刊，二一六期，頁四。

二、英文書刊

Allen Jr., Eric W.

摘引自羅文輝譯《信差的動機》，頁七五。

Hulteng

摘引自羅文輝譯《信差的動機》，頁七七～七八。

Karb, Richard

摘引自羅文輝譯《信差的動機》，頁六九。

Pentagon Papers

《新聞自由與國家安全──透視越戰報告書案件》，臺北市新聞評議委員會，民國六十二年。

Schramm, Wilbur

摘引自程之行譯《大眾傳播的責任》。

Tait, Elaine

摘引自羅文輝譯《信差的動機》，頁六九。

第六章　新聞第一的誘導

第一節　壞消息是好新聞

"bad news is good news"，這句話中譯成壞消息是好新聞，把前後兩個news稍作分別，可減少一些混淆。多年來這句話傳誦已久，連新聞圈外也都耳熟。

事實上，連新聞界自己也會有些迷惑，這句話的言外之意究竟如何指向？

這句話可視為新聞在現實上所面臨的無奈，壞消息確乎時常比好消息更引人注意、關懷，更使人震撼，具有更多構成新聞的要素。

這句話也可視為對新聞界只重效果、不顧後果流風的反諷。

但新聞界決不可把這句話視為肯定之論。

新聞界不能扣發、少發壞消息，也不應沖淡或任意刪節；同樣也不應該渲染、誇大壞消息。問題是，如何才能取其中，處理得適度。而且，媒體之間，對適度的看法，也極有出入。

更需加注意的是 bad news is good news的傾向，多年來在新聞處理上明顯可見。

民國七十四年十二月出版的《報學》中，筆者針對當時國內報紙新聞處理的兩個例子，略作分析。

第一個例子是「虎頭蜂襲人新聞的處理」。

民國七十四年十月二十六日，臺南縣佳里鎮仁愛國小六年級數十名學生在兩位老師帶領遊歷曾文水庫，受虎頭蜂攻擊，傷亡甚重，在續後幾天中成為讀者十分矚目的熱門新聞。

二十七日——蜂襲事件發生的第二天，大多數報紙都沒有顯著刊載，這一點是可以理解的。因為當日仁愛國小師生被虎頭蜂侵襲後，只有一名學生在送醫途中死亡，十多名學生受傷，傷情並不詳知，此類程度的學生團體災害事件，過去常見，並不足夠列為重大新聞處理。……

蜂襲事件在第二天（二十七日）情況逆轉，領隊的陳益興老師傷重不治，在上午十一時許死亡。受傷的學生中，有四人傷況嚴重。尤其使新聞性突出的，是陳益興老師解衣救人，奮不顧身，才遭致虎頭蜂嚴重螫傷，重傷後仍全力照料學生撤向安全地帶，更使傷情加劇，終於不幸因中毒太深死亡，實已構成一椿可歌可泣的事件。

但在次日（二十八日）的報紙上，卻尚未足夠顯著刊載。

筆者查對近十家日報（包括中南部發行的報紙，只有一家報紙在南部分版列為頭題，其他九家在五、八等版各以六、五、四欄題不等處理，卻都非頭條。

編輯判定新聞的重要性，是相對比較的；那末，當日的五、八等版上，是否有更重大的新聞呢？且看，編輯在五、八等版上刊出的頭題，是些什麼新聞：

四家頭題是「土銀搶案疑嫌伍運福被捕」

三家頭題是「轎車夜行撞上堤防乘客七人全部死亡」

一家頭題是「槍擊要犯游大為林男穎分別被捕」

筆者看法：土銀搶案類型的新聞，近年來已出現不少次；伍運福只是一個不很重要的疑嫌，對全案破獲，也無太大影響。槍擊要

犯游大為、林男穎是兩個不同事件，合併成一則新聞。轎車失事，七人死亡；死亡人數雖多，肇因卻是常見的交通事故。和陳益興老師捨身救人的犧牲事蹟相比，其新聞的突出性與積極啟示性，此三則新聞，都嫌薄弱了。

過去，也曾出現過不少次捨身救人的事蹟，新聞處理上也都擴大報導，顯著刊載。此類義舉近日出現的頻率，遠低於搶劫、凶殺、交通意外。所以，陳益興老師捨身救人的新聞，仍甚突出，何況這是一個師生之愛，教育工作者犧牲、奉獻的表率，事件過程也頗具衝擊性，就題材說決不遜於已拍成電影而且獲得金馬特別獎狀的「箭瑛大橋」故事，何以，竟被多數編輯忽略了。

筆者推測，各報處理此一新聞的編輯，並未低估了陳益興老師犧牲自己、救顧學生事件的重要性與新聞性，而是把土銀搶案、槍擊事件、車禍的新聞性高估了。

報紙對陳益興老師捨身新聞處理所呈現的事實，不禁令人疑惑，多年來報紙編輯太過於重視暴力、罪行，對災害事件偏於以傷亡或損害的量來判辨新聞性大小，輕忽其內蘊問題的意義，這些積久的偏頗觀念，似乎仍有相當程度的存留。

二十九日以後，由於社會各界強烈的關懷，更加上政府首長的注視，陳益興老師殉職事件的新聞性升高，各報自然是顯著地處理了。但又全面集中於表揚陳益興老師的犧牲奉獻精神，政府首長與社會人士的讚揚與關懷，在此一事件所探討的另一面——學生團體活動安全問題的再加強研究，不知是有意略過還是疏忽了。

第二個例子是「徐敬蘭墜樓死亡新聞的處理」

緊跟在虎頭蜂襲人事件之後，臺北市又發生一件裂屍疑案，十九

歲女子徐敬蘭屍體斷裂，在所住大廈後面防火巷發現。

這一事件，後來查出是徐敬蘭有吸食迷幻藥習慣，昏迷中不慎墜樓，湊巧又在落地前撞觸矮牆等硬物，雙腿齊膝折斷，頗似刀傷。

徐敬蘭屍體發現當日，警方調查後，也頗迷惑，認為有他殺可能，但也注意到墜樓死亡的跡象。

筆者核對徐敬蘭死亡事件第二天——（七十四年）十一月六日的七家日報，其中只有兩家報紙提及警方對徐敬蘭死亡的原因，有兩派不同的看法，有人認為是他殺，有人認為可能是吃了迷幻藥後不慎墜樓。

這七家報紙卻都一致地以比十月二十七日刊載陳益興老師捨身救學生的新聞更為顯著地處理，在標題用的是「遭殺害」、「慘遭殺害、屍體被肢解」、「疑遭分屍」、「遭分屍」、「遇害、雙腿被切斷分屍」、「驚傳分屍案」、「慘被肢解」等字眼。

甚至兩家提到警方也認為徐敬蘭有可能是吸食迷幻藥不慎墜樓而死的報紙，卻對警方這一方面的說法，以極少的字數，簡略敘述；其中一家，只把這一短小報導，排在全部新聞的後面，且未另標標題。

何以從記者、核稿人、小組召集人、採訪主任到編輯大都忽略了徐敬蘭死亡原因的另一面，是否又是前述積久偏頗觀念的影響。

就新聞深度報導層面看徐敬蘭死亡事件的編採處理，若能循徐敬蘭的生活散漫、交友複雜、吸食毒品以致意外身亡屍裂的錯綜關係，強調問題少女的悲慘面，似更具有積極的警世作用，對讀者的吸引力也不見得比渲染分屍會減弱。

七家日報處理徐敬蘭死亡事件，都並不朝這一方向著力。

從虎頭蜂襲人和徐敬蘭墜樓身亡兩件新聞的編輯處理，報業工作者似應得到一個警兆，該冷靜客觀地作一番自我探討，究竟有沒

有把握住善盡在現代社會中所負之責任的正確方向。

多年前,《讀者文摘》登過一段新聞的趣聞:

英國儲君查理王子認為報紙總是報憂不報喜。他質問:「比如說,他們專報導空難,為什麼不報導希斯羅機場(註:倫敦國際機場之一)有多少架巨無霸噴射客機平安降落呢?」

於是,倫敦星期泰晤士報在王子三十歲生日那天,在第一版發表了那個星期發生的喜訊:百分之九十二的一級郵件均如期送到;一萬二千二百名嬰兒誕生;沒有一家銀行倒閉;一萬六千人結婚;一處油田的稅收就有一億七千六百萬鎊。還有一喜:自殺率下降。

這則趣聞,不只是幽默而已,多咀嚼一下,感覺得出倫敦星期泰晤士報的諷刺意味,顯然並不太支持查理王子的觀點。

由於新聞報導必須達至真確,其題材和情節限定從真實生活中去採掘,新聞界的先驅者,不免費盡腦力,找尋足以吸引讀者的方向,因而創下了「狗咬人」不是新聞的傳統概念。這一概念作祟,使許多新聞工作者執著於挖掘聳動的、怪異的、新奇的題材。有些讀者慣而成習,非有這類「新聞」不能稱意。

筆者曾在一所大學的教師休息室裡,聽到兩位老師談到最近的媒體新聞報導,引起了我的關懷與注意。

一位說:「最近沒什麼新聞可看!」

另一位附和稱是。

我繼續留意他們何以有此感覺,聽了一會兒,大致明白他們是指最近「壞消息」太少,所以沒什麼新聞可看。

大學教師尚且如此看待新聞，一般讀者的口味，當可想見。

有一個諷刺新聞界的笑話：

記者手搗住電話機發聲筒，向採訪主任報告：

「好極了！一條船沉了，三百多人落水！」

主任興奮地：

「好極了！趕快通知編輯準備大版面！」

幾分鐘後，記者囁嚅地再報告：

「不好了！三百多人都救上來了，沒有傷亡。」

主任面現不豫：

「糟透了！趕快再通知編輯吧！」

新聞界人士雖然並非真的幸災樂禍，但從新聞角度，如上面所描述的由興奮到頹喪的心理過程，確實是在「新聞第一」觀念之下的自然反應。

美國專欄作家本·華騰柏格 (Ben Wattenberg) 於一九八四年出版一本書名《好消息是壞新聞之說是錯的》(*The Good News is the Bad News is Wrong*)，從許多角度，舉眾多實例：駁正將好消息視為壞新聞之說，也批評了壞消息是好新聞的觀念。

第二節　採訪手段

Paparazzi 一字源出義大利，一九六○年義大利名電影導演費里尼 (Felini) 用來指稱那些躲在隱暗處諸如牆角、柱子背後、汽車廂……等，偷拍大家想看的名人穿幫照片的攝影記者；Paparazzi 的義大利文原義，

是指家中鬼祟竄動的老鼠、蟑螂之類的令人厭惡的動物，從而可知費里尼以此命名那一類型攝影記者時心中的感覺了。

竄流了幾十年的 Paparazzi 多半不是媒體專職記者，他們獨立自由獵取媒體有興趣的鏡頭，視其「珍貴」程度，論件、論酬，出售給不特定的媒體。

早年，Paparazzi 獵攝的對象以電影女明星為主，麗泰海華絲 (Rita Hayward)、碧姬芭杜(Brigitte Bardot)、伊莉莎白泰勒(Elizabeth Tayler)、蘇菲亞羅蘭 (Sophia Loran)的上空或半裸照片，大致以美色的暴露為主。

其後，變本加厲，獵攝對象擴大到一般名流，最引起注意的是一九七一年一個義大利的Paparazzi 冒充歐納西斯(Aristotle Onassis)的園丁，混入其私人小島，拍到賈桂琳(Jacqueline Kennedy Onassis)的裸體日光浴鏡頭；一九九二年已與英國安德魯王子(Prince Andrew) 分居的莎拉王妃(Princess Sara) 在法國南部與男友上空嬉戲又一次震驚世界。

類似的Paparazzi 行動，盛況不衰，而且中期以後所攝的畫面，似只重在暴露隱私，連美感也不顧了，諸如伊莉莎白泰勒酗酒期間的疏懶痴肥，英國威廉小王子(Prince Williams) 在倫敦一所公園隨地小便……，所呈現的是「隱私」、「醜陋」、「不端」……。

當然，就新聞界的角度，這種Paparazzi 作風是會引起非議的，其可議之處包括所攝取的題材和取得拍攝機會的方式。

Paparazzi 獵取鏡頭的方式，不止於攝影人員；新聞記者所有採訪新聞的方式，面對同一問題：為了新聞第一，為了採訪到好新聞，可以不計任何方式？可以不擇手段嗎？或許有人進一步問，如果攝取的不是那些「美色」或「醜陋」的畫面，Paparazzi 的獵鏡方式可以容許嗎？

中華民國報業道德規範在新聞採訪類項中有：「新聞採訪應以正常手段為之，不得以恐嚇、誘騙或收買方式蒐集。」 和「採訪醫院或災禍新聞，……尤不得強迫攝影。」 等規約，似對Paparazzi 式的採訪手段不

足以限制，而中國新聞記者信條及其他相關規範中更沒有對記者採訪手段有任何具體規約。

美國報紙編輯人協會原則聲明中有:「新聞從業人員應避免不當或看似不當的行為」和「新聞從業人員應尊重涉於新聞人物的權利，保持莊重原則」等規約。這兩點規約，對拘束記者採訪手段來說，太過抽象，美國其他的新聞專業規範，大致是以尊重隱私的原則規約記者採訪手段，而多數記者是把尊重隱私和採訪手段分開來看的，一般認為那是兩回事，或者更直截地說，如不涉及隱私或者是不受隱私限制的情況下，採訪手段就無庸過問了。

隨著科技進步，攝影機及電視電影攝影機性能增強，又引發一種在攝影報導上的新爭議:隱藏式拍攝手法，其使用以電視新聞尤烈。

中華民國新聞評議委員會於民國八十一年四月三十日通過的「臺視新聞世界報導三月份『夜幕追蹤』單元之研究分析」，是我國新聞界相當矚目的一個案例，評議會對這一電視單元認為有多項報導不當情況，關於隱藏式鏡頭拍攝問題，是其中之一。

新評會針對八十四年三月十八日台視新聞世界報導「夜幕追蹤」單元「女同性戀系列報導 (一) —— 女同性戀酒吧」的電視報導提出分析:

刊播情形 (摘錄)

主播:國內女同性戀數目日漸增多，我們要探討其原因，但在探討之前，我們要深入其聚會場所。

旁白:女同性戀聚集的地方，一般不容易讓外人進出，採訪小組注意這家 PUB 很久，三點十分一對戀人進去，旁邊的則因為打架而受傷……守了好幾天的深夜，採訪小組決定查出暗號進去一探究竟。這就是我們進去之後，把攝影機藏起來拍到的畫面，……

（在旁白之後，進行一段歌星訪問，但轉入旁白，旁白結語之後，

鏡頭轉至主播臺，由主播張雅琴與記者璩美鳳進行一段對談。）

張：你是怎麼進到女同性戀的PUB去拍？

璩：以暗號溝通始能進去。

張：進去之後，會讓你拍嗎？

璩：他們的個性可能也都較不一樣，故使用V8攝影機拍攝較為保險。

問題分析（摘錄）

（評議會認為）採用隱藏式鏡頭拍攝，已侵犯被攝者之隱私權，其分析說明：

同性戀主題並非不能碰觸，同性戀人士或團體亦非不能曝光，只是媒體在製作這類主題之前，似應衡量報導手法之適宜性，是否尊重他人隱私權。

然而揆諸「女同性戀酒吧」專輯，記者為了解女同性戀者活動情形，在未經任何當事人的同意之下，擅以隱藏式攝影機潛入酒吧窺探女同性戀者玩樂情形，並將畫面毫無修飾地刊播。此種潛伏拍攝的作法，已侵犯私人權益。

建議（摘錄）

記者應以正當手段採訪新聞，不宜以隱藏式拍攝手法侵犯個人隱私。

　　臺視新聞針對新聞評議會對上述「夜幕追蹤」單元的研究分析中部分論點提出疑義，申請覆議，關於以隱藏式機器拍攝，臺視新聞的解釋是：

　　舉凡各國際媒體為採訪非法事件均常以隱藏式機器拍攝，甚至調查報導也常有之。使用隱藏式鏡頭是否侵犯隱私，應視其是否為

和公眾有關之事，如和大眾相關，則並無侵犯隱私之處。

新評會覆議結果，對這一部分的評議是：

> 同性戀應屬社會現象，尚不致構成非法情事，若為新聞需要，以
> 隱藏方式拍攝，仍應注意被拍攝者之個人隱私權。該則新聞不僅
> 指記者擅自拍攝之畫面為一對對同性戀者，且在畫面中，數度出
> 現當事人清晰的面目表情，未施以特殊畫面處理，顯有侵犯被拍
> 攝者隱私權之嫌。

以新聞評議委員會這一案例研究分析的主張，是指以隱藏式拍攝手
法侵犯個人隱私為不當，並未直接確論隱藏式拍攝是否合乎正當採訪手
段。

《新聞鏡》周刊一篇專文中，舉述美國 CBS「六十分鐘」的製作人
之一 Don Hewitt 曾說過，使用隱藏式攝影機採訪，就如記者沒有出示身
份進行採訪一樣，並無不同。

姑不論兩者是否確屬並無不同，單只記者未表明身份進行採訪，也
是一個採訪手段適當性的爭議點。

恰巧也是一個引致國內傳播界矚目的電視新聞採訪報導案例——中
視記者楊蓓薇採訪柯林頓事件，其中關於記者隱匿身份的適當性，新聞
評議會也作了研究分析與建議。

楊蓓薇當時是中國電視公司駐華府記者，一九九二年十一月十八日
以翻譯身份接近美國總統當選人柯林頓，其與柯林頓一分三十秒的街頭
對話，部分重要問話與畫面，經重新配音與剪輯後，以「獨家專訪」的
新聞報導型式播出，後經觀眾及同業質疑，引致爭議。新評會對全部訪
問過程及質疑各點，有全面的研究分析，本書在續後的「製造、變造新

聞」一節詳作摘引探討，為免過多重複，本節僅就「記者隱瞞身份進行採訪」這一部分，先摘錄並作論析。

楊蓓薇是以協助翻譯的條件在一家中國餐館等候，而且避過安全人員的查問，沒有洩露她的記者身分。柯林頓是在不知情的情況下與在場的人——包括楊蓓薇交談。

新評會對這一部分的評析是：

——記者未表明身份而進行訪問

記者進行採訪時，應向受訪者表明記者身分。若在報導對方從事非法行為、或暴露記者身份會危及個人生命時，才使用喬裝採訪。而此則新聞中，記者於公開場所採訪一國元首，不僅未說明身分，當藉翻譯身分採訪完畢，於離開現場後，復重錄問話中政治敏感度極高的字眼，此舉並不符合新聞職業道德，也是不尊重受訪者的表現。

——改變問話內容與採訪順序，造成假象
⋯⋯

楊蓓薇以翻譯為由，讓安全人員並未懷疑她的其他身分，使她得以接近柯林頓。然而，翻譯者除並未忠實反應商家老闆的情況之外，反而在雙方互不熟悉對方語言的情境下，以問話誤導美國總統柯林頓，使其以為老闆等人來自臺灣（註：店中兩位華僑來自大陸福州，不太會講英文。）有違誠實原則。

新評會對這一部分的建議是：

——新聞報導應首重誠信原則

新聞媒體應公平、客觀呈現事件經過，且播報的新聞內容應使人可以信賴，不能誤導觀眾或出現錯誤的訊息。此則新聞中如以真誠方式報導，說明記者以翻譯身分進行採訪，完整呈現新聞原貌，並且不強調為獨家專訪，亦不致扭曲新聞本質與損及新聞的價值。

記者不應為求達到採訪目的，而使用不適當的方法。對於公眾人物之採訪，記者更應表明身分，以尊重受訪者權益，並且多使用現場採訪，以避免後製作時造成的缺失。

比隱藏式攝影與隱瞞身份更過分的非正常採訪手段，花樣繁多，戲法巧妙更有不同，是否「正當」，當事人也各有辯詞；但至少以「騙」、「買」、「偷」、「搶」、「勒索」等方式取得新聞或試取新聞，應可確指為不正當的採訪手段。

「騙」，偶或也有爭議。有人把「騙」又作程度上的區別，認為撒個小謊，編個藉口，略施小詐，都不過是耍個小小手段，無傷大雅。

甚至有人質疑：有多少大新聞，能直來直往，正面提出，就採訪得到？

讓新聞記者虛心承認他的新聞是「不正當地騙到手的」，殊非易事。

收買新聞在多數新聞專業道德規範中，都明列為不可採用的方式，但新聞界始終沒有斷過這類例子——而且是被揭發的，至於沒被揭發出來有多少，就不得而知了。

新聞界不會強稱收買新聞是正常採訪手段，每當被揭發時卻又辯說其不得不出此下策的理由；而且，又有一些人認為略施小惠、給點小錢，套取或換取一些新聞線索，不能歸入「買」新聞之列。

甚麼樣程度，才算「收買」，也很可爭論一陣。

「偷」，在現代社會應是公認的不正當行為，但在取得新聞的過程

中，又成了一個具有彈性的爭論點。

　　魯迅在其短篇小說《孔乙己》中，從主人公嘴裡說了一句：「偷書之不謂偷」。魯迅是用以諷刺知識分子的多元道德標準觀的。

　　現實社會中，確有一些人把偷書不視為很嚴重的事，甚至有人說：偷書的孩子，總比偷錢、偷糖、偷玩具的孩子好些。

　　具孔乙己偷書觀的新聞記者，也確有一些，不過，這種行為，當事人很少會提出來「炫耀」，大概是心有「內怍」吧！

　　明搶新聞（當然不是指「搶先」、「搶快」、「搶獨家」）的例子少見，可以和「勒索」並論。

　　「勒索」，　明顯是悖理、違情、非法的行為，以類似方法取得新聞的記者，卻常巧言辯稱只是一種「換取」方式，因為被「勒索」的當事人，時常陷於不敢說明內情、有口難言的不利立場。

第三節　新聞先? 救人先?

　　一輛坦克的背後
　　一名死去的敵人
　　一張照片
　　在越南拍成

　　這張照片
　　連同其他的得了一個獎
　　照出一個母親
　　在一條野外的溝渠
　　兩個孩子抱在她的手上

現出極度的驚恐

這張照片獲獎

是因為曝光

對

場景深

他是不是該先去援救那個母親?

這首詩,題目是〈新聞獎〉,德國現代詩人 Ingo Cesaro 的作品,由我國現代詩人向陽譯成中文。

在新聞媒體上,如 Cesaro 所譏諷的狀況很多,一九八九年普立茲新聞獎獲獎照片「禿鷹與小女孩」, 紐約時報記者卡達在非洲拍攝,畫面上「一個骨瘦如柴的小女孩無助仆地,後面一隻大禿鷹貪婪地盯視」,主題是顯現戰亂中骨肉流離,幼小生命的孤弱危殆。這張照片刊出後,立即引起轟動,由於無數讀者關心小女孩的生死,紐約時報在四天後報導:「攝影記者在拍攝後已經趕走禿鷹,至於小女孩是否平安抵達救護所,則不可知。」

這張照片遭人質疑:「一見到那種情況,為什麼不先趕走禿鷹,救助小女孩,而冷血地拿起相機?」 而卡達在接受日本 NHK 電視訪問時,竟追述他當時還曾花了將近二十分鐘,嘗試從各個角度、不同焦距拍攝,他說:「我考慮如何才能拍出更好的照片,我甚至期盼禿鷹能展翅,如此一來,照片將更有力些!」不過卡達也表示:「我等了許久,禿鷹始終未展翅,便打算放棄,突然一股怒氣,促使自己趕走禿鷹。同時,小女孩也成功地自己站起,向前走去。眼見此情此景,哀傷在心中湧現,那時的我躲進路邊的樹蔭下,哭泣了起來。」

最受指摘的是一九八三年美國阿拉巴馬州 WHMA 電視臺播出的自

焚鏡頭。電視臺事先接到自焚者安德魯斯的電話：「你們要想看某人引火自焚，請於十分鐘內到傑克森維爾廣場來」。 半小時之內，電話打了三通。電視臺曾和警方連繫四次，他們堅稱曾和警方協議，以攝影機為餌，引出打電話的人以便利警方行動。警方卻表示沒收到連繫訊息。WHMA電視臺記者塞門和哈瑞斯到達現場時，卻並未通知警方。

　　結果整個自焚事件的經過被 WHMA 電視臺攝錄，在第二天晚間新聞剪輯播出。螢光幕上，觀眾看到安德魯斯走向攝影人員，塞門和哈瑞斯先是叫他停下來，然後當安德魯斯劃一根火柴移到胸前時，他們同時也開動了攝影機，他的胸前顯然潑灑了易燃液體。第一根火柴熄了，安德魯斯又劃了一根火柴放近大腿，結果又熄滅了。他蹣跚地走向燃料油，再往身上潑灑，然後回到攝影機前蹲下，劃第三根火柴移近左大腿。一小撮火花出現了，隨即擴散。

　　哈瑞斯終於不再坐視，他上前撲打火焰，但為時已遲。安德魯斯倒下又爬起來蹣跚而行，整個人已變成火球。一個在附近的義勇消防隊員數秒鐘後趕來撲滅了火。但安德魯斯大半身已遭二、三級灼傷，到周末為止傷勢尚無大礙。

　　塞門和哈瑞斯在電視新聞播出後，受大眾指摘，新聞同業指出：「為什麼在安德魯斯花了三十七秒想點火自焚之後，你們才去阻止他？」

　　哈瑞斯表示問心無愧，他說：「我的工作就是在事件發生時將它紀錄下來。」

　　《新聞鏡》二八四期刊出美國西北大學新聞所研究生顏伶如一篇〈拍照？還是救人？〉 文章，顏小姐敘述在課堂上老師舉例：一個攝影記者巧遇車禍現場，互撞車輛一輛損毀，駕駛人趴在車外，有呼吸現象。另一車引擎起火，隨時可能爆炸，駕駛人全身是血趴在車內，但顯然還有呼吸。現場除攝影記者趕到，另外別無他人。

　　老師問，如果你是那攝影記者，你會先拍照？還是先救人？

　　同學們有各種不同的意見，而老師的結論是：記者是某事件的觀察者(observer)而不是參與者(participant)，既然只是一個觀察者，就不應該去參與整個事件的發展，不論情勢的變化讓你覺得多義憤填膺，也不能違背這個原則。更重要的是，記者會出現在事件現場是由於有任務在身，而不是以一般人的身分出現，因此記者的工作便是要做最完整的報導，對所服務的媒體負責，如果記者因為參與事件而遺漏了應該有的報導，例如因為去救人而沒有拍到車子爆炸的照片，便是失職。

　　不過，顏小姐的結論是：「我完全了解記者要嚴守觀察者的身分的重要，例如在報導集會遊行時要注意不要變成活動的其中一分子；例如我們不能在報導中夾入個人的意見而變成某事件的倡導者。但是，一旦面對別人生死關頭的時刻，我懷疑我是否能堅持不參與的原則而置身事外，我想我很難做到。」顏小姐的同學蘿拉則表示會先救人，她說：「或許我因此不符合好記者的標準，但我有我良心的標準。」（顏小姐一文，續後有彭家發、胡宗駒兩位的回響，大致提及記者在當時還須考慮能不能救人。）

　　對影象新聞說，拍照或電影拍攝常要把握剎那機遇，否則瞬息之間，即錯過那一個難得一見、可遇而不可求的鏡頭。

　　不僅攝影記者，在一般文字或口頭報導的記者，也常面臨同類試驗。

　　獨家消息，搶先發出，是新聞記者工作中最優先的指標，也是記者和新聞媒體被評價的主要準據之一。

　　當記者面對一個獨家優先的機會，要他們思考新聞以外的責任，甚至要放棄或扣發，說起來是相當「殘忍」的事。但是，一旦這則新聞的採訪或報導，涉及一個人或某些人生命安全時，確實是逼迫當事的記者作痛苦的抉擇。

　　一九三二年，美國航空英雄林白之子被綁架，美聯社發出綁匪送出贖身便條消息，綁匪揚言如將便條事情宣布，這剛滿十九個月大的嬰兒，

性命便將難保。大部分新聞同業都因而沒刊播這則消息，卻有一家報紙單獨發出，消息既洩露，這則贖身便條的消息便普遍刊登出來。幾天之後，林白嬰兒的屍體被發現，證實是綁匪殺害的。

林白之子的不幸事例，也是世界新聞史上的慘痛例子，許多指導學生或後進新聞採訪的師長、前輩，都常會提出作為對後起之秀的規誡。

但在這續後六十多年中，對綁架消息的報導，仍然沒有一致的準則。

民國七十九年底臺灣新光企業集團吳東亮被綁票勒贖案，新聞界在新聞處理上相當慎重，最後吳東亮獲釋消息，經聯合報搶快獨家發出，雖然聯合報表明是在確認吳已安全獲釋後，才換版刊出。但其時間的適切性，仍引致新聞界相當的爭議。

國內外新聞界大都說過類似的話：

沒有任何獨家新聞，比人命更值錢。

我寧願損失一則獨家新聞，也不願損失一條人命。

至少，沒有人公然發表反對之意。

實際狀況，並不如此簡單。當面對事實發生，又在時間壓力之下，時機、必要性……，許多思考因素，使人很難遽下判斷。

不過，也有一個直截了當的問題：

面臨如此難下判斷的那一剎那，如果你必需一賭，獨家新聞？人命？你寧願輸掉那一邊？

這的確是一個新聞倫理上的考驗。

引註書刊

一、中文書刊

馬驥伸（民七四）

〈從新聞處理探討報紙的社會責任與回饋讀者〉，《報學》半年刊，
第七卷第五期，頁八～一一。

新聞評議

《新聞評議》月刊，中華民國新聞評議委員會出版。

第七章 專業意識的挑戰

第一節 品味與莊重

多年前，筆者在一所大學任教新聞實習課程，安排即將畢業的學生到各新聞媒體實習一個月，實習完畢後在課堂上相互檢討。

一位在著名報紙實習的同學報告他的遭遇之一──他採訪了一條社會新聞，以慎重的態度，寫了三百字左右精短的報導。指導他的那一小組召集人，閱稿之後，大聲責問這位同學：

> 這條新聞，編輯一定會用，你只寫三百多字，教他怎麼做大題？你是那個老師教的？

那位同學報告時，有點尷尬地望著我，因為我正是教他新聞要寫得精簡、不可踵事增華的那個老師。

抓到對編輯和受眾口味的題材，小題大作，以「生花妙筆」添枝加葉，並且有意加強或突顯某些「重點」，是新聞記者常見的「渲染」慣技。

渲染過甚，則再「提昇」一步，邁入「誇大」階段。兩者之間，很難明確界分，但一般均視誇大是更嚴重些，過於誇大，就接近或已經失真了。

這些渲染或誇大手法及作風，出現於新聞媒體的頻率甚高，大家也

似乎看慣了。

若從各國新聞界倫理規範或信條中探索,則除了我國的各類媒體倫理規範外,其他國家大都沒有在新聞倫理規範或信條中,直接指出渲染、誇大或類似用語。這並非表示其他國家新聞媒體的渲染、誇大作風不盛;而是,渲染、誇大,很難明確判定。

民國七十二年春節前後,新聞界長者馬星野發表一篇〈讀報觀影罪言〉,他很沉痛地指出我國傳播媒體在當時熱衷於傾向「誨淫」、「誨盜」的素材,瀰漫泛濫,卻連「報紙編者,都認為是藝術」。文章雖短,但引起各界一片反響,新聞界也受到衝擊,在大眾品味與市場迎合方面,反省一陣。不久,熱度退了,再故態復萌。

從渲染、誇大到愉悅大眾,大致都是市場迎合所導向出來的。這一問題,可從新聞媒體的自我定位、大眾品味的評估和專業的自尊與自重三個層面探討。

在講堂上談及新聞傳播功能,一般大都歸納為:守望(告知)、會議(溝通)、教育、商業(經濟)、娛樂五項。每講到此處,筆者總會提醒學生:「新聞傳播雖帶有娛樂作用,但新聞傳播絕對不應以提供娛樂為主,或列為優先;尤其是隔岸觀火、幸災樂禍、窺伺醜聞傾向的娛樂心態。」

新聞媒體的所有人、領導階層以及實務工作者,較常喜歡以文化人自居,而將娛樂傾向的素材,總括在文化領域,一旦在表現程度或表達方式上出現了爭議,被指責的新聞媒體當事人,就以「藝術」角度自辯。馬星野在〈讀報觀影罪言〉中痛心疾首的,就是這一傾向。

美國學者休斯(Helen McGill Hughes)在她的研究報告中指出:「美國報紙多已不再僅僅為小規模而又主動的大眾提供消息,而成為提供大眾娛樂的媒體。」

在娛樂傾向上,又涉及對大眾口味的評估問題。

這種評估，牽連到「大眾」何所指？「大眾品味」如何形成，還是媒體操縱鑄造的？大眾品味也有寬廣的界度，為何專尋取其中最低俗的部分？這一連串的疑問或爭議。

英國皇家報業調查委員會在一項報告書中主張：「報紙應將它認為那些大眾想要閱讀的，與那些它認為應該閱讀的，兩者間作一調和。」

奧克士為紐約時報樹立那句報頭銘言："All the News That's Fit to Print." 也正是上述意思。

施蘭姆對大眾品味的問題，有他的看法：

> 媒體無法過份與社會品味出現距離；但也無法與大眾品味完全一致。

但他對大眾品味的評估，又提出一個提示：

> 提供一種服務，對人作出較高的理解，不再視為一種幼稚的動物，大眾藝術仍要來適應他們。——人，是一種應受尊敬與有鑒別能力的動物，他們能辨別是非與善惡，能辨別藝術與人生。(Schramm)

施蘭姆提到人應受尊敬，正好可轉引到討論市場迎合的第三個層面的探討：專業的自尊與自重。

朱光潛在《談文學》一書中論及作者與讀者，他指出有一種作者對讀者的態度，他稱之為「仰視」，他形容仰視型的作者：

> 仰視如上奏疏……，仰視難免阿諛逢迎。一個作者存心取悅於讀者，本是他的分內事，不過他有他的身分和藝術的良心，如果他

將就讀者的錯誤的見解，低級的趣味，以倡優俳優的身分打諢吶喊，獵取世俗的銜耀，仰視就成為對於藝術的侮辱。（朱光潛，民六五，頁一五三～一五四）

把朱光潛對仰視型作者的批評延伸到記者身上，過於迎合市場反應的記者，把記者這一專業和新聞這一行業置諸何地？

有人辯解渲染、誇大乃至一些低俗取向，不過是一種手段，目前是在向受眾「推銷」新聞。渲染、誇大以及低俗取向是些包裝方法，只要所包裹的新聞實質對受眾有用，不是很合乎現代商業的行銷原則嗎？

筆者曾寫〈糖衣四相〉一文，指出過分注重行銷手法的副作用。

時至今日，糖衣的必要性未減，但仔細觀察社會現象，在糖衣之內，蘊存了至少四種不同的成色，姑以「糖衣四相」名之：

「糖衣良藥」——良藥又加可口的糖衣，實質與包裝並重，既善且美，推廣對社會的有益服務，採取積極、主動，能夠做到，何必不做。

「糖衣白藥」——提到這一相，首先要請「雲南白藥」的關係者原諒，全無影射於它的意思。這裡所說的白藥，是指如同白開水一般，毫無正副作用的實質，有等於無，以糖衣吸引了群眾，給予的是個零——除了類如有些醫師安撫病人，給的白藥，卻強調藥力宏大，藉收心理醫療功效。一般而言，白藥可能無益也無害，有時卻因受者寄予過度的信賴，誤了原應獲得的效果。無效的消毒劑、不真實的知識、不正確的指引等等，都會因誤生害。

「糖衣劣藥」——劣藥不止於白藥而已，劣級品質，負面影響大於正面，過期、不純的藥可能不僅無益而且導致傷害，誤謬的知識和指引，導人步向歧路，這是損人利己的行為。

「糖衣毒藥」——向大眾推廣毒藥，應歸列有心為惡的品流，其心可誅。即或有人自辯，事先未能察知它是會有毒素的，這種過失害人不負責任的心態，也無可原諒。

糖衣良藥，良藥是本，糖衣是末，若本末倒置，過份重視糖衣——形式，忽視良藥——實質，輕焉者，惡性循環的結果，受者發現實質不良，你的信譽喪失，以後沒有人再買你的、聽你的了。嚴重的後果，則是取巧心理變本加厲，糖衣之內，藥的良質漸減，逐步變成白藥、劣藥以至毒藥了。

社會大眾固然有權把良藥和糖衣兼而得之，但也不可習染過久，只重糖衣；有了糖衣，良藥、白藥不計較，長此下去，終令有一天吃下劣藥、毒藥還不知道。(馬驥伸，民七六)

準此比擬，新聞界過度以行銷目的為前導，任意採用渲染、誇大手法，使新聞報導迎合市場部分的低俗品味取向，是否將「糖衣」的本旨扭曲了。

第二節　製造新聞與變造新聞

早期新聞界最著名的「捏造」事件，一般都指一八三五年八月美國

《太陽報》（*Sun*）關於月球的虛構報導。《太陽報》在幾天中斷續報導科學家在新製特大天文望遠鏡中：「已經發現其他太陽系的行星；已經清晰地望見月球中的物體，與肉眼在一百碼處看地上的物體完全相同；已經確切解決了這個衛星上是否有生物存在與係何種生物的問題……」，在幾天後續報導中宣稱：「看見一種奇異的圓球狀兩棲動物，以高度的速率滾過滿佈石子的海邊。」其後又描述月球上近似人類的蝙蝠，一直到宣稱「這座特大天文望遠鏡已經損壞，科學家的觀察被迫停止」， 才結束了這一系列的驚人報導。其間報界和科學界非常注意關懷，太陽報銷路因而急速躍升，最後被人揭穿，一切報導都是捏造，新聞界對太陽報此舉，自然群起非難，但一般公眾反應平淡。

四十年後，《紐約先驅報》（*the New York Herald*）又耍出一手「野獸的戲弄」。

一八七四年十一月九日，先驅報頭版全頁刊登紐約中央公園動物園野獸破柵逃出的報導，敘述獅、豹、虎、野貓、象、蟒蛇等猛獸毒蟲肆虐殺傷市民以及州長持鎗在街頭射死孟加拉虎的英勇行動，用不少聳動的大標題，例如：「野獸與市民的惡鬥」、「殘害的可怖景象」、「令人震驚的安息日大屠殺」……。

直到整篇報導的末尾，才有如下一段說明：

上面所登載的報導純粹是虛構的故事。沒有一個字是真的……這不過是數日前記者漫遊到中央公園的獸苑，正注視著野獸籠鐵條裡面的野獸，因在他的腦海裡充滿了一種幻想的情景。紐約究竟如何準備去應付這樣一種大禍害呢？這種情形會多麼容易發生在一週中的任何一天呢？……

新聞同業自然對先驅報這一招，群加抨擊；讀者反應不一，有的還

認為是滿精彩的「把戲」，不過也只是「把戲」而已。

　　新聞界強烈引為鏡戒的一個旁證顯例，是一九三八年十月三十日萬聖節前夕，美國紐澤西州一家電臺播出一個廣播劇，由名演員播述 H. G. 威爾斯(Welles)的小說*War of Worlds*，其中地名都是紐澤西州真實的地方。

　　這段廣播劇是採新聞報告形式處理。先播一段音樂，中途突然插播新聞報告，宣布：火星人進攻地球，中心即在這家電臺所在的市鎮。數分鐘內，有數以萬計的聽眾信以為真，驚惶地逃出屋外。電臺為了製造逼真氣氛，特邀「專家」和「目擊者」作證，生動地描述火星人降落地球等「實況」。

　　在一小時的節目裡，播音員先後說明三次，整個故事是虛構，但很多人沒注意到，在收聽區域內形成極大騷動、混亂。事後據普林斯頓大學調查研究，估計有六百萬人聽見這一廣播，其中約有一百萬人當成真事。

　　這一事件發生後，美國廣播界不敢再輕率在戲劇性節目中採用新聞播報方式。

　　從紐約先驅報的「野獸的戲弄」把戲，到紐澤西電臺的「火星人進攻地球」，前後六十多年，由報紙可以在新聞報導中玩「把戲」，到電臺以新聞形式處理戲劇情節已勢難容許，新聞求真的尺度顯然嚴格了。

　　一九八一年四月十三日，華盛頓郵報女記者珍妮・庫克，因為一篇特稿,「吉米的世界」——有關一名八歲男孩在其母親男友引誘之下注射海洛因上癮的生動報導，獲得了普立茲獎。幾天後，被揭穿指出這篇報導純屬虛構。庫克小姐退回普立茲獎，也辭了職。這一事件，受損傷的不止是庫克本人和華盛頓郵報，整個新聞界都深受傷害。

　　美國全國新聞評議會 (National News Council) 主席諾曼・艾塞克 (Norman E. Issacs)說：「這對新聞界是項打擊，它給所有反對新聞自由

的人一個藉口：你看，你不能相信所讀的每一個事件。」（《新聞評議》，七八期，頁三）

「吉米的世界」事件之後，華盛頓郵報的姊妹刊物新聞周刊委託蓋洛普機構做了一次民意調查，結果顯示：有百分之三十三的人不認為庫克事件是一個獨立的事件，而相信記者經常捏造事實；有百分之六十一的人，對於所讀的或所聽到新聞，只相信一部分或非常少。（《新聞評議》，七八期，頁四）

相近時間，路易士・哈瑞斯民意調查報告統計：現在只有百分之十六的美國人對報紙具有完全的信心，這是自從一九六六年哈瑞斯展開這項調查以來的最低紀錄。其他的統計是：百分之五十九的人表示「略有信心」，百分之二十二的人「幾無信心」。（《新聞評議》，八五期，頁三）

曾獲普立茲獎的名作家詹姆士・密契納(James Michener)應《美國新聞與世界報導》雜誌之邀，寫一篇討論庫克事件的文章，其中說：

這是美國新聞史上最悲哀的時刻之一。

一家大報因此事蒙羞了。方今世界最必要行業之一因此事而成為虛有其表。一向被從事新聞行業者所珍視的一項獎勵，因此事而成為可笑的事。一位有卓越才華的女記者因此事而被免職。甚至，長久以來一直在爭取新聞界中好職位的兩個少數民族——女性及黑人（註：庫克小姐是黑人）——也因此事而成為大家嘲笑的對象。

當瞎眼的參孫拉倒加薩寺廟的中央支柱，整座廟都倒了。（註：《聖經》中故事）而當珍妮・庫克寫了一篇虛構的報導以後，她推倒了這一行業的中央支柱——正直——而且影響深遠。

密契納指出珍妮‧庫克大學畢業不久，就能在華盛頓郵報擔任記者，很不容易，但是：

> 她利用天賦的才華和狂熱的雄心，獲得了千千萬萬人夢寐以求的職位，但是她雖然獲得了這個職位，卻缺乏兩項基本的屬性——缺乏對她這一行歷史傳統的深重承諾，以及對報紙之所以能為社會所接受的原因缺乏瞭解。（《新聞評議》，七七期，頁六～八）

新聞採訪報導真實的要求，不只是確有其人、確有其地、確有其事、確有其物、確有其言而已。人、地、事、物、言之間的關係，也要據實反映，不可移花接木，不可融合變造。

時間和空間可以跳接，但仍須保持真實，不同時間空間的事件或出現的人物，不能代換，也不能融合於同一時空之內。

以暗房技巧合成的照片不能當作真實的新聞報導；把一個人在不同場合講過的話，寫成此人在一次講話中的發言內容，也不符真實。

電視新聞時常需要經過配音與畫面重新剪輯等後製作程序，但必須力守真實原則。

民國八十一年十一月十九日中國電視公司播出駐華府記者楊蓓薇對柯林頓的「獨家專訪」，引發觀眾質疑與同業爭議，中華民國新聞評議委員會針對此一事件於八十二年九月二十三日通過「中視獨家採訪柯林頓事件研究分析與建議」，詳舉播出內容，並說明處理經過及提出討論、建議與結論，極具研究新聞變造問題的參考價值，謹將新評會裁定全文轉錄於後。

壹：前言

中視前駐華府記者楊蓓薇（已於民國八十二年七月十五日辭職）於美東時間一九九二年（民國八十一年）十一月十八日以翻譯身份接近當時美國總統當選人柯林頓，其與柯林頓一分卅六秒的街頭對話，部份重要問話與畫面，經重新配音與剪輯後，以「獨家專訪」之新聞報導方式，於民國八十一年十一月十九日中視午間及晚間新聞（中視新聞全球報導）中播出。由於相同畫面重複三次使用，以及聲音與畫面不符，引發觀眾質疑，隨後更因今年三月該則新聞入圍金鐘獎新聞採訪獎，再度引發臺視與中視對於引用畫面與聲音所有權的爭議、原音篡改後播出之疑問，以及記者隱瞞身份進行採訪的爭議。經媒體深入報導下，不僅引起社會大眾廣泛的注意，許多新聞學者也撰文發表意見。

對於新聞記者戮力採訪、努力不懈的精神，本會深表肯定，並抱持鼓勵的態度，但由於此則新聞在進行採訪時與播出後的內容差異，牽涉到新聞採訪、剪輯與媒體內部作業之道德層面問題甚廣，本會認為有必要深入探討，特蒐集與此則新聞報導有關之所有錄影帶資料，並針對其內容進行研究分析。

貳：播出內容

國內電視臺於民國八十一年十一月十九日播出美國總統當選人柯林頓視察華府喬治亞大道商業區新聞的有臺視晨間（早安，您好）、午間及晚間新聞，及中視午間及晚間（全球報導）新聞。

本會就十一月十九日臺視晚間新聞、中視晚間新聞（全球報導）及美東時間十一月十八日中視之工作母帶，三項錄影帶內容加以分析，並比較其中差異。

一、節目名稱：臺視晚間新聞

播出時間：'92. 11. 19.

主播：美國總統當選人柯林頓今天前往華府視察，並且接受一家華僑外賣店所提供的炸干貝招待，柯林頓並且提到他過去數度來臺訪問的愉快經驗，表示有機會的話，還會再來臺灣。

（林達）旁白：美國總統當選人柯林頓今天由阿肯色州飛到華府跟布希總統在白宮會面，柯林頓和布希在白宮的橢圓形辦公室談了半個小時，柯林頓事後告訴記者氣氛非常友好，布希對他幫助很大。

（林達）旁白：柯林頓接著驅車前往華府一處治安惡名昭彰的貧困市區，訪問當地的市民和商家。

（林達）旁白：其中也包括一家由華僑所開設的中國餐館外賣店，主持這家小外賣店的兩位華僑都來自中國大陸的福州，不太會講英文。

（林達）旁白：他們透過一位臺灣記者擔任的翻譯，跟柯林頓交談，並且請柯林頓吃炸干貝。柯林頓提到了他四度訪問臺灣的回憶。

女聲（楊蓓薇）：They would like to know if you had good impression of Taiwan when you visited there?

柯林頓回答：Very much. I love the country. I have been there many times since 1979, and I always love to go, and I am very pleased with the progress.

女聲（楊蓓薇）：他說他很高興，很喜歡臺灣。

林達：柯林頓今天第一次到華府，就顯示了他親和的個人風格，今後他恐怕入主白宮還會如此。以上是臺視記者林達、鍾瑪寶在美國首府華盛頓採訪報導。

二、節目名稱：中視新聞全球報導

播出時間：'92. 11. 19.

主播：今天是十一月十九日星期四的中視新聞全球報導，今晚首先的新聞焦點，是中視新聞來自美國的獨家報導，中視新聞今天在美國首府華盛頓訪問了即將入主白宮的柯林頓，柯林頓表示他對中華民國的印象極佳，同時他也願意做中國人的朋友，這段專訪也受到美國以及臺灣各電視臺的引用，以下就是中視記者楊蓓薇來自華府的特別報導。

楊蓓薇：美國總統當選人柯林頓今天在離開了白宮的正式場合之後，前來華府中下階層的黑人商業區做了一次民間訪問，柯林頓挨家挨戶和商家們交談時，接受了中視記者的獨家採訪。

楊蓓薇：I am Betina Yang. Mr. Clinton, what's your impression about the Republic of China?

柯林頓回答：Very much. I love the country. I have been there many times since 1979, and I always love to go, and I am very pleased with the progress.

楊蓓薇：...the Chinese people would have a friend in the White House when you become president?

柯林頓回答：Very much. Yes.

楊蓓薇：...your economic plan will help the small business, Asian -American small business develop.

柯林頓回答：It would be very good for small business.

女聲：Thank you very much.

（楊蓓薇）旁白：柯林頓來到這家中國食品外賣店時，陳老闆和他的助理準備了一道香酥干貝款待這位總統當選人，而柯林頓也出乎安全人員意料之外品嚐了一塊，並且讚不絕口。

楊蓓薇：They want to give you this fish...hoping that...hoping that would remind you of four years　（應為times口誤）having been in Taiwan and Chinese food.

柯林頓回答：O! I love it. Can I eat it by now?

楊蓓薇：Sure!

柯林頓：It's good. Very good.

（楊蓓薇）旁白：這一口足以保證興隆外賣店往後的生意將會日日興隆。和美國下任總統握手寒暄後的陳老闆和楊先生表示，做夢都想不到能夠和總統交談，更沒想到柯林頓會願意品嚐他們的菜餚。

楊筱堂（餐館助手）：太激動了，很高興見到他到我們這裏進來……訪問一下，我們……就是說……希望他們能把我們……很多……經濟搞上去，也給我們店裏的生意帶來興隆。

陳晶強（餐館老闆）：感覺印象很好啦！那個總統很年輕……很有魄力，可能會把美國那個經濟搞上去。

（楊蓓薇）旁白：柯林頓為了履行並且提供出重建貧窮區的諾言，今天決定前往華府犯罪率最高的一條街上，了解商家們的經營狀況，在近幾個月內，這條街上已經發生了八件謀殺案，因此當地居民對柯林頓的來訪深表感動，異口同聲地說，美國終於有一位關心一般民眾問題、平易近人的總統，這個貧窮的黑人區今後將不會再是個默默無名、人人畏懼的地方了。

楊蓓薇：中視記者楊蓓薇美國首府華盛頓報導。

三、節目名稱：中視工作母帶

錄製時間：美東時間 '92. 11. 18.

陳晶強（餐館老闆）：How are you?

柯林頓：Hello. What's your name?

陳晶強：I am Chen.

楊蓓薇：I am Betina. I am translating for them.

柯林頓：It's great.

楊蓓薇：They want to give you this fish...hoping that...hoping that would remind you of four years（應為 times 口誤）having been in Taiwan and Chinese food.

柯林頓：O! I love it. Can I eat it by now?

楊蓓薇：Sure!

柯林頓：It's good. Very good.

楊蓓薇：（轉向陳晶強，以中文說）說話啊！

陳晶強：很高興他當上總統……

楊蓓薇（幾乎同時）：They would like to know if you had good impression of Taiwan when you visited there?

柯林頓：Very much. I love the country. I have been there many times since 1979, and I always love to go, and I am very pleased with the progress.

楊蓓薇（轉向陳晶強）：他說他很高興、很喜歡臺灣，你們還要問他什麼東西嗎？

陳晶強：就說那個……希望他那個……把那個……

楊筱堂（餐館助手）：今天他來，我們非常高興……

楊蓓薇（輕笑聲）：They would like to know if the Chinese people have a friend in the White House when you become president?

柯林頓：Very much, yes.

陳晶強：他是一個年輕的總統，希望他那個……以後把美國經濟做得更好……

楊蓓薇：They hope that your economic plan will help the small business, Asian-American small business develop.

柯林頓：It would be very good for small business.

女聲：Thank you very much.

楊蓓薇（轉向餐館老闆）：他說他非常希望。

陳晶強：Thank you.

四、現場採訪經過

地點：美國華府喬治亞大道

時間：美東時間 '92. 11. 18. 下午

採訪經過：在柯林頓即將來臨前，楊蓓薇在興隆外賣店門外和陳老闆及助手等候柯林頓的到來。柯林頓走到店門口，首先與陳老闆及助手一一握手，在與楊蓓薇握手時，楊說：I am Betina. I am translating for them.柯林頓回答：It's great.

而後楊蓓薇將陳老闆準備的香酥干貝端到柯林頓面前，並說：They want to give you this fish, ...hoping that...hoping that would remind you of four years（應是times）having been in Taiwan and Chinese food.柯林頓立即說：Can I try one?楊蓓薇回答：Sure.

柯林頓將干貝端過去，楊蓓薇便將麥克風對向柯林頓，並說：They would like to know if you had good impression of Taiwan when you visited there?

柯林頓回答：Very much. I love the country. I have been there many times since 1979, and I always love to go, and I am very pleased with the progress.

楊蓓薇（轉向餐廳老闆）：「他很喜歡臺灣，你們還要問他什麼東西嗎?」

陳老闆：希望他那個……把那個……

楊助手：今天他來，我們非常高興。

楊蓓薇（輕笑聲）：They would like to know if the Chinese people

have a friend in the White House when you become president?

柯林頓回答：Very much, yes.

陳老闆：他是一個年輕的總統，希望他那個……把美國經濟做得更好……

楊蓓薇：They hope that your economic plan will help the small business, Asian-American small business develop.

柯林頓回答：It will be very good for small business.

楊蓓薇（轉向陳老闆）：他說他非常希望。

叁：媒體函覆

針對此一研究分析，中視於八十二年七月廿一日覆函說明如下：

一、查楊蓓薇於八十一年十一月十九日上午自華盛頓以衛星傳回臺北的新聞帶中並無 "They would like to know if..." 和 "They hope that..." 的問話。在此新聞獲入圍「金鐘獎」後，由於報紙報導其他電視臺抗議此新聞非獨家報導，經向楊蓓薇求證後，始獲知，楊蓓薇在傳送此新聞時，將該段問話剪掉。

二、當天晚間新聞所播出之新聞畫面與午間新聞所播出之同則新聞畫面略有不同，其原因為：由於時間匆促，午間新聞乃將由衛星所接收之新聞畫面直接播出；唯該畫面中楊蓓薇與柯林頓談話之鏡頭多為群眾阻擋。稍後，楊蓓薇又傳回WTN所拍攝之畫面，因該畫面有楊蓓薇與美國總統柯林頓談話之鏡頭，故將此畫面剪接到楊蓓薇所傳回的新聞中。此項剪接工作均由當天值班同仁照正常新聞作業程序執行。

三、針對此一事件，中視內部曾數次召集有關人員開會討論：

㈠新聞部所有人員均係於報紙披露此事，向楊蓓薇查詢後，方始知悉問話有所更改。但由於全部訪談內容並未構成扭曲或違悖事

實之影響，故僅令楊員今後切實把握採訪原則。

㈡查電視新聞報導，除實況立即轉播外，均需經過配音與畫面重新剪輯等後製作程序，此乃一般電視新聞作業之常軌。唯此項製作程序應遵守以下前提：

1.不得改變原意。如果該新聞為訪問，亦即不得改變被訪問者之談話內容。

2.不得杜撰或扭曲新聞。

3.為更有助於使觀眾了解該新聞所欲傳達之訊息，可設法使該新聞之音訊或畫面更清晰。

就以上三前提而言，本公司於八十一年十一月十九日所播出之「楊蓓薇獨家採訪美國總統柯林頓」顯然無悖於此三前提。

㈢再者，此一新聞經中視提名競選金鐘獎，且獲入圍，最後雖未得獎，但入圍之事實即是說明該新聞已為評審會所認同。

肆：問題與討論

針對此一研究分析，本會特舉辦座談會，邀請國內新聞學者十三位參加，於觀看相關錄影帶資料後，提出客觀的意見與看法。綜合結論多認有違誠信原則，並認為以下六點問題需加以注意與改善：

一、記者未表明身分而進行訪問

記者進行採訪時，應向受訪者表明記者身分。若在報導對方從事非法行為、或暴露記者身分會危及個人生命時，才使用喬裝採訪。而此則新聞中，記者於公開場所採訪一國元首，不僅未說明身分，當藉翻譯身分採訪完畢，於離開現場後，復重錄問話中政治敏感度極高的字眼，此舉並不符合新聞職業道德，也是不尊重受訪者的表現。

二、改變問話內容與採訪順序，造成假象

電視新聞因受時間的限制（每則新聞多在一分鐘左右），除實況立即轉播之外，新聞內容多需經過配音與畫面重新剪輯等後製作程序，但首要原則必須忠於真實，呈現事件原貌，以避免扭曲新聞的客觀性。

1.此則新聞中，記者將現場訪問柯林頓的話：「They would like to know if you had good impression of Taiwan when you visited there?」於錄音室中重新剪接，成為：「I am Betina Yang. Mr. Clinton, what's your impression about the Republic of China?」播出，以這樣的問話，接上柯林頓的回答：「Very much. I love the country...pleased with the progress.」無形中誇大了新聞的重要性。並刪除扮演翻譯者的中介詞語（They would like to know if... 及 They hope that...），使翻譯情境改為專訪型態，容易誤導觀眾。

2.報導中，記者調動新聞發生的順序，亦即採訪過程應是先請柯林頓吃干貝，而後才對話；記者於播出帶中，卻將經過前後倒置，易誤導觀眾以為柯林頓先接受訪問，並於訪問後品嚐餐館老板的炸干貝。由於電視每則新聞播出僅一分鐘左右，而且在主播提綱挈領地引出新聞重點，因此記者採訪內容只需呈現事件發生經過即可，不需以報紙之倒寶塔寫作方式再行剪接，故應無調動順序之必要。

3.楊蓓薇以翻譯為由，讓安全人員並未懷疑她的其他身份，使她得以接近柯林頓。然而，翻譯者除並未忠實反應商家老闆的情況之外，反而在雙方互不熟悉對方語言的情境下，以問話誤導美國總統柯林頓，使其以為老闆等人來自臺灣，有違誠實原則。

三、此則新聞為隨機訪問，並非獨家專訪

美國總統當選人柯林頓視察華府商業區為社交性新聞，記者即使

在公開場合進行採訪，也僅能稱為隨機訪問，不同於記者與受訪者約定於特定時間與地點，就某一內容所進行之專訪。而且臺視也播出此則新聞，因此更無法稱為獨家新聞。

四、引用他人拍攝之畫面未加以註明

臺視駐華府記者林達未經 WTN 同意，擅自將未經授權之影片資料交予中視記者楊蓓薇使用，而中視使用此資料畫面，也未打出引用資料片之來源。雙方皆可能涉及侵犯 WTN 著作人之權益。

五、新聞報導應避免使用主觀語句

記者在採訪報導新聞時，不論在對話或使用旁白時，皆應力求陳訴事實，避免加入個人主觀或臆測之詞。

就報導美國總統柯林頓視察華府喬治亞大道商業區之內容，臺視與中視之記者皆使用了主觀的語句，如：「華府一處治安惡名昭彰的貧困市區……」、「柯林頓今天第一次到華府，就顯示了他親和的個人風格，今後他恐怕入主白宮，還會如此……」、「這一口足以保證興隆外賣店往後的生意將會日日興隆……」及「這個貧窮的黑人區今後將不會再是個默默無名、人人畏懼的地方……」等，皆將新聞報導與評論混淆，有違「中華民國電視道德規範」貳，新聞節目十二：「新聞評論應與新聞報導嚴格劃分，以免意見與事實混淆。」

六、中視未善盡查證與督導之責

由於此則新聞，臺視於晨間新聞即予以播出，中視晚間播出時已非獨家，且從臺視新聞內容中已可明顯看出此則新聞是記者以翻譯身分進行採訪，並非專訪。而中視新聞部事前既未與駐外記者就採訪與報導方式充分溝通與協調，事後也未善盡查證與督導之責。中視在採訪事件引起爭議後，未以負責態度向觀眾交代事件經過，使電視新聞之公信力受到質疑。

伍：建議與結論

一、新聞報導應首重誠信原則

新聞媒體應公平、客觀呈現事件經過，且播報的新聞內容應使人可以信賴，不能誤導觀眾或出現錯誤的訊息。此則新聞中如以真誠方式報導，說明記者以翻譯身分進行採訪，完整呈現新聞原貌，並且不強調為獨家專訪，亦不致扭曲新聞本質與損及新聞的價值。

記者不應為求達到採訪目的，而使用不適當的方法。對於公眾人物之採訪，記者更應表明身分，以尊重受訪者權益，並且多使用現場採訪，以避免後製作時造成的缺失。

二、電視新聞部應建立周詳的專業監督制度與新聞製作標準，並加強計畫採訪

電視新聞部除了應建立主編與製作人的專業審查制度之外，也應編製新聞製作標準與流程手冊，使新聞的採訪與報導過程中皆有所遵循，以符合真實、平衡與客觀之原則。

三、提昇獨家新聞報導之內涵與深度

電視臺在商業利益競爭的誘因下，已將新聞獨家報導視為提高收視率的方法之一，但往往獨家新聞只重形式而略其內容，新聞報導並未因獨家，而提昇其深度，反而造成媒體或個人間的惡質競爭。因此新聞從業人員於採訪新聞時，應以公眾利益為前提，多面向報導，以提昇新聞報導的實質內涵。

四、電視臺應主動說明並改進

新聞媒體不應忽略其本身肩負的社會責任，除了應正確判斷新聞訊息的內容與價值之外，也應在處理與呈現方式上盡力做到客觀。而電視臺在發現新聞報導內容有誤導或錯誤時，除了應進行

內部檢討之外，也應有道德勇氣公開說明或更正，以示負責。

（《新聞評議》，二二七期，頁一二～一五）

引註書刊

一、中文書刊

朱光潛（民六五）

　　《談文學》，臺北，臺灣開明書店。

馬驥伸（民七六）

　　〈糖衣四相〉，中華日報家庭生活版，七六年三月十九日。

新聞評議

　　《新聞評議》月刊，中華民國新聞評議委員會。

二、西文書刊

Schramm, Wibur

　　引文摘自程之行譯《大眾傳播的責任》，遠流出版社。

結　語

── 倫理之外的問題

一、為什麼要談新聞倫理？

雖然本書分從「觀念的釐析」、與「問題的探討」兩個部分，約共
七章三十一節，對新聞倫理作了概括的探析，本書撰寫也將告一段落；
但一個基本問題，仍然盤旋在有心人的思索中：

　　為什麼要談新聞倫理？

事實上，筆者自從開始講授「新聞倫理」課程以來，在教室及其他
場合，經常遇到新聞傳播所系的學生提到類似問題。

談新聞倫理，似須先有三個前提：視新聞事業為一種專業，新聞工
作者以知識分子自許，談此問題立足點不妨高遠——溯及人生意義。

(一)從專業的角度

提到新聞事業與專業，又涉及到何謂專業？新聞事業是否足夠稱為
專業？此處採取寬鬆而廣義的專業說法，或者說新聞工作者以使新聞事
業及新聞工作成為專業自期而努力，將新聞事業及新聞工作發展成美國
傳播學者 Bernard Barber 所稱的「逐漸顯現的專業」(Emerging on
Marginal Profession)。

無論如何說法，專業倫理是專業的必要條件之一，沒有專業倫理，
新聞事業與新聞工作都不可能成為或步向專業。

一九九三年四月號中文版《讀者文摘》刊出美國作家 I. L. Giornale
一句話：

　　揮舞筆桿的人，應領取武器執照。

引申這句話，有助我們探討專業倫理的必要性。

武器持有，為了自衛，但用之不當，可能誤傷無辜的人，甚至成為凶器。核發武器執照，至少有兩個意義，一是核查使用者懂不懂得武器操作技巧，具備對武器的基本認識和操作訓練，可減少因操作不當所發生的意外；一是核查使用者知不知道武器動用的規則，了解和遵守武器動用的相關規定和規則，免致發生非法的意外。而且武器執照含有拘束力，當武器持用者將武器不當使用，不論是技術上或法規上的，情節如果嚴重，武器執照都可吊銷。

文人的筆尖，銳利不減於武器，能傷人入骨、殺人不見血，任意揮舞，人人可危。主張揮舞筆桿的人，應領取武器執照，實具深切寓意。

新聞記者被稱——也曾自稱有筆如刀，多年前似乎是記者公會曾設計出一個象徵記者任務的標誌，圖案是交叉的一隻筆尖和一隻劍尖。

以今日新聞傳播媒體聲勢之大，影響之強，傳播之快速而普遍，如若運用不當，傷害之深之重，豈止於一支武器的力量。

我們基於新聞自由的理念，並不積極主張新聞工作者需要專業執照，也不擬加強對新聞工作者的外來拘束力；我們最積極期望的，是新聞工作者的自省和自我約制，這正是新聞倫理最大的意義。

㈡從知識分子的角度

在本書引言，筆者試以一句話說明新聞倫理：

> 新聞倫理是新聞工作者在其專業領域中對是非或適當與否下判斷的尺度。

知識分子本無確切的定義或界定範圍，但如果說知識分子是具有「對是非或適當與否下判斷的尺度」者，應該較少爭議。

一九九四年九月七日，美國最高法院大法官安東尼·甘迺迪
(Anthony M. Kennedy)在臺北講演指出：

> 當一個人，不分男女，在沒有法律約束下而能遵守道德規範與人
> 道倫理時，便是最自由最崇高的。因此，在自由社會裡，憲法體
> 制的部分精神即在允許人民，在不受政府干預下，去探究存在的
> 意義及獲取自身謀生的途徑。中國哲學家孟子在西元前三百年，
> 就已開始探討這個觀念。他提出這樣的問題：今有路人乍見孺子
> 將入於井，此路人是否具立即救援之義務乎？

我們暫且回顧《孟子·公孫丑上》這段原文：

> 所以謂人皆有不忍人之心者；今人乍見孺子，將入於井，皆有怵
> 惕惻隱之心。非所以內交於孺子之父母也，非所以要譽於鄉黨朋
> 友也，非惡其聲而然也。由是觀之，無惻隱之心，非人也；無羞
> 惡之心，非人也；無辭讓之心，非人也；無是非之心，非人也。
> 惻隱之心，仁之端也；羞惡之心，義之端也；辭讓之心，禮之端
> 也；是非之心，智之端也。

甘迺迪大法官非祇引述《孟子》這段話而已，他確對《孟子》這一
段話的觀念有相當體會，他說：

> 就在此行的前夕，我想起這道古老的難題。起先我發覺自己所屬
> 的法律系統尚不包括要求陌生人有伸出援手的義務，不免有些難
> 為情。幾世紀過去了，美國的法律尚無法也不願將這項義務加以
> 釐清，並加諸於陌生人身上。但深入一想後，我反而較能釋懷。

因為雖然法律未要求這種義務，但美國文化的倫理卻要求我們這麼做。各位的文化亦然。我們發展出超越法律的倫理規範，就是回歸到自由的本質，為我們找到一個存在的理由，它超越法定義務與法律的強制力，鼓勵非政府所能強制的發揮人性真善美的行為。令人欽佩的文明能夠誘發英雄事蹟與慈悲行為，與冷酷的法律禁令是不相為謀的。法律無法及於文化的所有層面，是有自由存在的必要條件。我們沒有法律條文，卻仍可以而且也努力的過著有尊嚴有意義的生活，這事實充分肯定自由的價值，也就是說賦予每個人自我修養的自由是對的。

從孟子到安東尼・甘迺迪的言論與觀念，所強調的發之於自我的精神，正是中國知識分子「道德自主」的理念，新聞工作者以知識分子自許，又堅持新聞自由，自必講求「超越法律的倫理規範」。

(三)從人生意義的角度

包括笛卡爾(René Descartes)的「我思故我在」這句名言在內，古今來許多哲學家指出人的自覺性。

法國的意志主義(voluntarism)哲學家柏格森(Henri Bergson)強調：「人性的高貴處就是因為它有自覺，有價值觀，而且又有自由，可以選擇自己生命的意義。」

王邦雄教授指出：「人跟世界本是自然存在，沒有善也沒有美，通過人的價值自覺，興發起追尋美實現善的內在要求。」

一九五四年諾貝爾和平獎得主史懷哲(A. Schweitzer)在受獎典禮代表獲獎人的演說中說到：

我要呼籲全人類，重視尊重生命的倫理。……我們的直覺意識到

自己是有生存意志的生命，環繞我們周圍的，也是有生存意志的生命。這種對生命的全然肯定是一種精神工作，有了這種認識，我們才能一改以往的生活態度，而開始尊重自己的生命，使其得到真正的價值。同時，獲得這種想法的人會覺得需要對一切具有生存意志的生命採取尊重的態度，就像對自己一樣。這時候，我們便進入另一種迥然不同的人生經驗。

這時候，善就是：愛護並促進生命，把具有發展能力的生命提昇到最有價值的地位。惡就是：傷害並破壞生命，阻礙生命的發展。

史懷哲在所著《文明哲學》一書中，一再強調尊重生命，對所接觸到的一切生命負有主動的責任，就是倫理的真諦。

歸納前舉各位哲學家對人的價值自覺的肯定，並引申史懷哲尊重生命的論點，我們可以說：尊重新聞，就是新聞倫理形成的基本動力，也就是新聞倫理的真諦。

我們尊重新聞事業與新聞工作，我們應該談新聞倫理。

二、新聞倫理要經專業教育培育

在本書引言中，筆者也提過早年在大學新聞系科教授「新聞倫理」課程，就曾有學生在第一次上課時坦率發問：「新聞倫理有專開一門課程的必要嗎？」

新聞倫理是否必需在大學新聞所系專開一門課程，筆者並不堅持，但筆者認為新聞倫理是專業知識，必須要經過教育與培養，多年前，在《報學》半年刊發表一篇以〈新聞倫理要經專業教育培育〉為題的專文，申述個人的看法：

從三個最近直接聽聞的事例，探討一下新聞倫理在當前國內面臨的情態。

——一個在大報系實習的學生，喜欣欣地向我報告她採訪撰寫的新聞已見報好幾次，而且篇篇署名。

我插入意見，表示不贊成有些報紙在直述報導上普遍由記者署名的做法。

她解說一些報紙任記者署名的原因，特別強調其中一點：「報社認為讓記者署名，會更加強記者採訪撰稿的責任感。」

——一個最近轉往新創報紙擔任中上級主管的學生，談到他近年來數度跳槽——也包括最近和他一起整批跳槽的同事——的原因：「越跳槽，越受重視，若是仍在最初投入的那家報紙，現在還不知壓在什麼樣的低層工作崗位上。」

我問他對參加的這家新報，前景估計如何。他回答：「我們這一team，是講好條件去的，約定待遇和職位，有相當的保障期限。報社發展順利，社方不能輕易換用私人接手而提前調動或趕走我們，如果發展不順遂，我們已獲得一定期限的待遇保障，即使報紙停刊，也吃不了什麼虧。」

——不久前，一個正在新聞系科就讀的學生，在系務會議上提出意見：「新聞倫理何必要開課教授，從其他相關課程中知道

一些就好了。」

第一個例子中，讓記者署名會更加強記者採訪撰稿責任感的說法，至少意味出這些報社部分新聞業務主管的兩種看法：一是發覺記者的責任心不夠強，一是認為讓記者署名會使他們為自己的名譽或因容易被人指名道姓追究責任而不能不謹慎進行採訪寫作。這兩點都涉及到記者的敬業態度與自重自發問題。

敬業與自重自發，原本是任何人在工作崗位上應有的積極態度，惜乎在現實社會中，能具有這樣積極態度的人，並不多見。因此，不免有若干機構採取一些督導及強制性的措施，促使其機構中的人員盡其應盡的責任。記者工作有時確如一般描述的，只有對「良心」負責，很難納入具體可循的規則中去督導、強制。讓記者署名負責，似乎是取法榮譽制度，卻又顯露出記者也必須要增加「他律」的壓力，才能盡其「本分」應有的義務，是頗具諷刺意味的。

第二個例子中，越跳槽越受重視的現象，可作兩方面解釋，一是原機構不夠知人善任，有能力的幹部得不到適當的發揮潛力機會，要藉跳槽顯露所懷具的才幹；一是報業間為爭取人才，不惜以高職位和豐厚待遇挖角。一般而言，新創辦的報紙，基層人才尚可透過職前訓練自己培育，中高級幹部須向已在傳播界工作的資深人員中，情邀禮聘。使一些精幹人才換一個工作環境，並提升工作職位，增多施展抱負的空間，是無可厚非的，但近年來，報業間偶以高薪高職相互挖角，並為籠絡新人，常予破格待遇，甚至「叛將」回歸，榮寵倍增，都是助長跳槽風氣的原因。

人才流通，到新環境歷鍊，另覓可以充分發揮的途徑，都是企業界必然的現象。但跳槽而益受重視的風氣過盛，使一些人對工作的選擇，以實際利益為優先條件，與企業的關係建築在成敗利害之上，極少道義與情感，一遇較重的名利吸引，便掉頭他去，甚至反向與原曾服務過的機構成為競爭最劇烈的敵人。對新參加的企業，先求取得保證條件，備留退路，一旦另有誘因，難免再來一次倒戈相向。

第三個例子，也可從兩方面探討，若是那位同學原意是新聞倫理可以融貫於新聞理論與實務之中，隨機施教，原是可行的方式，事實上，在新聞系科的專業課程中或多或少常會涉及到新聞倫理的角度。但就那位同學提議新聞倫理無須特別開設課程教授的動機說，另一種可能，是他認為新聞倫理不是專業知識。

在一般生活中，常有一種觀念：我只要存心善良，我就可做一個好人，做出好事。事實不然。曾聽醫院急診處的醫師說過，有些車禍傷者，原本還有救治可能，但被過分熱心的路旁好人，急著送到醫院，不等專業救護人員來到，自行胡抬亂搬，使內傷加重，終告不治。新聞工作者的倫理，有點類乎這一例子，如果不是受過專業訓練的新聞記者，他存心求公正，卻不知怎樣才能達到公正；他認為在主持正義，卻不知道已傷及無辜，他想提供一些對社會有益的服務，卻不知被利害攸關的有心人利用。新聞倫理是專業倫理，要以專業知識和專業訓練為基礎，從而形成專業意識與專業理念；不是只憑靠個人存心得正、問心無愧，就能一切符合新聞倫理。

以上所舉三件事例並不十分相關，卻都有相同的指向：新聞事業和新聞工作者需要新聞倫理，新聞倫理要經由專業教育或專業訓練培養。要訓練出新聞工作者的專業能力，才能使要依循新聞倫理準則去做到的事，充分達成。要培養了新聞工作者的專業知識，才能使他們充分認識、了解與掌握新聞倫理的準則。要孕育成新聞工作者的專業精神，才能期望他們會自重自發地去遵守新聞倫理的準則。要使新聞倫理融貫入新聞事業領導階層及新聞工作者的專業意識，才能提升新聞事業與新聞工作者的專業品質。要讓新聞事業的決策者與領導階層，陶鎔出專業風範，才能真正領會與重視新聞倫理對新聞事業及新聞工作者的必要性。

我不止一次在「新聞倫理」課內，向行將畢業而投入新聞工作行列的學生說：「我們在新聞倫理這一門課，所下的工夫，培養的認識與理念，主要不是為眼前，是為了將來。我可以近乎武斷地指出：當你們進入新聞界初期，雖然懷抱滿腔發揮新聞倫理的抱負與理念，你們卻沒有足夠的權威與機會去展現。所盼望的，是等你們有朝一日，居於有相當影響力的地位時，充分施展你在學校專業教育中所培育的一切。惜乎，有不少人，置身那樣地位的時際，其抱負與理念都改變了。」

三、現實與理想之間的衝擊

前文談到新聞倫理要經專業教育培育，筆者引舉拙作文章申述，其中最後一段指出受過專業倫理薰陶的新聞工作者，在現實的工作環境中，仍然會隨波逐流有所改變。

民國八十四年筆者曾在輔仁大學一項研討會上，以「在現實與理想之間談當前大眾傳播媒介」，對當前國內新聞工作者與新聞媒介在現實與功利的衝擊下所產生的後遺症：

對臺灣傳播界說，民國七十七年元旦開始，報紙登記證、發行張數和印刷地點之限（一般稱為報禁）的解除，是個劃時代的大事。

實際上在七十七年元旦其前、其後，已有或另有許多在政治、經濟、社會各方面的改革與開放，那些措施和報紙三限解除有連鎖相應關係。

在當時，一直到今日，有些人把七十七年元旦以後，稱為臺灣傳播界戰國時代的開始。

這一稱法，一直引發我聯想到中國歷史在兩千多年前的戰國時代。春秋和戰國在中國歷史上是一個重大的轉型期，有其正面的意義與價值，也引發不少負面的問題。尤其是法家的現實主義與儒家的理想主義在當時的極大衝擊。

從七十七年元旦到最近，七年多的時間，報紙、雜誌全面開放，廣播、電視頻道也逐步開放。固然，報紙、雜誌受到市場占有率的競爭與淘汰，登記辦報、想辦雜誌的不少，能正常而較長期存活下來的並不太多。廣播、電視頻道本來就有限度，政府也沒有充分放手開放。但就報紙、雜誌、廣播、電視這四大媒體在臺灣的數量和人口比例說，已經可以說是「百家爭鳴」的現象了。

從新聞自由、傳播自由、媒體公平使用權來論，媒體百家爭鳴是自由民主社會當然的趨向。但我們坦誠的面對現實狀況的真相，我們也顯然可見，這些百家爭鳴的媒體，其所爭鳴的，也猶如戰國時代百家所爭鳴的：非常現實，非常的功利是尚。

現實、功利並不是負面的字眼，真正面對社會現實，針對現實有因應開創的作為；功利是尚，所尚的是天下大利，為公眾福祉求大功；那是值得我們歡欣鼓舞的。

不過，我們也明眼可見，當前的媒體大多是怎樣的現實，謀求的是那一類的功利。或許有些媒體把自我的功利和公眾的功利混淆在一起。我們卻也明白，頗有一些媒體，對兩類功利的分別心中有數，而蓄意為一己之私把它們混淆在一起。

我們先就大眾傳播媒介在新聞傳播這一部分因現實與功利所引發的後遺症——選擇新聞傳播為例，是由於我對新聞傳播比較熟悉且有專業背景。

後遺症之一：自大自用。

自大自用四個字有點危言聳聽，不過我並非說新聞媒體或新聞工作者狂妄自大，剛愎自用；實際的意思是指部分新聞媒體和新聞工作者被環境驕寵慣了，不覺地自我膨脹，超乎自己智慧能力之上的自信，自以為是，犯了錯誤，視而不見，也不太甘願承認錯誤。

有些新聞媒體的負責人或新聞工作者低估了新聞傳播的品質要求，譬如行醫下藥，豈止於診斷出是什麼病症、投以什麼藥石而已，望聞問切，對症下藥，藥量不但要適病，還須適於眼前病人的特殊體質，而且還須適於此一病人當前的身心狀態，嚴格說，每一個病人，是一個專門案例，要仔細研究，要有創新的處斷。固然，天下那裡去找這樣的醫生；同樣地，天下那裡去找這樣的新聞工作者。問題是，有幾位新聞媒體負責人或新聞工作者，曾經想過這樣的敬業態度。如果沒有，我們在專業上的表現，有什麼可自大的？

後遺症之二：權能混淆。

知之權利是以受眾為出發點，新聞工作者（當然其本身也是受眾）為取得及傳達資訊給受眾，以服務受眾的知之權利，因而享有一些特權。這些特權猶如政府的特權，是基於要發揮能而得。但有些新聞工作者把自身視為知之權利的第一屬主，把能與權混淆，誤解自己的中介地位，濫用知之權利，而使成為新聞界的專屬特權。

事實上，傳播媒體，尤其是新聞傳播媒體的確是力量甚大，影響至鉅，應該小心翼翼地謹慎使用。時下部分新聞媒體或新聞工作者忽略其對社會應負的責任，放任濫用特權，非常可怕。

後遺症之三：反客為主。

此處指的是反客觀中立為主觀介入。

新聞媒體及新聞工作者是受眾知之權利的中介，不是知之權利的目的主(destination)。是客非主，應持客觀中立態度進行傳播任務，不應以新聞工作者身分──尤其挾其專業知能與特權直接介入社會參與，甚至出而主導。

國內新聞媒體及新聞工作者這種反客為主的心態，存在已久，甚至部分新聞媒體的創設即具有特定的社會參與目的。

後遺症之四：本末倒置。

新聞媒體為充分服務公眾知之權利，需要極高的能量；又要保持新聞自由，維持超然中立，不能仰賴外力資助，一切均得自立，必須仰賴受眾從市場角度的支持。

新聞媒體要吸引受眾，不能不對受眾作若干投合，投合有好的回應，鼓舞媒體進而爭取更大的回應，其結果演成迎合──市場導向。

新聞媒體為滿足受眾「娛樂取向」的口味，媚眾媚俗，渲染誇大，炒作變造，扭曲了「知之權利」的本質，是當前國內新聞界流行病態之一。

不久前，美國CBS新聞主播宗毓華以「戲劇性」手法傳播了眾院議長金瑞契母親批評柯林頓總統夫人的悄悄話；在新聞界最主要的評論之一，是指宗毓華把新聞節目的專業品質降低了，她把新

聞節目上可用的 talk show 方式，變成 stand-up comedy（綜藝脫口秀）了。

前面所舉這幾類現實與功利的後遺症，迷幻了許多新聞工作者和媒體負責人，是當前我們在新聞媒介中所發現的種種問題的導源。當然，這不止是新聞工作者本身的問題，媒體的企業意識，媒體所有者的觀念與控制以及外來的壓力——尤其是社會的壓力，都有相當的影響。

筆者在講演中並針對懷具理想投入新聞事業人士，提出思考新聞倫理的角度：

專業的要求，包括專業知能、專業理念、專業精神……，而最基本的是對此專業的喜愛。如果喜愛此一專業，志願投入此一專業，當然要極力支持它，縱然不喜歡它的現狀，甚至不願支持現狀的它，至少要希望它的現狀能有所改進，極力幫助它改進。

在這樣前提之下，套用史懷哲博士那段話：「善是愛護生命，促其發展。我們如對新聞媒體喜愛與尊重，決心投入，當然應該力求促其發展。」

今日的新聞媒體，負面弊象如此之多，主要還是過去沒有深植良好的專業基礎，又囿於現實壓力，無力也無心改善。

攸關專業倫理的專業理念與專業精神，是專業訓練中極其重要的一環，這類教育要長期沐浴薰陶以化成自然，不是強行灌輸或教

條式訓練能教成的。

一般而言，當前新聞媒體用人之長，偏重於專業技能的表現，新聞教育也難免受其影響。談專業倫理，談理念與精神，常被視為理想主義。當然，我們要適應環境，不能不面對現實，作某種程度的協調。但是如果放棄理想，我們無法心理充實而平靜地展望未來。

在現實層面我們有自私的本性，智慧愈高，愈懂得計算他人、圖利自己、滿足貪慾的門道，端看你為與不為。但在理想層面，我們也有利他的性向，利他正是傳播媒介服務的本質，為什麼不朝這一層向發揮呢？

我們常把引天下為己任，引申成搶大權，突顯自我，支配操縱一切。為什麼不把引天下為己任解釋成人人在自己的小小環境掌握原則，融合擴大，及於天下。譬如人人從我自己做起，不亂丟垃圾，天下大街上那還有髒亂污染呢？

新聞倫理的理念、理想，就從這一觀念出發。

四、新聞界必須自我省思

民國八十三年八月三十一日，筆者為《臺灣日報》「今日話題」專欄，撰寫一篇〈九一前夕的反思〉：

明天是民國八十三年記者節，距民國二十三年九月一日全國新聞界分別在各地第一次集會紀念「記者節」，已滿六十年。距民國三十三年行政院正式公布九月一日為記者節，也滿五十年。

半個多世紀以來，國內的新聞事業自有顯著的發展，新聞媒體的影響力益形深遠，新聞工作者的責任負荷越加沈重。

佳節前夕，如果我們新聞界攬鏡自照，坦誠省思一下，試對己問：

——我是為新聞而致力經營新聞事業，或只是為事業而經營新聞事業？

——我真的視新聞媒體為社會公器，或是視為我足以左右社會的公器？

——我真的重視新聞工作人員的專業能力，還是只重視他們有利於我的企業的表現？

多年來新聞媒體面對褒、貶互見，有利誘巴結的，也有攻訐抨擊的，冷暖不一的社會反應。

今年八月號《讀者文摘》中文版的珠璣集裡，摘譯紐約時報的一段話：

「討好新聞界有點像陪老虎野餐。你也許能大快朵頤，但最後把一切吃掉的總是老虎。」

——我確是出自內心視新聞為專業而投入，而不是出於其他的功利目標嗎？

——我確信不可把新聞作為利己或某些個別利益的工具，而罔顧專業準則嗎？

——我確信新聞必須真實，縱然不會被人拆穿，也不杜撰嗎？

——我在劇烈競爭之下，仍然能堅守原則，而不隨波逐流，只求
　達到目的，不擇手段？

這四問，是新聞工作者——尤其是記者，應捫心自問的。

新聞媒體的企業主，則應該把內在的境界昇華一些，作一番高層
次的自我探討：

新聞界真的有些是老虎嗎？或者，何以會使有些人有此種印象？

我們冷靜地自我反思、檢視一番吧！

　　早此五年，於民國七十八年四月二十三日《臺灣日報》的「今日話
題」，筆者也寫過一篇〈新聞媒體的自期與自制〉：

中國新聞學會四月二十一日主辦的「新聞講座」中，王作榮教授、
彭芸教授和陳長文律師以「知的權利與法的基礎」為題，分別提
出他們的觀點並答覆聽眾發問。

他們三位都很重視新聞從業人員的自我約制，彭教授指出，任何
新聞皆不可能做到絕對的公正，惟有從業人員秉持良知，將事件
完整說明解釋，並擺脫政治、廣告各方面的干預，以服務民眾為
目的。陳長文律師指出，在法之外，新聞從業人員對於言論自由
的尺度，亦有賴於自我良知的要求。王作榮教授指出，大眾傳播
媒體有責任將廣大的知識原料加以精煉、過濾、挑選，將有關的、
真的、好的知識傳播給社會大眾，做好這樣任務的技術，要靠傳
播管道本身的修養與能力。

筆者曾綜合中國新聞工作者的自我期許，與各方面人士對新聞界的期許，歸納一個大致的原則與目標是：新聞工作者應自覺於其工作任務與道德責任的積極目標，發揮一己的潛能，擴充善性，力求盡己之分，為社會謀造幸福，即已實現了大我的現實本務，而對社會人群有所貢獻，不僅盡己、盡分、盡職，另一方面也做到孟子所謂「充實之謂美，充實而光輝之謂大」，也已可以「俯不怍於人」的盡性。

但從當前國內新聞界實際運作的情形觀察，上述的這種期勉與自期，似乎都未曾充分做到。

主要原因是，當前的新聞事業，已進入激烈競爭狀態，加以強烈的新聞自由觀念所鼓舞，若干新聞傳播上的事實表現，產生了傳播學者 Leon Festinger 所形容的「認識不和諧」(Cognitive dissonance)現象，猶如蔣經國總統多年前所指出的「電視、電影和廣播三者的成績均不如理想，主要的因素是主持人缺乏正確的觀念，只知為其本人或其事業謀取利益，而疏忽了對國家所應負之責任及義務，所獲取之利潤是以犧牲國家利益和民眾利益為代價。」以及「談到報紙，有的從業同志缺乏責任感，不知道問題的分寸如何，以為有刺激性的報導，就可以增加銷路，而沒有考慮這樣做會對社會造成多大的損害。」

孔子說過：「始吾於人也，聽其言而信其行，今吾於人也，聽其言而難其行。」

今日中國新聞界，必須對自律展現出具體的誠意，實踐孔子所主張的「納於言而敏於行」。

五、談新聞倫理有什麼用？

多年來在課堂上講授「新聞倫理」，我預料學生最想問卻又覺不太好出口的問題是：「談新聞倫理有什麼用？」

事實上，偶爾會有學生提出這一問題，甚至問得很直率：「光是我們在課堂上教新聞倫理、談新聞倫理，有什麼用？」

雖然沒作更露骨的詰問，那言下之意已很明白。

不僅是筆者，我想多數寫新聞倫理、教新聞倫理、談新聞倫理的人，都未敢奢望能將新聞倫理推廣到深植於每一個新聞工作者和新聞事業參與者心中，而發揮立竿見影的宏效。

在撰寫本書結論之前，筆者應邀在一個專題講座中探討新聞倫理，筆者藉機會就「談新聞倫理有什麼用」這一問題，提出個人的看法。

就我國目前現實狀況，新聞界在專業倫理方面的表現，的確不敢恭維。也如同目前臺北市的交通狀況（其實是多年來），一樣地不敢恭維。

那末，我們可以問，如此說來，談交通規則、交通安全觀念有什麼用？

事實上，由於有交通規則，我們才會發現警覺出很多不遵守交通規則的現象；而且，也有一些違反交通規則的，被警察糾正、取締或開出罰單。如果連交通規則和交通安全觀念都沒有，大家連是不是違反規定都分不清楚，道路交通沒有任何節制，交通豈不更形大亂了。

新聞界亦是如此，談新聞倫理，至少有一個專業道德制衡的參考準則，雖然有爭議，還可有所評議、告誡，否則新聞界的亂象更不知伊於胡底了。

許多國家透過新聞自律設立共同的新聞評議制度，就是想樹立共同的專業倫理規範，作為新聞界紀律的制衡準則。

常有人說，新聞界的道德水準日益低落。這話可能是一個錯覺。

從新聞史回溯，新聞界不是始於有規模、有基礎的環境，無論歐洲或美洲早期的報刊都起於非專業——任何專業幾乎都不可能一起始就是專業，本無專門技巧或任何規則，更何談專業精神。

新聞專業精神或進展成專業倫理，是在新聞事業成長、發展而影響擴大，才受外力及自我檢討要求，產生建立同業有共識的規則，並盡可能培養自我約制的傾向。

事實上，外在環境對新聞界的觀感所產生的壓力，是驅策新聞界關懷新聞倫理的最大力量。

依稀記得數十年前大學時代看過蘇俄文學家屠格涅夫一篇散文，對新聞界極盡諷刺。大意是說，幾個人在咖啡店閒聊，聽到外面廣場囂鬧，從二樓窗子望去，有個人被群眾圍毆。店中諸人覺得不平，著人探問被毆的是什麼人？第一次回報，被毆的是小偷。這幾人更覺不平，認為小偷送官處置可也，豈能群加毆打。不久，又有二次回報，被毆的是強盜。這幾人仍然不平，表示制裁強盜有國法，砍頭也罷，豈可公然私刑。最後確訊報來，被毆的是記者。這幾人相視一愣，其中一人徐徐地說：「我們繼續喝咖啡罷！」

屠格涅夫的文章應是十九世紀的作品，一個世紀前對新聞記者作如是觀。

十多年前，我在師大社會教育系新聞組教的一個男生，畢業前推薦他到一個大報系當記者，已被接納。他忽然向我報告，他決定不當記者，要向學校申請到國中當教師。我問他何以突然改變原意，他據實說他女朋友的父親非常厭惡記者，如果他去當記者，就不許女兒嫁他。

或許有人要問，何以今日新聞界發生許多對社會嚴重的負面影響，

似乎較往昔更甚，我常以癌症的現象作喻，莫只見今日因癌症而死者，數字多過數十年前，恐怕當年很多死於癌症者，根本不知道是如何死的。

當然，今日新聞傳播界較過去更為活躍，媒體更多，記者也更多，新聞倫理上失誤比率即使不高，但絕對數字也必較過去增多。

·　我們莫因新聞界的現況而對新聞倫理悲觀或否定新聞倫理的意義。也猶如莫因臺北市交通現況而否定交通規則的作用，因為臺北市車與人大量增加，交通紊亂及違規現象較過去明顯凸出。我們無確切數據，比較臺北市過去交通狀況，按人車數量比例推算，究竟好過現在，還是更壞；因而，我們不能武斷地否定交通規則的作用。

同理可推，我們不能確斷新聞界過去與現在的倫理表現。但我們衷心期盼潛在於新聞工作者心中的專業倫理意識與新聞界已建立的在專業倫理上的一些共識，對新聞界具有正向的驅動力量。

在引言中，我以一句話粗略地說明新聞倫理是什麼？結束本書之前，我仍然試以一句話粗略地表達我對「談新聞倫理有什麼用」的解答：

給新聞界一個理想與遠景，作為前瞻、努力的目標。

附　錄

附錄一

中國新聞記者信條

中華民國三十九年一月二十五日臺北市報業公會成立大會通過

中華民國四十四年八月十六日中華民國報紙事業協會成立大會通過

中華民國四十六年九月一日臺北市新聞記者公會第八屆會員大會通過

一、吾人深信：民族獨立，世界和平，其利益高於一切。決不為個人利益、階級利益、派別利益、地域利益作宣傳、不作任何有妨建國工作之言論與記載。

二、吾人深信：民權政治，務求貫徹。決為增進民智、培養民德、領導民意、發揚民氣而努力。維護新聞自由，善盡新聞責任，於國策作透徹之宣揚，為政府盡積極之言責。

三、吾人深信：民生福利，急待促進。決深入民間，勤求民瘼，宣傳生產建設，發動社會服務。並使精神食糧，普及於農村、工廠、學校及邊疆一帶。

四、吾人深信：新聞記述，正確第一。凡一字不真，一語失實，不問為有意之造謠誇大，或無意之失檢致誤，均無可恕。明晰之觀察，迅速之報導，通俗簡明之敘述，均缺一不可。

五、吾人深信：評論時事，公正第一。凡是是非非，善善惡惡，一本於善良純潔之動機、冷靜精密之思考、確鑿充份之證據而判定。忠恕

寬厚，以與人為善；勇敢獨立，以堅守立場。

　　六、吾人深信：副刊文藝、圖畫照片，應發揮健全之教育作用。提高讀者之藝術興趣，排除一切誨淫誨盜、驚世駭俗之讀材，與淫靡頹廢、冷酷殘暴之作品。

　　七、吾人深信：報紙對於廣告之真偽良莠，讀者是否受欺受害，應負全責。決不因金錢之收入，而出賣讀者之利益、社會之風化與報紙之信譽。

　　八、吾人深信：新聞事業為最神聖之事業，參加此業者，應有高尚之品格。誓不受賄！誓不敲詐！誓不諂媚權勢！誓不落井下石！誓不挾私報仇！誓不揭人陰私！凡良心未安，誓不下筆。

　　九、吾人深信：養成嚴謹而有紀律之生活習慣，將物質享受減至最低限度，除絕一切不良嗜好，剪斷一切私害之關係，乃做到貧賤不移、富貴不淫、威武不屈之先決條件。

　　十、吾人深信：新聞事業為領導公眾之事業，參加此業者對於公眾問題，應有深刻之了解與廣博之知識。當隨時學習，不斷求知，以期日新又新，免為時代落伍。

　　十一、吾人深信：新聞事業為最艱苦之事業，參加此業者應有健全之身心。故吃苦耐勞之習慣，樂觀向上之態度，強烈勇敢之意志力，熱烈偉大之同情心，必須鍛鍊與養成。

　　十二、吾人深信：新聞事業為吾人終身之職業，誓以畢生精力與時間，牢守崗位。不見異思遷，不畏難而退，黽勉從事，必信必忠，以期改進中國之新聞事業，造福於國家與人類。

附錄二

中華民國報業道德規範

中華民國六十三年六月二十九日臺北市新聞評議委員會二屆十次會議通過

中華民國六十三年九月一日中華民國新聞評議委員會一屆一次會議修正通過

中華民國八十一年八月廿七日中華民國新聞評議委員會七屆十二次會議修正通過

壹、通則

一、本規範根據中國新聞記者信條之基本原則訂定之。

二、報業從業人員應認清新聞專業特性，以公眾利益為前提，不為追求某一群體或某一個人自私目的犧牲公眾權益。

三、報紙刊登之內容應不違反善良風俗，危害社會秩序，或損害私人權益。

四、新聞採訪應謹守公正立場，不介入新聞事件。新聞報導應力求確實、客觀與平衡。

五、報業應尊重司法，避免影響法官之獨立審判。

六、報紙刊登內容如有錯誤，應即主動更正，並作明確之說明。

七、轉載或引用他人資料，應註明出處。

貳、新聞採訪

一、新聞採訪應以正當手段為之，不得以恐嚇、誘騙或收買方式蒐集。

二、拒絕接受新聞來源之餽贈、賄賂或不當招待。

三、採訪醫院或災禍新聞，應尊重院方規定或獲得當事人同意，不得妨礙治療或救難措施，尤不得強迫攝影。

四、採訪慶典、婚喪、會議、集會等新聞，應守秩序。

參、新聞報導

一、新聞報導確守莊重原則。不得誇大渲染、輕浮刻薄、歪曲或隱藏重要事實，或加入個人意見。在明瞭真相前，不作臆測。

二、新聞報導應明示消息來源，其為保護消息來源或有必要守密原因者除外。

三、除與公眾利益有關者外，不得報導個人私生活。

四、檢舉、揭發或譴責私人或團體之新聞，應先查證屬實，並與公眾利益有關者始得報導；且應遵守平衡、明確之報導原則。

五、對於有爭議事件，應同時報導各方不同之說詞或觀點，力求平衡。

六、新聞報導如有損害名譽情事，則應在原報導版面與位置，提供篇幅，給予可能受到損害者申述或答辯機會。

七、已接受「請勿發表」或「暫緩發表」約定之新聞，應予守約。

八、標題含義須與內容相符，不得誇大聳動或歪曲失真。

九、意見調查之報導，應遵守下列規定：

㈠明確說明調查之委託者、執行者、調查目的、樣本之代表性及抽樣誤差。

㈡客觀呈現調查結果。

㈢選情之調查與預測，應本公正之原則和立場，不得為特定對象或

特殊目的而報導。

十、有關股票、房地產等理財或投資分析報導，不得扭曲，以謀求私利，並應避免作明牌等預測。

十一、報導國際新聞應遵守平衡與善意原則，藉以加強文化交流、促進國際了解。

肆、犯罪新聞

一、採訪犯罪案件，不得妨礙刑事偵訊工作。

二、犯罪案件在法院判決前，須假定嫌犯無罪，採訪報導時，應尊重其人格。

三、報導犯罪、色情及自殺新聞，不得詳述方法及細節。

四、對未成年嫌犯或已定罪之未成年人，不得刊登其姓名、住址或足以辨認其身分之相關資料。

五、一般強暴案件，不得報導；對嚴重影響社會安全或與重大刑案有關之強暴案，不得洩露被害人姓名、住址、或足以辨認其身分之相關資料。

六、處理綁架劫持新聞應以被害人生命安全為首要考慮，在被害人脫險前，不得報導。

伍、新聞評論

一、新聞評論應與新聞報導嚴格劃分，以免意見與事實混淆。

二、新聞評論不得根據未證實之傳聞發表意見，臧否人物。

三、新聞評論應力求公正，避免偏見與武斷。

四、與公眾利益無關之個人私生活不得評論。

五、偵查或審判中之訴訟事件，不得評論。

陸、讀者投書

一、報紙應儘量刊登來源明確之讀者投書，使各不同群體與個人有發抒意見之管道，使報紙成為公眾論壇。

二、報紙不得假借讀者投書之名，強調其所支持之主張。

三、對刊出之讀者投書應公平處理，不得以特別編排設計，突出某一特定意見。

柒、圖片

一、不得以剪裁或其他方式偽造或竄改新聞照片。

二、新聞照片之說明不得作無事實根據之暗示或影射。

三、不得刊登恐怖、色情或猥褻之圖片。

四、與公共利益無關之個人私生活照片，未經本人同意，不得刊登。

五、未成年嫌犯、已定罪之未成年人、強暴等案件之受害人及秘密證人照片，不得刊登。

捌、廣告

一、廣告內容所宣稱者，應真實可靠。

二、廣告須與新聞明顯劃分，不得以偽裝新聞、介紹產品、座談會紀錄、銘謝啟事或讀者投書方式刊出。

三、報紙應拒絕刊登偽藥、密醫、誇稱醫治絕症及其他危害公眾健康之廣告。

四、廣告之表現方式不得違反善良風俗、妨害家庭、違反科學、提倡迷信與破壞公共秩序。

五、報紙接受委刊分類廣告，應負查核、過濾之責，其證件不全或內容不明確者，應拒絕刊登。

玖、附則

本規範如有疑義，由中華民國新聞評議委員會解釋。

附錄三

中華民國電視道德規範

中華民國六十三年六月二十九日臺北市新聞評議委員會二屆十次會議通過

中華民國六十三年九月一日中華民國新聞評議委員會一屆一次會議修正通過

中華民國八十一年八月廿七日中華民國新聞評議委員會七屆十二次會議修正通過

壹、通則

一、本規範根據中國新聞記者信條之基本原則訂定之。

二、電視從業人員應認清新聞專業特性，以公眾利益為前提，不為追求某一群體或某一個人自私目的犧牲公眾權益。

三、節目內容設計，應根據我國社會所接受之倫理道德，作嚴謹考慮，並力求格調高雅。

四、節目內容應避免對種族、宗教、地區、性別、職業等歧視；並應避免暴力、血腥、恐怖、色情及猥褻等畫面。

五、節目內容涉及法律、醫藥及科技等專門知識時，應謹慎處理，以求正確。

六、節目應與廣告明顯劃分，不得為任何個人或群體作宣傳。

貳、新聞節目

一、新聞採訪應謹守公正立場，不介入新聞事件。新聞報導應力求確實、客觀與平衡。未經證實之消息不得報導。

二、拍攝、剪輯新聞應避免歪曲真相、誤導觀眾。

三、出自檔案之新聞資料於播用時，應註明「檔案」字樣，或錄製日期。背景資料例外。

四、拍攝新聞應避免損害與公眾利益無關者之個人權益。

五、採訪醫院或災禍新聞，應尊重院方規定或獲得當事人同意，不得妨礙治療或救難措施，尤不得強迫攝影。

六、報導犯罪、色情及自殺新聞，在處理技術上應特別審慎，不得以語言、靜態圖片或動態畫面描繪方法及細節。

七、報導死亡新聞，應避免播出屍體畫面。

八、偵查或審判中之訴訟事件，不得評論。

九、犯罪案件在法院判決前，須假定嫌犯無罪，採訪報導時，應尊重其人格。

十、對未成年嫌犯或已定罪之未成年人，不得播出其姓名、面貌、住址或足以辨認其身分之相關資料。

十一、新聞報導及評論錯誤，應儘速主動更正，如損害名譽，應在大致相同之時段，給予可能受損害者申述及答辯機會。

十二、新聞評論應與新聞報導嚴格劃分，以免意見與事實混淆。

十三、意見調查之報導，應遵守下列規定：

㈠明確說明調查之委託者、執行者、調查目的、樣本之代表性及抽樣誤差。

㈡客觀呈現調查結果。

㈢選情之調查與預測，應本公正之原則和立場，不得為特定對象或特殊目的而報導。

十四、有關股票、房地產等理財或投資分析報導，不得扭曲，以謀

求私利，並應避免作明牌等預測。

十五、報導國際新聞應遵守平衡與善意原則，藉以加強文化交流、促進國際了解。

叁、教育文化節目

一、教育文化節目應請專家或學識經驗豐富者設計指導。

二、兒童教育節目應注重啟發兒童心智，培養良好生活習慣，以促進兒童身心健全發展。

三、青少年教育節目應注重生活方面之啟導，並協助建立健全人生觀。

四、婦女與家庭節目應兼顧實用性與知識性，並避免成為廣告宣傳。

肆、娛樂節目

一、娛樂節目應寓教於樂，並不得提倡迷信。

二、綜藝節目不得流於低級趣味，並不得有暗喻色情、猥褻之對話及動作。

三、益智遊戲、競賽等節目提供之獎品價值，應適度節制，以免激起觀眾之僥倖心理。

四、電視劇應避免詳細展示殘暴、吸毒、淫亂及性犯罪行為。若為劇情所必需，應以輕淡手法處理之。

伍、公共服務節目

一、國家慶典或重要節目之慶祝活動，電視臺應儘量作實況轉播。

二、提供衛生保健知識之節目，應請專家設計指導。非專業人員不得冒用專業人員身分出現。

三、公共服務節目不得涉及商業廣告宣傳。

陸、廣告

一、廣告須求真實，如有懷疑，應即查證。對於誇大不實之廣告，應拒絕播出。

二、廣告聲音、旁白與畫面應力求高雅，避免低俗。

三、廣告不得有色情、猥褻或其他有害善良風俗鏡頭。

四、醫藥廣告不得有類似「包治斷根」等誇大詞句。

五、有損兒童心理健康之廣告，不得播出。

六、殯喪及墓園廣告，不得播出。

七、涉及迷信及賭博性廣告，不得播出。

柒、附則

本規範如有疑義，由中華民國新聞評議委員會解釋。

附錄四

中華民國無線電廣播道德規範

中華民國六十三年六月二十九日臺北市新聞評議委員會二屆十次會議通過

中華民國六十三年九月一日中華民國新聞評議委員會一屆一次會議修正通過

中華民國八十一年八月廿七日中華民國新聞評議委員會七屆十二次會議修正通過

壹、通則

一、本規範根據中國新聞記者信條之基本原則訂定之。

二、無線電廣播從業人員應認清新聞專業特性，以公眾利益為前提，不為追求某一群體或某一個人自私目的犧牲公眾權益。

三、節目內容設計，應根據我國社會所接受之倫理道德，作嚴謹考慮，並力求格調高雅。

四、節目內容應避免對種族、宗教、地區、性別、職業等歧視；並不得有猥褻、僥倖投機或其他危害社會善良風俗之言談。

五、節目內容涉及法律、醫藥及科技等專門知識時，應謹慎處理，以求正確。

六、節目應與廣告明顯劃分，節目主持人不得在其主持之節目中兼播廣告，以免節目與廣告界線模糊。

七、節目主持人之談吐應力求莊重文雅。

貳、新聞節目

一、新聞採訪應謹守公正立場，不介入新聞事件。新聞報導應力求確實、客觀與平衡。未經證實之消息不得報導。

二、新聞採訪報導應避免損害與公眾利益無關者之個人權益。

三、新聞評論應與新聞報導嚴格劃分，並力求公正，避免偏見、武斷。

四、偵查或審判中之訴訟事件，不得評論。

五、廣播電臺對於轉報聽眾提供之新聞與其他資訊，應負查證之責。

六、意見調查之報導，應遵守下列規定：

㈠明確說明調查之委託者、執行者、調查目的、樣本之代表性及抽樣誤差。

㈡客觀呈現調查結果。

㈢選情之調查與預測，應本公正之原則和立場，不得為特定對象或特殊目的而報導。

七、有關股票、房地產等理財或投資分析報導，不得扭曲，以謀求私利，並應避免作明牌等預測。

八、報導國際新聞應遵守平衡與善意原則，藉以加強文化交流、促進國際了解。

叁、教育文化節目

一、教育文化節目應重視新知之引介及品德之策勵。

二、教育文化節目應請專家或學識經驗豐富者設計指導或主持。

三、兒童教育節目應注重啟發兒童心智，培養良好生活習慣，以促進兒童身心健全發展。

肆、娛樂節目

一、娛樂節目應寓教於樂，不流於低俗。

二、播放歌曲應不違反社會普遍接受之道德標準。

三、廣播劇應著重闡揚善良人性；不以淫穢、殘暴、頹廢等不健全行為或心理為描述重點。

四、對民俗說唱藝術、國劇及其他地方戲曲，應適量提供播放時段。

伍、公共服務

一、遇有緊急事故、重大消息、救援、尋人等事件發生，有需傳達連繫時，廣播電臺即應迅速提供播出機會以善盡服務大眾之責。

二、對於解答聽眾疑難、協助公眾了解法令規章等服務事項，應積極為之。

三、節目內容涉及法律、醫療或衛生保健事項時，應由有關專家主持，設計或指導。

四、公共服務節目不得涉及商業廣告宣傳。

陸、廣告

一、廣告須求真實，如有懷疑，應即查證。對於誇大不實之廣告，應拒絕播出。

二、廣告文詞應力求高雅、聲音應力避尖銳刺耳。

三、醫藥廣告不得有類似「包治斷根」等誇大詞句，並不得以聽眾來電或來信方式播出。

四、涉及色情、迷信及賭博性廣告，不得播出。

柒、附則

本規範如有疑義，由中華民國新聞評議委員會解釋。

附錄五

臺灣新聞記者協會
新聞倫理公約草案

（中華民國八十四年九月一日記者節公布）

一、新聞工作者應抗拒來自採訪對象和媒體內部扭曲新聞的各種壓制和檢查。

二、新聞工作者不應在新聞中，傳播對種族、宗教、性別、性取向及身心殘障等弱勢者的歧視。

三、新聞工作者不應利用新聞處理技巧，扭曲或掩蓋新聞事實，也不得以片段取材、煽情、誇大、討好等失衡手段，呈現新聞資訊或進行評論。

四、新聞工作者應拒絕採訪對象的收買或威脅。

五、新聞工作者不得利用職務牟取不當利益或脅迫他人。

六、新聞工作者不得兼任與本職相衝突的職務或從事此類事業，並應該迴避和本身利益相關方面的編採任務。

七、除非涉及公共利益，新聞工作者應尊重新聞當事人的隱私權；即使基於公共利益，仍應避免侵擾遭遇不幸的當事人。

八、新聞工作者應以正當方法取得新聞資訊，如以秘密方式取得新聞，也應以社會公益為前提。

九、新聞工作者不得擔任任何政黨黨職或公職，也不得從事助選活動，如參與公職人員選舉，應立即停止新聞工作。

十、新聞工作者應拒絕接受政府及政黨頒給的新聞獎勵和補助。

十一、新聞工作者應該翔實查證新聞事實。

十二、新聞工作者應保護秘密消息來源。

附錄六

聯合國國際新聞倫理規範草案

聯合國新聞自由小組委員會，根據全球新聞事業，各國及國際性職業團體所作的評述及建議，歷經五次會議討論及審議制訂。

序言：新聞及出版自由是一項基本人權，為「聯合國憲章」，及「世界人權宣言」中所尊崇與宣示的所有自由權利的試金石；因此，和平的增進與維護，必需靠新聞及出版自由。

當報業及所有其他新聞媒介的工作人員，經常自動努力保持最高度的責任感，切實履行道德義務、忠於事實，以及在報導、說明、和解釋事實中追求真理時，這項自由將獲得更佳的保障。

因此，這一國際倫理規範，對所有從事新聞及消息採訪、傳遞、散佈和評論的人，以及對從事文字、語言、或任何其他表達方法，描述當前事件的人而言，可作為職業行為的標準。

第一條：報業及所有其他新聞媒介的工作人員，應盡一切努力，確保公眾所接受的消息，絕對正確。他們應當盡可能查證所有的消息內容，不應任意曲解事實，也不可故意刪除任何重要的事實。

第二條：職業行為的崇高標準，是要求獻身於公共利益。謀求個人便利，及爭取任何有違大眾福利的私利，不論所持理由為何，均與這種

職業行為不相符合。

任意中傷、污衊、誹謗、和缺乏根據的指控，都是嚴重的職業罪惡；抄襲剽竊的行為亦然。

對公眾忠實，是優良新聞事業的基礎。任何消息發表之後，如果發現嚴重錯誤，應立刻自動更正。謠言和未經證實的消息，應加指明，並作正當的處理。

第三條：唯有符合職業原則和尊嚴的任務，方應指派給報業及其他新聞媒介的工作人員，以及參加新聞事業的經濟與商業活動人員承擔。

發表任何消息或評論的人，應對其所發表的內容負完全責任——除非在發表時已明白否認這種責任。

個人的名譽應予尊重，有關個人私生活的消息與評論，可能損及個人名譽時，如非有助於公共利益，而僅係迎合公眾好奇心理者，則不應發表。如果對個人的名譽或道德人格提出指控時，應當給予答辯的機會。

關於消息來源，應慎重處理。對暗中透露的事件，應當保守職業秘密；這項特權經常可在法律範圍內，作最大的運用。

第四條：描述及評論另外一個國家事件的人，有責任獲得有關這個國家的必需知識，俾使自己得以作正確而公正的報導和評論。

第五條：本倫理規範的基本原則是：確保對職業道德忠實遵守的責任，係落在從事新聞事業者身上，而非由任何政府承擔。因此，本倫理規範的任何內容，均不得解釋為政府可以任何方式加以干涉，強制新聞界遵守其中所列舉道德義務的理由。

（本草案中譯文，引自李瞻著《新聞道德》，臺北，三民書局，民國七十二年出版。）

附錄七

美國報紙編輯人協會原則聲明
(American Society of Newspaper Editors: A Statement of Principles, 一九七五年四月十五日 ASNE 董事會通過)

前言：「第一修正案」為維護表達自由不被任何法律剝奪，透過新聞界保障人民此一憲法上的權利，也賦予新聞從業人員特別的責任。

因此新聞事業不僅要求從業人員勤奮與知識廣博，也應追求符合新聞從業人員專責的嚴正準則。

為此目標，「美國報紙編輯人協會」擬定此一原則聲明，作為促進最高倫理及專業表現的準則。

第一條：責任　採集及傳發新聞及意見的主要目的，是使人民獲知所發生的事件並作自己的判斷，藉以為大眾謀福利。為私利或沒有價值的目的而濫用這種專業權力的報業工作者，是有負於大眾信託的。

美國新聞界獲有自由，非僅為提供資訊或議論論壇，也應對社會上各種力量的影響力作獨立而縝密的審視，包括政府各階層官員的公權作為。

第二條：新聞自由　新聞自由屬於人民，必須加以保障，以防止公私任何方面的侵襲。

新聞從業人員必須常保警覺監察此一公共事業是否公開運作，同時要警惕防止新聞媒體為私益目的所利用。

第三條：獨立　新聞從業人員應避免不當或看似不當的行為，也應避免任何有利害衝突或看似有利害衝突事宜。任何可能或看似可能影響其正直的活動都不應接受或參與。

第四條：真實與正確　對讀者誠信是卓越新聞事業的基礎。應力求新聞內容的正確，避免偏頗，均衡呈現一切。社論、評論與分析文章也應與新聞同樣力持正確準則。

重大的錯誤或遺漏必須立即而且顯著更正。

第五條：公正　公正並非要新聞界不質疑或評論時有所保留。真正的公正是使讀者分清事實報導與意見。含有意見或個人觀點的文章，應交代清楚。

第六條：公正處理　新聞從業人員應尊重涉於新聞人物的權利，保持莊重原則，並在新聞報導上居於公平與正確立場，以對大眾負責。

被公開指摘的人，應盡快給予回辯的機會。

除非有明顯而立即的必要不能透露消息來源，新聞的消息來源必須指明。一旦答應保密消息來源，無論如何都得做到；因此，不輕易作此種承諾。

這些原則旨在維持、保護與加強美國新聞界與美國人民之間的信任與尊敬，也是相應美國開國元勳把自由託付給此二者的基本精神。

附錄八

美國專業記者協會倫理規範

（Society of proffessional Journalists, Sigma Delta Chi, Code of Ethics 一九七三年通過, 一九八四年修訂）

「專業記者協會」相信記者的職責是為真實服務。

我們相信大眾傳播機構是大眾討論與資訊的傳播者，依據憲法所規定自由採集與報導事實。

我們相信啟迪民智是正義的先驅，而我們在憲法上規定的任務，是為大家知的權利的一部分去採集真實。

我們相信這些責任需要新聞記者有睿智、客觀、正確與公正的表現。

為了這些目標，我們宣布承諾以下的行為準則：

一、責任

大眾對重要及其有興趣的事件，具有知的權利，這是大眾媒體的主要任務。傳播新聞及啟迪性意見是為公共福祉服務。記者因私利或其他沒有價值的動機而利用其代表大眾的專業身份，是違負了高度的信託。

二、新聞自由

新聞自由應為自由社會中人民不可剝奪的權利。它涵括對政府與公私機構的行動及聲明，予以討論、質問與挑戰的自由與責任。記者有權表達非大眾支持的意見或支持大眾普遍的意見。

三、倫理

記者應避免任何可能影響對大眾了解真實的知的權利的利害關係。

1.禮物、特惠、免費旅遊、特別待遇或特權等可能損及記者與其雇主公正等事物，都不應接受。

2.兼差、政治參與、參加公職或為社區組織服務，如果可能損及記者與其雇主公正者，都應避免。記者及其雇主的私生活應避免實質或明顯的利害衝突。他們對大眾的責任至高無上。這是他們專業的當然本質。

3.所謂私人來源提供的新聞，如不能證實其新聞價值，應不予刊播。

4.記者應不辭艱辛採集新聞，為公共福祉服務。記者應經常不斷努力確使公共事務公開運作，使公共紀錄得以公開檢閱。

5.記者應明瞭保護消息來源的新聞倫理意義。

6.抄襲是不名譽、不能容許的。

四、正確與客觀

對大眾誠信是所有卓越新聞事業的基礎。

1.真實是我們的終極目標。

2.客觀報導新聞是另一目標，是有經驗專業人員的表徵。這是我們應努力達成的專業標準。我們敬重能達成的人。

3.沒有任何理由足以辯解不正確或不完整。

4.報紙標題應完全依據新聞內容反映實相，照片或電視及無線電廣播應呈現正確映象，不可只強調部分事實。

5.正確的作法是把新聞報導和意見表達明顯分開。新聞報導應不含

意見，避免偏頗，呈現問題的全貌。

　　6.以黨派意識介入社論，故意偏離真實，違反美國新聞事業的精神。

　　7.記者理解他們有責任對公眾事務和問題作深入的分析、探討和評論。他們應以充分能力、經驗與判斷力去呈現這些資料。

　　8.特別的文章、有所鼓吹的或是作者個人的論點與解釋，都應明白標出。

五、公正處理

　　記者在任何時候，對採訪或報導新聞時接觸的人，都應尊重其尊嚴、隱私、權利與福祉。

　　1.涉及影響名譽或道德品格的非正式指控，新聞媒體未予被控者答辯機會前，不應刊播。

　　2.新聞媒體應避免侵害個人的隱私權。

　　3.媒體不應迎合對罪行及犯罪細節的不正常好奇傾向。

　　4.對錯誤立即而且完整地更正，是新聞媒體的責任。

　　5.記者有對大眾解說其報導處理的義務，大眾也應勇於表達其對媒體的不盡滿意之處。與讀者、聽眾、觀眾的公開對話，應多促進。

六、信約

　　信守這些倫理規範足以維持與增強美國記者與美國人民之間相互的信賴與尊敬。

　　本協會將以教育計畫或其他設計，促進記者信守這些規範，也將促進新聞出版品及廣播媒體工作者確認有責任與其雇主協力以這些規範納入工作守則以達成預期目標。

附錄九

日本新聞協會新聞倫理綱領

一九四六年七月廿三日制訂
一九五五年五月十五日修訂

為重建日本使成為民主和平之國家，報紙所肩負之使命至為重大。為順利、有效達成此一任務，報紙應保持高度倫理水準，提昇職業權威，完全發揮其功能。

基於此一自覺，全國遵奉民主主義之報社，不論其經營規模之大小，和睦齊聚共組「日本新聞協會」，制定「新聞倫理綱領」為其精神指導，並誓言真誠努力實踐。貫徹本綱領之精神，即自由、責任、公正、品格等，非僅可供規律記者言行之基準，相信亦可向新聞有關之全體從業人員廣為推介。

第一： 新聞自由

除有害公共利益或法律禁止者外，報紙擁有報導、評論之完全自由；其中包含對禁令批判之自由。此乃人類之基本權利，應永遠予以維護。

第二： 報導、評論之界限

對於報導、評論之自由，報紙應自我節制，設定以下之界限：

一、報導之原則，應將事實真相，作正確忠實之傳達。

二、新聞報導中，絕不容摻入記者個人之意見。

三、新聞處理，應慎防被藉為宣傳之利用。

四、有關對人之批評，應以在其人之面前，可直接談論之尺度為限。

五、應體認故意乖離真實之偏頗評論，違反新聞道德。

第三： 評論態度

評論不可有阿諛之詞，應將所信大膽予以表明。筆者對於欲訴無門者，應經常抱有代為一訴之氣概。報紙為社會公器之本質，得因而高度發揚。

第四： 公正

個人名譽如同其他基本人權，應受尊重與保護。對遭受批評者，應給予辯明之機會；誤報則隨即取消，並加以更正。

第五： 寬容

個人主張自由之同時，亦容忍他人主張自由之民主主義原理，在新聞編輯上應予明白反映。對與自己主義、主張相左之政策，亦給予同等篇幅之介紹、報導，如此寬容，正是民主主義報紙之基本特質。

第六： 指導、責任、榮譽

報紙之所以有別於其他行業，為其報導、評論給予公眾甚大影響之故。

公眾悉賴報紙瞭解事件及問題之真相，以為判斷之基礎。新聞事業之公共性，在此被確認；新聞從業人員獨特之社會立場，亦因此而建立。惟責任觀念與榮譽感，乃為保全此特性之基本要素，新聞從業人員，應身體力行。

第七： 品格

報紙有其報導性之故，必須具備高尚氣質。實踐本綱領，當可造就高風亮節。未忠實履行之報紙及新聞從業人員，將自失公眾之支持，遭受同業之排斥，而無以存在。於茲，會員應鞏固道義之結合，保障採訪自由，提供製作上之方便等，互助合作，共同為提昇倫理水準而努力。

　　新聞界如能一致遵守本綱領，和衷共濟，將可加速日本之民主化。
而在達成此一使命之同時，並期待能提昇新聞界之地位，使達到世界之
水準。

　　（本綱領中譯文，引自蘇進添著《日本新聞自由與傳播事業》，臺北，
致良出版社，民國七十九年十月出版。）

附錄十

英國全國報業道德施行規範

一、尊重隱私

對於冒犯私人生活，特別是非公眾人物的生活，記者應基於公眾利益的正當理由特別考量。

二、答辯機會

對於大眾合理的請求，應當予公平答辯的機會。

三、迅速更正

錯誤應予以迅速更正，並以相等顯著的版面刊登。

四、記者行為

新聞題材應以公眾利益為首要依歸，刊登之新聞應以正當手段獲得。

同時，報紙不應付給罪犯酬勞，而讓他們因作奸犯科獲得好處。

五、種族膚色

與報導無關宏旨的種族、膚色與宗教應避免提及。

（本規範中譯文，引自翁政興譯〈英國人民賦予報業之自由權利〉，《新聞評議》月刊，一八八期。）

附錄十一

瑞典電視廣播報紙道德規範

　　報紙、廣播及電視在新聞自由法案、廣播責任法及其他有關法規的體制下，應享有最大限度的自由，使它們成為新聞的散播者及國家生存的衛士。在它們履行上述功能時，要避免因為它們的發行、出版而傷害個人。而且，它們要保護個人免除其他不當的傷害。擬定大眾傳播媒介道德規範，就是為了這個目的。

　　這個規範是由全國新聞記者協會、瑞典新聞記者公會及瑞典報紙發行人協會共同通過採行的。規範中包括了新聞記者協會以前的規章及瑞典記者公會以修正方式通過的職業規範。

　　在這規範上簽署的各機構鄭重地呼籲媒介工作者遵行這個規範，並將這個規範告訴社會大眾。

第一部分　刊載法則

供給正確新聞

　　一、大眾媒介在社會上扮演的角色及大眾對它的信心全靠它所供給的正確而不偏的新聞。

　　二、對新聞來源要確實辨認。謹慎查證新聞的真實性。即使是刊登過的新聞也不能大意。不可讓閱聽人對事實的報導與評論產生混淆。

　　三、標題或導言不能超出新聞正文的範圍。

供給答辯的版面

四、與事實不符的錯誤要更正。應該讓任何有權要求對某一報導答辯的人有機會答辯。更正或答辯都要以顯著的地位刊登，不得遲延。

五、受瑞典新聞評議會譴責的報紙有義務刊載該譴責文，不得拖延。

尊重個人權利

六、除非和公共利益有關而必需公開，否則應避免侵害私生活。

七、對於自殺或企圖自殺的評論要謹慎，避免侵害私權。

八、對犯罪案件或意外事件的被害人要給予最深的同情。

九、不可在標題、新聞中或以其他方式強調足被視為不名譽人物的種族、血統、國籍或性別。

謹慎使用圖片

十、道德規範同樣適用於圖片資料。使用圖片時應避免涉及犯罪及傷害他人。

十一、不可用裁剪、照片的排列而偽造內容或加上引人誤解的標題。沒有根據的圖片不可當成真的刊出。

不得任意下斷語

十二、不輕易刊登非第一手資料的犯罪報導。不得一再強調犯罪案件關係人與案情無關的資料。

十三、涉及國會監察人、消費者監察人、工業與貿易監察人、律師評議會或其他公家機構的報導要謹慎處理。儘可能讓報導中涉及的人發表意見，否則報導的目的可能會使人想成有意敲詐或其他不名譽的動機。

十四、不得參與法院的決定，或偏袒涉及責任義務問題的任何一方。要從雙方的立場平衡報導。

刊載姓名時要謹慎

十五、除非與公共利益有關或絕對需要，絕不輕易刊載涉嫌人或未經判決者的姓名。

十六、涉嫌人的姓名、判決文未經公佈前，不得刊載其照片、職業、

職位、年紀、性別或其他足以使人辨認出涉嫌人的特徵。

十七、除非有特別的理由，不得報導一個人的犯罪紀錄。

十八、詳細、精密地查驗而報導警方所通緝的人。

十九、要銘記：誰刊登姓名與照片就要負刊登的全部責任。

第二部分　職業法則

正直的新聞記者(The Integrity of the Journalist)

一、不得在職務之外接受足以動搖做為一個自由而獨立之新聞記者立場的委託或邀請。

二、除編輯人員外，不得接受任何其他在新聞工作上的委派。如遇有壓力，可提報上級主管。

三、不得為自己或他人的私利而利用新聞記者地位的影響力。

四、不得利用政府、地方當局、機關、工商企業或私人未經發表之經濟情況、政策等的新聞來使自己或他人得利。

五、牢記新聞記者信條的規定，下筆要把握原則與信念，不羞辱自己的名字。

材料的獲取(Obtaining Material)

六、刊出一篇訪問之前得應被訪者的要求將刊出的形式經被訪者先行過目。

七、對不習慣被訪問的人要特別慎重。必須事先告訴他這篇談話要刊出或只是做為參考消息。

八、不得作假訪問。

九、謹慎使用圖片，特別是意外或犯罪事件的圖片。

十、不屈服於外界企圖阻止或限制正當輿論的壓力。

十一、留意版權。引用他人的材料時要註明出處。

（本規範中議文，引自《新聞評議》月刊，一六、一七期。）

附錄十二

西班牙全國記者協會
記者職業道德信條
(一九九三年十二月西班牙全國記者協會聯合會全體大會頒布)

前言

　　在憲法所羅列的人民自由的架構裡，即是一個民主社會的依據，新聞記者這個行業代表對社會的一個重要承諾，以使所有的公民，能夠自由而且有效地行使新聞以及言論自由的基本權利。

　　做為言論自由的主體以及工具，新聞記者承認並且保證行使記者職業是多元性的民主國家及法治社會具有自由輿論的表徵。

　　但同時記者也認為行使其職業固為憲法所賦與的權利，但這項權利有其限制，即不能侵犯其他的基本權利。

　　因此，在承擔這項責任之時，記者這個職業應維持，集體地或個人地，一個毫無瑕疵的有關新聞道德與倫理的操守，那是對其所服務的西班牙社會的真正保證。

　　基於此種認識，屬於西班牙全國記者協會聯合總會（聯盟）的記者們向社會承諾在行使其職業時，遵守記者應有的道德及倫理準則。

　　據此，西班牙全國記者協會聯合總會的全體大會特頒佈記者職業道

德準則與規範如下：

通則

一、記者在執行職務時，永遠遵守其專業以及本道德信條的原則，申請登記為職業記者或者加入記者協會時此為必要條件。

如在事後其作為有不符本原則時，則將依據相關規定受到處罰。

二、記者的第一個信條就是服膺真理。

三、為了達成此項使命，記者永遠保衛其查詢並忠實發布的自由，以及評論和批評的自由。

四、在不妨礙保護公民知的權利下，記者應尊重人民隱私及形象的權利，尤應特別注意：

1.祇有在已成為大眾感到興趣或有關的情況，才能在未經當事人同意下，涉及或查訪某人的私生活。

2.在報導涉及當事人遭受痛苦或不幸時，記者應避免對其感受或遭受作不必要的誇大處理，更不應介入。

3.對於住在醫院或類似機構裡的人，更應特別留意不可侵犯其隱私權。

4.對於幼兒以及青年的事件，應特別注意處理，而且應尊重未成年者的隱私權。

五、記者應體認除非能確實證明，否則所有人皆為清白無罪這一原則，而且應儘量避免由於其執行報導的責任而產生可能使人受到傷害的後果，這一原則在報導司法審判這類事件時更應遵守。

1.在報導某人因罪受控或定刑時，應避免提及其家人或友人的姓名，除非這樣做會使得報導更為完整或不偏不倚。

2.在報導性侵犯之類的犯罪事件時，應特別小心處理，不可提及受害人的姓名或是其他讓人能指認受害者的資料。

六、上述的兩項原則，當報導及於未成年者更須嚴格遵守。具體說，記者在報導有關犯罪行為或私生活領域的事件時，不能對未成年者訪問、拍照或錄音。

七、記者對弱者或受歧視者的權利更應絕對尊重，因此，在報導或評論中，不得有任何歧視、煽動暴力、不人道行為或損害人的尊嚴的內容。

1.因此，在報導時應避免以蔑視或有歧視性的語句，提及某人的種族、膚色、宗教、出身或性別，或者他的身體或心理的疾病及缺陷。

2.應避免刊佈上述這些資料，除非其與所報導者有直接關聯。

3.一般地說，應避免使用有侮辱、損害他人身體及人格完整的字句或引證。

規章

八、為了保障新聞職業的獨立與公正，記者以及其所屬人員應要求：

1.合理的工作條件，包括報酬以及職業環境及所需的物資等。

2.反對一切明顯的新聞事業獨佔或集中的企圖，因為那會妨害政治及社會的多元化。

3.假若媒體採取有違記者職業尊嚴，或重大改變其言論政策的態度的話，記者有權利、也有義務以良心條款力爭。

4.有權對所有事件作包括最新情況的完整報導。

九、記者根據本職業道德信條執行職務，如遇壓力迫其違背時，其所服務的媒體或職業協會應加以支援、協助。

十、職業秘密是記者的權利，同時他有義務保證消息來源的隱秘。

因此，記者在受到當事人要求時，有保證其消息來源不曝光的權利。但是，當有足可相信的證據，證明其消息來源為有意做偽，或公布消息來源為唯一可避免造成重大且立即的人命傷害時，記者可例外地對這項職業義務作出讓步。

十一、記者對公共行政機關的消息透明化，絕對要時加堅持，並應力爭對行政機關的新聞、檔案或登記事項可自由採訪查證。

十二、對於一切創作活動所衍生的著作權，記者應加以尊重，並使別人尊重。

執行原則

十三、記者基於求實，祇能報導已知其來源的實際情況，不能偽造或是省略新聞中關鍵的部分，亦不能發布不真實的、欺騙的或是動過手腳的新聞資料。因此

1.所發出的新聞應有依據，這包括向消息來源求證，並讓當事人有提供他自己的說法的機會。

2.一旦發覺已發布不真實的、欺騙性的或動過手腳的新聞，有責任儘速更正，並以發布該新聞時同樣的篇幅字體或視聽的時段為之，必要時還應在其媒體公開道歉。

3.同時，當事人不必經由法律訴訟，媒體就應讓其對報導不實之處有駁斥的機會，並以前述第2款同樣的方式為之。

十四、在執行其職業任務時，記者應以正當的方法獲得新聞，而不得經由非法的手段。

十五、記者應承認並尊重一個人或法人不願提供新聞，或不回答記者問題的權利，但這並不得影響他對人民知的權利所應盡的職業責任。

十六、記者應尊重新聞來源所提或所暗示「請勿公開發表」(off the record)的要求，但這也如前面第十條有關新聞機密一樣有其例外。

十七、儘管在從事其職業活動時，不能強迫記者嚴守中立，但其報導中事實部分與言論、詮釋與猜測部分應有明顯、不容混淆的區分。

（莫索爾譯——轉摘自《新聞鏡》周刊，第二九一期，三十五～三十七頁。）

附錄十三

愛爾蘭全國記者聯合會
專業行為規範

　　一、會員不得做出任何有傷其本人、本會或其報紙的行為。會員必須研讀本會之規範，並不得違犯本會之利益。

　　二、會員如要結束其主雇關係，必須經過雇主同意，否則須遵照協議書或專業傳統，立即通知本會處理。

　　三、會員不准用非正當手段尋求升遷或接管他人職位。

　　四、會員不得經常或偶然以任何直接或間接方法，向本會特約人員抽取傭金，除非有正當理由。

　　五、非經他人同意，會員不得剽竊或竄改其文章。

　　六、論稿計酬的會員，如果得到其他工作，就必須放棄寫作。稿費的計算必須和全國行政會議 (National Executive Council) 通過的決議相符合。

　　七、會員應效忠第一位雇主。他可以利用閒暇做任何具有創造性工作，但不可以兼差或加班，因為這將影響到失業人的受雇機會。

　　八、本會鼓勵會員在任何時候，出於自願地幫助其他會員。會員們有義務幫助一位失業的會員找到工作。

　　九、每一位新聞記者要善待其部屬，有如他希望上司能善待他。

　　十、會員應維護自由採訪權、自由出版權和自由評論權。

十一、每一位新聞記者要充份了解他所發出的稿子，也應嚴守職業秘密，不透露消息來源，亦不歪曲事實。

十二、新聞記者在採訪新聞時，攝影記者在攝影時不可傷害到無辜的人，也不可加深受害人的痛苦。新聞、照片或其他文件以誠實的方法獲得。

十三、每一位新聞記者要小心，不可違反誹謗法、不可藐視法庭、不可盜取他人文章；在處理法庭新聞時要注意訴訟雙方的意見。

十四、新聞記者因接受賄賂而發佈或扣壓消息，是對其職責最大的冒犯。

十五、新聞記者在執行其職務時，不可應廣告之原因而歪曲或扣壓消息。

十六、新聞記者不可拍攝照片，攝影記者不得採訪消息，但特列人員例外。

附錄：新聞記者報導新聞注意事項

一、新聞記者要盡一切努力去查證他所報導的消息是否確實可靠。

二、為了報導確實可靠的消息，新聞記者要仔細追蹤事件的發展。

三、如無法查證時，新聞記者要仔細衡量其消息來源之可靠性。

四、在無法查證的情況下，如果確知消息來源是可靠的則採用，否則不用。

五、在衡量消息來源的可靠性時，要注意事情的發展背景、透露消息者的知識水準及其名譽。

六、如果一位編輯或記者必須依賴他的部下或研究員來調查事情時，他必須相信其部屬的能力與經驗。

（邵永蘭譯——轉摘自《新聞評議》月刊，第三十九期，第八頁。）

附錄十四

馬來西亞新聞道德準則

㈠新聞從業員的基本責任是據實報導，同時尊重公眾對事實有知的權利。

㈡新聞從業員必須維護收集新聞的基本自由，以及公平作出評論的權利。

㈢必須採取正當的方法獲取新聞、照片及文件。

㈣當發現已報導的新聞有錯誤時，必須作出更正。

㈤必須尊重消息來源的機密性。

㈥在執行任務時，必須依從道德準則，避免抄襲、誣蔑、誹謗、煽動，沒有根據的指責，或是接受任何形式的賄賂。

㈦必須避免報導側重種族性的新聞，或違反馬來西亞多元種族的道德價值觀。

㈧必須了解與新聞業有直接關聯的法律與條規。

附錄十五

美聯社編輯人報業倫理規範

(APME Code of Ethics for Newspapers and Their Staffs, 一九七五年四月十五日美聯社編輯人協會 Associated Press Managing Editors Association 通過)

責任

一家優良的報紙應該公平、正確、誠實、負責、獨立而莊重。它的準則是真實。

它應避免妨害公正無私地報導和處理新聞的態度。

報紙應該對社會各部門作建議性的批評，它應該在社論中支持對公眾有益的必須改革和創新。它應該有力的揭發公共和私人的錯誤以及權力的濫用。

除非有必須隱瞞的明顯的理由，應該公布新聞來源。如果必要保護新聞來源，應該說明原因。

報紙對於不正確或令人誤解的公開聲明應該附加事實說明。它應該堅持言論和出版的自由，同時尊重個人的隱私權。

公眾對重要事件的知之權利是至高無上的。報紙應該從公開的聚會和公開的紀錄中努力為公眾報導有關政府的新聞。

正確

報紙應該防止因為在文句中強調或省略而造成的不正確、大意、偏見或歪曲。

它應該承認具體的錯誤，迅速和在明顯的地位更正。

正直

報紙應該努力用公平的態度處理各種新聞，冷靜的掌握引起爭辯的問題。它應該提供論壇以交換評論和批評；這些評論和報紙的社論相左時，更該如此做。社論和由其他由記者、編輯所寫的意見都應該清楚的註明。

報紙報導新聞時，應該不顧及自身的利益。它不應該為了討好廣告刊戶或特殊團體而登載有利於它們的新聞。它報導與它本身或它的成員有關的新聞時，應該像處理其他機構或個人的新聞一樣努力和直率。

報紙不應為了社團、商界或個人的利益而歪曲事實或作錯誤的報導。

利害衝突

報紙和它的職員應該避免接受新聞來源和特殊利益者的恩惠。即使有可能造成利害衝突的事也該避免。

報紙不應該從新聞來源或他處接受任何有價值的東西。禮物、免費或打折的旅行、娛樂、產品和住宿都不能接受。採訪所需的費用應由報紙支付。對新聞從業員的特殊恩惠和優待也應該避免。

報紙和它的職員應該避免參與可能引起利害衝突的事項，像政治、社團事務、示威和社會運動等。

在新聞來源兼差，顯然會引起利害衝突，同時，受僱於可能的新聞來源也應該避免。

報紙職員的投資或其他商業行為如果與報紙報導新聞的能力衝突，或至少會產生這種印象時，就應該避免從事這些活動。

不應該把贏取獎狀或獎金當作寫社論和報導新聞的主要目的。帶有

明顯的商業味道的新聞競賽，以及其他會對報業產生不良影響的比賽都
要避免。

　　任何一個道德規範都無法能預先判斷所有的情況。把道德規範運用
於新聞實際時，需要有常識和優良的判斷力。各家報紙最好自行增訂這
些規範以適應它們自己的特殊情況。

　　（本規範中譯文，引自《新聞評議》月刊，七期。）

中文參考書目

中華民國大眾傳播教育協會（民七七）

《新聞記者之權利與責任》，臺北，大傳協會。

王洪鈞（民八二）

《我篤信新聞教育》，臺北，正中。

方蘭生（民七三）

《新聞自由與新聞自律》，臺北，允晨。

石麗東（民八〇）

《當代新聞報導》，臺北，正中。

李子新（民八一）

《報導之前》，譯自 *Before the Story*, G. M. Killenberg & Anderson，
臺北，遠流。

李金銓（民七六）

《吞吞吐吐的文章——新聞圈與學術界》，臺北，久大文化。

李瞻（民七一）

《新聞道德》，臺北，三民。

（民七四）

《傳播法——判例與說明》，臺北，政大新聞所。

（民七六）

《新聞學原理》，臺北，政大新聞所。

李瞻、蘇蘅（民七三）

《誹謗與隱私權》，臺北，北市記者公會。

汪琪（民八四）

《世界傳播媒介白皮書一九九五》，臺北，遠流。

林子儀（民八二）

　　《言論自由與新聞自由》，臺北，月旦。

林書揚（民七八）（譯）

　　《新聞記者的風範與信念》，譯自日本牧內節男原作，臺北，人間
　　出版社。

胡幼偉（民八四）（譯）

　　《良心危機──新聞倫理的多元觀點》，譯自Carl Hausman, *Crisis
　　of conscience–perspectives on journalism ethics*，臺北，五南。

皇甫河旺（民八○）

　　《報業的一念之間》，臺北，正中。

徐佳士（民七三）（編）

　　《從倫理到科技──一束傳播課題的新探討》，臺北，北市記者公
　　會。

祝基瀅（民七八）

　　《雙行道》，臺北，正中。

郭力昕（民七九）

　　《電視批評與媒體觀察》，臺北，時報。

陳世敏（民七六）

　　《媒介文化──批判與建言》，臺北，久大文化。

馬驥伸（民七三）

　　《中國新聞倫理的儒家思想基礎》，臺北，中華日報。

師範大學社會教育系（民八○）（編）

　　《新聞自由與新聞道德──研討座談會實錄》，臺北，師大社教系。

程之行（民八○）（譯）

　　《大眾傳播的責任》，譯自 Wilbur Schramm, *Responsibility in mass*

communication，臺北，遠流。

黃新生（民七六）

《媒介批評──理論與方法》，五南。

馮建三（民八一）

《資訊‧錢‧權──媒體文化的政經研究》，臺北，時報。

彭家發（民八三）（譯）

《新聞記者與新聞來源》，譯自 Herbert Strentz, *News reporters and news sources*，臺北，遠流。

楊志弘（民七六）

《國王的新衣──不存在的新聞》，臺北，久大文化。

新聞評議委員會（民六二）（編）

《新聞自由與國家安全──透視越戰報告書案件》，臺北，新評會。

（民六四）（編）

《新聞評議十二年》，臺北，新評會

（民七二）（編）

《中華民國新聞評議案例──第一輯》，臺北，新評會。

（民七五）

《中華民國新聞評議案例──第二輯》，臺北，新評會。

新聞鏡雜誌社（民七八）（編）

《為新聞界把脈》，臺北，華瀚。

（民八二）（編）

《電視新聞面面觀》，臺北，華瀚。

新聞編輯人協會（民六三）（編）

《新聞自由與自律》，臺北，學生。

潘家慶（民八○）

《媒介理論與現實》，臺北，天下。

潘邦順 (民八三) (譯)

《大眾媒介功能》， 譯自Ray Eldon Hiebert, Donald F. Ungurait & Thomas W. Bohn, *Mass Media VI.*，臺北，風雲論壇。

(民八四) (譯)

《大眾媒介與社會》， 譯自前列之*Mass Media VI.*，臺北，風雲論壇。

輔仁大學大眾傳播系所 (民八〇) (編)

《報禁開放以來新聞事業的省思與發展——研討會實錄》，臺北，輔仁大傳系所。

鄭瑞城 (民七六)

《傳播的獨白》，臺北，久大文化。

(民七七)

《透視傳播媒介》，臺北，天下。

滕淑芬 (民八一) (譯)

《大眾傳播的恒久話題》，譯自 E. E. Dennis, D. M. Gillmor & A. H. Ismach, *Enduring issues in mass communication*，台北，遠流。

戴華山 (民七一)

《大眾傳播的責任與自律》，臺北，北市記者公會。

羅文輝 (民八一) (譯)

《信差的動機——新聞媒介的倫理問題》，譯自 John L. Hulteng, *The Messenger's Motives–ethical problems of the news media*，臺北，遠流。

(民八二)

《新聞理論與實證》，臺北，黎明。

(民八三)

《無冕王的神話世界》，臺北，天下。

蘇進添（民七九）

　　《日本新聞自由與傳播事業》，臺北，致良。

附：重要參考期刊

報學（半年刊）

　　中華民國新聞編輯人協會

新聞評議（月刊）

　　中華民國新聞評議委員會

新聞論壇（季刊）

　　臺灣大學新聞研究所

新聞學研究（半年刊）

　　政治大學新聞研究所

新聞鏡（周刊）

　　新聞鏡雜誌社

英文參考書目

Adler, Ronald B. & George Rodman

    Understanding human communication. New York: CBS college publishing, 1982.

Altschull, J. Herbert

    From Milton to McLuham−The ideas behind American journalism. New York: Longman, 1990.

Bates, Stephen

    If no news, send rumors−Anecdotes of American journalism. New York: Henry Holt, 1989.

Belsey, Andrew & Ruth Chadwick

    Ethical issues in journalism and the media. New York: Routledge, 1994 (reprinted).

Bollinger, Lee C.

    Images of a free press. Chicago: The university of Chicago press, 1991.

Budd, Richard W. & Brent D. Ruben

    Beyond Media−New approaches to mass communication. New Brunswick, New Jersey: Transaction, 1988.

Chancellor, John & Walter R. Mears

    The news business. New York: Harper & Row, 1983.

Christians, Clifford G., Kim B. Rotzoll & Mark Fackler

    Media ethics−Cases & moral reasoning. New York: Longman,

1991.

Coppard, Kit

IPI—The defence of press freedom. London: Dilke house, 1988.

Crawford, Nelson Antrim

The ethics of journalism. New York: Alfred A. Knopf, 1969.

Cross, Donna Woolfolk

Mediaspeak—How television makes up your mind. Toronto, Canada: General publishing co., 1983.

Day, Louis A.

Ethics in media communication—Cases & controversies. Belmont, CA: Wadsworth, 1991.

Dickinson, Sarah

How to take on the media. London: Weidenfeld & Nicolson, 1990.

Fink, Conrad C.

Media ethics—In the newsroom and beyond. McGraw–Hill, 1988.

Fishman, Mark

Manufacturing the news. University of Texas Press, Austin, 1980.

Gans, Herbert J.

Deciding what's news—A study of CBS evening news, NBC night news, Newsweek, and Time. New York: Rondoll House, 1980.

Goldstein, Tom

The news at any cost—How journalists compromise their ethics to shape the news. New York: Simon & Schuster, 1985.

Killing the messenger—100 years of media criticism. New York: Columbia university press, 1989.

Goodwin, H. Eugene

Groping for ethics in journalism. Ames, Iowa, Iowa state university press, 1987.

Hohenberg, John

　The professional journalist. New York: Holt, Rinchart & Winston, 1983.

Isaacs, Norman E.

　Untended gates—The mismanaged press. New York: Columbia university press, 1986.

Kelly, John C.

　A philosophy of communication. London: The centre for the study of communication and culture, 1981.

Klaidman, Stephen & Tom L. Beauchamp

　The Virtuous Journalist. New York: Oxford university press, 1987.

Lambeth, Edmund B.

　Committed journalism—An ethic for the profession. Bloomington, Indiana: Indiana university press, 1986.

Lee, Martin A. & Norman Solomon

　Unreliable sources—A guide to detecting bias in news media. New York: Lyle Stuart, 1991.中譯本書名《不可靠的新聞來源》，楊月蓀譯，臺北，正中。

Lippmann, Walter

　The public philosophy. London: Hamish Hamilton, 1955.

Matelski, Marilyn J.

　TV news ethics. Booton, MA: Facal press, 1991.

McLuhan, Marshall & Eric

　Laws of media—The new science. Toronto, Canada: University of

Toronto press, 1988.

McLuhan, Marshall, Quenlin Fiore & Jerome Agel

The medium is the massage–An inventory of effects. Bantam books, 1968.

War and peace in the Global Village. Bantam books, 1968.

Merrill, John C.

The imperative of freedom–A philosophy of journalistic autonomy. New York: Freedom house, 1990.

Oettinger, Mal, John Stirn & Valerie Kreutzer

The role of the media. Taipei, World today press, 1985. 中譯本書名《傳播媒體之功能》。

Pippert, Wesley G.

An ethics of news–A reporter's search for truth. Georgetown university press, 1989.

Schmuhl, Robert

*The responsibilities of journalism.*Notre Dame, Indiana: University of Notre Dame press, 1984.

Schwartz, Tony

Media–The second God. New York: Anchor press, 1983.

Shaw, David

Journalism today–A changing press for a changing America. New York: Harper & Row, 1977.

Smith, Anthony

Goodbye Gutenberg–The newspaper revolution of the 1980s. Oxford: Oxford university press, 1980.

Tuchman, Gaye

Making news—A study in the construction of reality. New York: Macmillan, 1978.

Waterhouse, Keith

　　Waterhouse on Newspaper—Style. New York: Viking, 1989.

Wattenberg, Ben J.

　　The good news is the bad news is wrong. New York: Simon & Schuster, 1984.

Watzlawick, Paul

　　How real is real? New York: Random House, 1978.

Westermeyer, Penny

　　The magic of the media—How to make money and become famous by an effective use of the media. New York: Vantage press, 1985.

三民大專用書書目——國父遺教

書名	作者	編著	任職
三民主義	孫　　文	著	
三民主義要論	周世輔	編著	前政治大學
大專聯考三民主義複習指要	涂子麟	著	中　山　大　學
建國方略建國大綱	孫　　文	著	
民權初步	孫　　文	著	
國父思想	涂子麟	著	中　山　大　學
國父思想	涂子麟　編著 林金朝		中　山　大　學 臺灣師大
國父思想新論	周世輔	著	前政治大學
國父思想要義	周世輔	著	前政治大學
國父思想綱要	周世輔	著	前政治大學
中山思想新詮 　——總論與民族主義	周世輔 周陽山	著	前政治大學 臺　灣　大　學
中山思想新詮 　——民權主義與中華民國憲法	周世輔 周陽山	著	前政治大學 臺　灣　大　學
國父思想概要	張鐵君	著	
國父遺教概要	張鐵君	著	
國父遺教表解	尹讓轍	著	
三民主義要義	涂子麟	著	中　山　大　學
國父思想（修訂新版）	周世輔 周陽山	著	前政治大學 臺　灣　大　學

三民大專用書書目——新聞

書名	作者		服務機構
基礎新聞學	彭家發	著	政治大學
新聞論	彭家發	著	政治大學
傳播研究方法總論	楊孝濚	著	東吳大學
傳播研究調查法	蘇蘅	著	輔仁大學
傳播原理	方蘭生	著	文化大學
行銷傳播學	羅文坤	著	政治大學
國際傳播	李瞻	著	政治大學
國際傳播與科技	彭芸	著	政治大學
廣播與電視	何貽謀	著	輔仁大學
廣播原理與製作	于洪海	著	中廣
電影原理與製作	梅長齡	著	前文化大學
新聞學與大眾傳播學	鄭貞銘	著	文化大學
新聞採訪與編輯	鄭貞銘	著	文化大學
新聞編輯學	徐昶	著	新生報
採訪寫作	歐陽醇	著	臺灣師大
評論寫作	程之行	著	紐約日報
新聞英文寫作	朱耀龍	著	前文化大學
小型報刊實務	彭家發	著	政治大學
媒介實務	趙俊邁	著	東吳大學
中國新聞傳播史	賴光臨	著	政治大學
中國新聞史	曾虛白	主編	前國策顧問
世界新聞史	李瞻	著	政治大學
新聞學	李瞻	著	政治大學
新聞採訪學	李瞻	著	政治大學
新聞道德	李瞻	著	政治大學
新聞倫理	馬驥伸	著	文化大學
電視制度	李瞻	著	政治大學
電視新聞	張勤	著	政治大學
電視與觀眾	曠湘霞	著	中視文化公司
大眾傳播理論	李金銓	著	香港中文大學
大眾傳播新論	李茂政	著	政治大學
大眾傳播理論與實證	翁秀琪	著	政治大學
大眾傳播與社會變遷	陳世敏	著	政治大學
組織傳播	鄭瑞城	著	政治大學

政治傳播學	祝基瀅 著	僑務委員會
文化與傳播	汪 琪 著	政 治 大 學
電視導播與製作	徐鉅昌 著	臺 灣 師 大

三民大專用書書目——行政·管理

書名	著者		服務單位
行政學	張潤書	著	政治大學
行政學	左潞生	著	前中興大學
行政學	吳瓊恩	著	政治大學
行政學新論	張金鑑	著	前政治大學
行政學概要	左潞生	著	前中興大學
行政管理學	傅肅良	著	前中興大學
行政生態學	彭文賢	著	中央研究院
人事行政學	張金鑑	著	前政治大學
人事行政學	傅肅良	著	前中興大學
各國人事制度	傅肅良	著	前中興大學
人事行政的守與變	傅肅良	著	前中興大學
各國人事制度概要	張金鑑	著	前政治大學
現行考銓制度	陳鑑波	著	
考銓制度	傅肅良	著	前中興大學
員工考選學	傅肅良	著	前中興大學
員工訓練學	傅肅良	著	前中興大學
員工激勵學	傅肅良	著	前中興大學
交通行政	劉承漢	著	前成功大學
陸空運輸法概要	劉承漢	著	前成功大學
運輸學概要	程振粵	著	前臺灣大學
兵役理論與實務	顧傳型	著	
行為管理論	林安弘	著	德明商專
組織行為學	高尚仁、伍錫康	著	香港大學
組織行為學	藍采風、廖榮利	著	美國印第安那大學 臺灣大學
組織原理	彭文賢	著	中央研究院
組織結構	彭文賢	著	中央研究院
組織行為管理	龔平邦	著	前逢甲大學
行為科學概論	龔平邦	著	前逢甲大學
行為科學概論	徐道鄰	著	
行為科學與管理	徐木蘭	著	臺灣大學
實用企業管理學	解宏賓	著	中興大學
企業管理	蔣靜一	著	逢甲大學
企業管理	陳定國	著	前臺灣大學

企業管理辭典	廖文志、樂　斌	譯	臺灣工業技術學院
國際企業論	李　蘭　甫	著	東　吳　大　學
企業政策	陳　光　華	著	交　通　大　學
企業概論	陳　定　國	著	臺　灣　大　學
管理新論	謝　長　宏	著	交　通　大　學
管理概論	郭　崑　謨	著	中　興　大　學
企業組織與管理	郭　崑　謨	著	中　興　大　學
企業組織與管理（工商管理）	盧　宗　漢	著	中　興　大　學
企業管理概要	張　振　宇	著	中　興　大　學
現代企業管理	龔　平　邦	著	前逢甲大學
現代管理學	龔　平　邦	著	前逢甲大學
管理學	龔　平　邦	著	前逢甲大學
管理數學	謝　志　雄	著	東　吳　大　學
管理數學	戴　久　永	著	交　通　大　學
管理數學題解	戴　久　永	著	交　通　大　學
文檔管理	張　　翊	著	郵政研究所
事務管理手冊	行政院新聞局	編	
現代生產管理學	劉　一　忠	著	舊金山州立大學
生產管理	劉　漢　容	著	成　功　大　學
生產與作業管理（修訂版）	潘　俊　明	著	臺灣工業技術學院
生產與作業管理	黃峰蕙、施勵行、林秉山	著	中　正　大　學
管理心理學	湯　淑　貞	著	成　功　大　學
品質管制（合）	柯　阿　銀	譯	中　興　大　學
品質管理	戴　久　永	著	交　通　大　學
品質管理	徐　世　輝	著	臺灣工業技術學院
品質管理	鄭　春　生	著	元智工學院
可靠度導論	戴　久　永	著	交　通　大　學
人事管理	傅　肅　良	著	前中興大學
人力資源策略管理	何永福、楊國安	著	政　治　大　學
作業研究	林　照　雄	著	輔　仁　大　學
作業研究	楊　超　然	著	臺　灣　大　學
作業研究	劉　一　忠	著	舊金山州立大學
作業研究	廖　慶　榮	著	臺灣工業技術學院
作業研究題解	廖慶榮、廖麗滿	著	臺灣工業技術學院
數量方法	葉　桂　珍	著	成　功　大　學
系統分析	陳　　進	著	聖瑪利大學
系統分析與設計	吳　宗　成	著	臺灣工業技術學院
決策支援系統	范懿文、李延平、王存國	著	中　央　大　學

秘書實務	黃正興 編著	實踐管理學院
市場調查	方世榮 著	雲林技術學院
國際匯兌	林邦充 著	長榮管理學院
國際匯兌	于政長 著	東吳大學
國際行銷管理	許士軍 著	高雄企銀
國際行銷	郭崑謨 著	中興大學
國際行銷（五專）	郭崑謨 著	中興大學
行銷學通論	龔平邦 著	前逢甲大學
行銷學（增訂新版）	江顯新 著	中興大學
行銷學	方世榮 著	雲林技術學院
行銷管理	郭崑謨 著	中興大學
行銷管理	郭振鶴 著	東吳大學
關稅實務	張俊雄 著	淡江大學
實用國際行銷學	江顯新 著	中興大學
市場學	王德馨、江顯新 著	中興大學
市場學概要	蘇在山 著	
投資學	龔平邦 著	前逢甲大學
投資學	白俊男、吳麗瑩 著	東吳大學
投資學	徐燕山 著	政治大學
海外投資的知識	日本輸出入銀行海外投資研究所 編	
國際投資之技術移轉	鍾瑞江 著	東吳大學
外匯投資理財與風險（增訂新版） ——外匯操作的理論與實務	李麗 著	中央銀行
財務報表分析	洪國賜、盧聯生 著	淡水工商管理學院
財務報表分析題解	洪國賜 編	淡水工商管理學院
財務報表分析	李祖培 著	中興大學
財務管理	張春雄、林烱垚 著	政治大學
財務管理	黃柱權 著	前政治大學
公司理財	黃柱權 著	前政治大學
公司理財	文大熙 著	
商業自動化	王士峯 王士紘 編著	中國工商專校 淡江大學